caderno de
questões

DIREITO ADMINISTRATIVO I

Preencha a **ficha de cadastro** no final deste livro
e receba gratuitamente informações
sobre os lançamentos e as promoções da Elsevier.

Consulte também nosso catálogo completo,
últimos lançamentos e serviços exclusivos no site
www.elsevier.com.br

CARLOS EDUARDO GUERRA
(GUERRINHA)

caderno de questões

DIREITO ADMINISTRATIVO I

- Origem, Fontes e Definição
- Da Administração Pública: Direta e Indireta
- Princípios Fundamentais
- Poderes Administrativos
- Ato Administrativo
- Da Licitação e do Pregão Eletrônico
- Do Serviço Público

ELSEVIER

CAMPUS

© 2013, Elsevier Editora Ltda.

Todos os direitos reservados e protegidos pela Lei nº 9.610, de 19/02/1998.
Nenhuma parte deste livro, sem autorização prévia por escrito da editora, poderá ser reproduzida ou transmitida sejam quais forem os meios empregados: eletrônicos, mecânicos, fotográficos, gravação ou quaisquer outros.

Copidesque: Vânia Coutinho Santiago
Revisão Gráfica: Irênio Silveira Chaves
Editoração Eletrônica: SBNigri Artes e Textos Ltda.

Coordenador da Série: Sylvio Motta

Elsevier Editora Ltda.
Conhecimento sem Fronteiras
Rua Sete de Setembro, 111 – 16º andar
20050-006 – Centro – Rio de Janeiro – RJ – Brasil

Rua Quintana, 753 – 8º andar
04569-011 – Brooklin – São Paulo – SP – Brasil

Serviço de Atendimento ao Cliente
0800-0265340
sac@elsevier.com.br

ISBN: 978-85-352-6696-2

Nota: Muito zelo e técnica foram empregados na edição desta obra. No entanto, podem ocorrer erros de digitação, impressão ou dúvida conceitual. Em qualquer das hipóteses, solicitamos a comunicação ao nosso Serviço de Atendimento ao Cliente, para que possamos esclarecer ou encaminhar a questão.
Nem a editora nem o autor assumem qualquer responsabilidade por eventuais danos ou perdas a pessoas ou bens, originados do uso desta publicação.

Dados Internacionais de Catalogação na Publicação (CIP)
(Câmara Brasileira do Livro, SP, Brasil)

M819d

Guerra, Carlos Eduardo
   Direito administrativo I / Carlos Eduardo Guerra. – [2. ed.]. – Rio de Janeiro: Elsevier, 2013.
   288 p. – (Caderno de questões)

   Inclui bibliografia
   ISBN 978-85-352-6696-2

   1. Administração pública – Problemas, questões, exercícios. 2. Serviço público – Brasil – Concursos. I. Título. II. Série.

12-6826.   CDU: 342.9(81)

Se você quiser alguém em quem confiar
Confie em si mesmo
Quem acredita sempre alcança
(Flávio Venturini e Renato Russo)

Dedicatória

Aos meus pais, Cyrene e Oséas, por tudo que fizeram por mim.

Agradecimentos

Ao amigo e exemplar mestre Sylvio Motta, pela dedicação com esta simples obra. Sem ele nada seria possível.

Aos meus atuais e pretéritos alunos, por tudo que me ensinaram.

À editora Campus/Elsevier, pela publicação do trabalho.

Ao Antônio Lopes, que, ao exercer com brilhantismo a administração do Centro de Estudos Guerra de Moraes, me propicia tranquilidade no exercício da vida acadêmica.

Aos funcionários do Centro de Estudos Guerra de Moraes, pela dedicação à empresa e, principalmente, a mim.

A Adriana, Rodrigo, Sayonara, Itaçuci e Irapuã, pela amizade.

Aos amigos e companheiros do Calc – Centro Acadêmico Luiz Carpenter, principalmente, Antônio D´Elia, Carlos Eduardo Adriano Japiassú, Jorge Câmara e Marcelo Carvalho, por demonstrarem que os ideais não se perdem no tempo.

A Mateus, Andreia e José Cláudio, pelo amor familiar.

Aos amigos e companheiros da Anpac – Associação Nacional de Proteção e Apoio aos Concursos, pela luta no fortalecimento da instituição concurso público.

Aos meus mestres, especialmente Antônio Celso Alves Pereira, Antônio Evaristo de Moraes Filho, Gustavo Tepedino e Luís Roberto Barroso, por tudo que me transmitiram; a pouca assimilação deve-se a minha absoluta incapacidade.

O Autor

Carlos Eduardo Guerra de Moraes, Guerrinha, como carinhosamente apelidado por seus alunos, é professor da Faculdade de Direito da Universidade do Estado do Rio de Janeiro, onde se graduou e colou grau de mestre, sendo, atualmente, doutorando da instituição, além de ministrar aulas no Centro de Estudos Guerra de Moraes. Lecionou em diversos cursos preparatórios para concursos públicos em todo o país.

Apresentação da Série

Ao longo de dezoito anos de magistério, pude perceber a importância da fixação de conhecimentos teóricos através da feitura de exercícios. Tanto maior o proveito do aluno se apresentados de forma sistematizada, organizados por temática e arranjados de acordo com seu grau de dificuldade. Com tal intuito, mais do que produzir uma compilação de exercícios aleatórios, procurei criar uma estrutura de apresentação que facilitasse o entendimento das disciplinas abordadas, possibilitando sua paulatina apreensão.

Tal estrutura obedece a um padrão rígido: os temas são dispostos em capítulos, todos constituídos por quatro segmentos de exercícios diversos. O primeiro é composto por cinquenta lacunas a preencher; o segundo, por problemas de associação de colunas; o seguinte, por cinquenta assertivas verdadeiras ou falsas; e, finalmente, o quarto por cem questões objetivas de múltipla escolha.

Recomendo ao leitor que faça os exercícios consultando todo o material teórico de que disponha, como livros, legislação e anotações de aula, propiciando a concomitante revisão de toda a matéria.

Esta série *Cadernos de Exercícios* destina-se, sobretudo, a complementar a preparação de candidatos a concursos públicos, procurando assimilar as tendências das principais bancas examinadoras. A ideia é preparar o candidato através da repetição exaustiva de testes, levando-o a absorver – ainda que por osmose – os conceitos fundamentais da disciplina. Mãos à obra e sucesso.

Apresentação

O primeiro volume de **Direito Administrativo** da série Caderno de Questões é dedicado à parte introdutória da disciplina, com destaque aos princípios e poderes administrativos.

Obedecendo a uma ordem didática e lógica adotada pela maioria dos doutrinadores nacionais, a obra é dividida em seis capítulos.

No primeiro capítulo, abordam-se o conceito, a origem e as fontes do Direito Administrativo. E, ainda, a teoria geral dos órgãos públicos e o regime jurídico-administrativo.

O estudo da Administração Pública, com a sua clássica divisão em Administração Direta e Indireta, é o tema do segundo capítulo.

O capítulo terceiro é dedicado aos princípios fundamentais, compreendendo os expressos na Constituição, na Lei nº 9.784/1999 e no Decreto-Lei nº 200/1967, e os implícitos, previstos na doutrina.

Os poderes administrativos, que são: vinculado, discricionário, hierárquico, disciplinar, regulamentar e de polícia, são tratados no quarto capítulo.

Nos últimos capítulos, analisa-se o ato administrativo. No quinto, o tema é o conceito, os elementos, os atributos, a classificação e a espécie. E, no sexto, a extinção.

Para melhor orientá-lo, no quadro abaixo, tem-se a estrutura de cada capítulo.

Capítulo	Tema
1	Origem, Fontes e Definição de Direito Administrativo; Teoria Geral dos Órgãos Públicos com as respectivas classificações; Regime Jurídico Administrativo.
2	Administração Pública: Direta e Indireta.
3	Princípios Fundamentais.
4	Poderes Administrativos: Vinculado, Discricionário, Hierárquico, Disciplinar, Regulamentar e de Polícia.
5	Ato Administrativo: Conceito, Elementos, Atributos, Classificação e Espécie e Extinção.
6	Da Licitação. Dos Contratos Administrativos. Do Pregão e Do Pregão Eletrônico.
7	Do Serviço Público. Da Concessão e da Permissão das Parcerias Público-Privadas. Dos Consórcios Públicos

Palavras da Coordenação da Obra

Na Grécia antiga, o filósofo Sócrates afirmava que o processo de aprendizado, em sentido amplo, dividia-se em três etapas: aprender (em sentido estrito, ou seja, descobrir a ideia), apreender (relacionar aquela ideia com outras ideias análogas) e praticar (fixar as ideias através de sua repetição sistemática). Sem essas três etapas integralmente percorridas, o processo de aprendizado não se completa e, portanto, redunda em uma imensa perda de tempo e energia. Tanto é assim que os autores das séries Campus Concursos têm seguido à risca os ensinamentos da academia socrática, o que, indubitavelmente, contribui para o sucesso de milhares de candidatos aos mais diversos cargos públicos em todo o país.

Dentro desse contexto, eis que nosso time ganha um reforço de peso.

Carlos Eduardo Guerra, o nosso Guerrinha, é um daqueles raros professores que surgem de tempos em tempos e que se perpetuam na memória afetiva e intelectual de seus eternos alunos. Sem exageros ou demagogias, podemos afirmar que Guerrinha é mais, muito mais do que um professor: é um amigo. Amigo dos concursandos, amigo de seus colegas professores, amigo de todos aqueles que o procuram buscando lenitivo para suas angústias e luz para suas dúvidas. Com maestria ímpar e metodologia inconfundível, consegue lecionar inúmeras cadeiras jurídicas sempre com a mesma competência e o mesmo dinamismo.

Um homem assim não poderia lançar apenas uma obra. Seria privar-nos de sua sabedoria e experiência. Seria quase um crime contra os concursandos de todo o nosso Brasil.

Por tudo isso, a Editora Campus/Elsevier traz a lume a série *Caderno de Questões*, que tem por escopo auxiliar o candidato na terceira e última etapa do aprendizado: a resolução exaustiva de exercícios de fixação sobre as mais variadas matérias jurídicas.

Todas as obras desta série serão assinadas pelo nosso Guerrinha e seguem o mesmo padrão psicopedagógico, estimulando, por meio de modelos diferentes de questões, diversas áreas do cérebro responsáveis pela fixação de ideias e, consequentemente, do aprendizado.

Aceite nosso convite, pois queremos ser parceiros do seu sucesso!

Sylvio Motta

**Faça Direito
e passe Direto!**

Sumário

1. Direito Administrativo: Conceito, Origem e Fontes. Da Teoria Geral do Órgão Público. Regime Jurídico-Administrativo............ 1

2. Da Administração Pública: Direta e Indireta. Dos Entes de Cooperação e das Organizações Sociais..................... 31

3. Dos Princípios Fundamentais 65

4. Dos Poderes Administrativos 99

5. Ato Administrativo: Definição, Elementos, Atributos, Classificações, Espécies e Extinção...133

6. Da Licitação, do Contrato Administrativo e do Pregão 169

7. Do Serviço Público, da Concessão e Permissão, da Parceria Público-Privada e do Consórcio Público.....................................211

Gabarito..247

Referência Bibliográfica..261

Capítulo 1

Direito Administrativo: Conceito, Origem e Fontes. Da Teoria Geral do Órgão Público. Regime Jurídico-Administrativo

I. **Complete a Lacuna.**
1. O Direito Administrativo é ramo do Direito .... (Público/Privado).
2. Para caracterizar a função administrativa, adota-se o critério .... (objetivo/subjetivo) para realçar o agente da função.
3. Os Tribunais de Contas são órgãos .... (independentes/autônomos/superiores).
4. Órgãos .... (centrais/locais) exercem atribuições em uma parte do território nacional, estadual ou municipal.
5. Segundo a teoria .... (subjetiva/objetiva), há uma total identificação entre o órgão e o agente público.
6. Os ministérios são órgãos .... (independentes/autônomos/superiores).
7. A Vara Federal Criminal da seção judiciária de Curitiba é um órgão .... (central/local).
8. Os ministérios são órgãos .... (singulares/coletivos).
9. O Superior Tribunal de Justiça é órgão .... (simples/composto).
10. Os órgãos públicos .... (não possuem/possuem) patrimônio próprio.
11. Os tribunais são órgãos .... (singulares/coletivos).
12. As secretarias de governo do Estado de Pernambuco são órgãos .... (ativos/consultivos/de controle).
13. Os órgãos públicos .... (possuem/não possuem) capacidade para aquisição de bens imóveis ou móveis.
14. O regime jurídico .... (administrativo/da Administração) aplica-se somente nas relações de Direito Público.

15. O Congresso Nacional é um órgão .... (independente/autônomo/superior).
16. Direito .... (Administrativo/Constitucional) é o conjunto harmônico de princípios jurídicos que regem os órgãos, os agentes e as atividades públicas tendentes a realizar concretamente os fins desejados pelo Estado.
17. Para caracterizar a função administrativa, adota-se o critério .... (objetivo/subjetivo) quando se examina o conteúdo da atividade.
18. A doutrina brasileira adota a teoria da .... (imputação/representação) para melhor explicar a natureza jurídica dos órgãos públicos.
19. As secretarias estaduais são órgãos .... (independentes/autônomos/superiores).
20. O critério negativo é adotado por parte da doutrina para definir a função .... (administrativa/legislativa/jurisdicional).
21. Os Tribunais de Contas são órgãos .... (singulares/coletivos).
22. Segundo a teoria .... (subjetiva/objetiva), o órgão público forma um conjunto de atribuição, não sendo dotado de vontade própria.
23. A fonte primária do Direito Administrativo é a lei em sentido .... (amplo/restrito).
24. O regime jurídico .... (administrativo/da Administração) é caracterizado pelo binômio prerrogativa e sujeição.
25. O Congresso Nacional é um órgão .... (simples/composto).
26. As .... (prerrogativas/restrições) públicas são as regalias usufruídas pela Administração, na relação jurídico-administrativa, derrogando o direito comum diante do administrador.
27. A principal fonte do Direito Administrativo é .... (a lei/o ato administrativo).
28. .... (Pessoa política/Órgão público) é uma unidade que congrega atribuições exercidas pelos agentes públicos que o integram com o objetivo de expressar a vontade do Estado.
29. A Presidência da República é um órgão .... (independente/autônomo/superior).
30. Para caracterizar a função administrativa, adota-se o critério .... (normativo/objetivo formal) quando se considera o regime jurídico.
31. Órgãos .... (autônomos/independentes) são os originários da Constituição e representativos dos três Poderes do Estado.
32. Os Tribunais de Justiça estaduais são órgãos .... (independentes/autônomos/superiores).
33. Os órgãos públicos .... (não podem/podem) ter capacidade processual.
34. .... (Ente/Órgão) público é a unidade de atuação integrante da estrutura da Administração Direta.

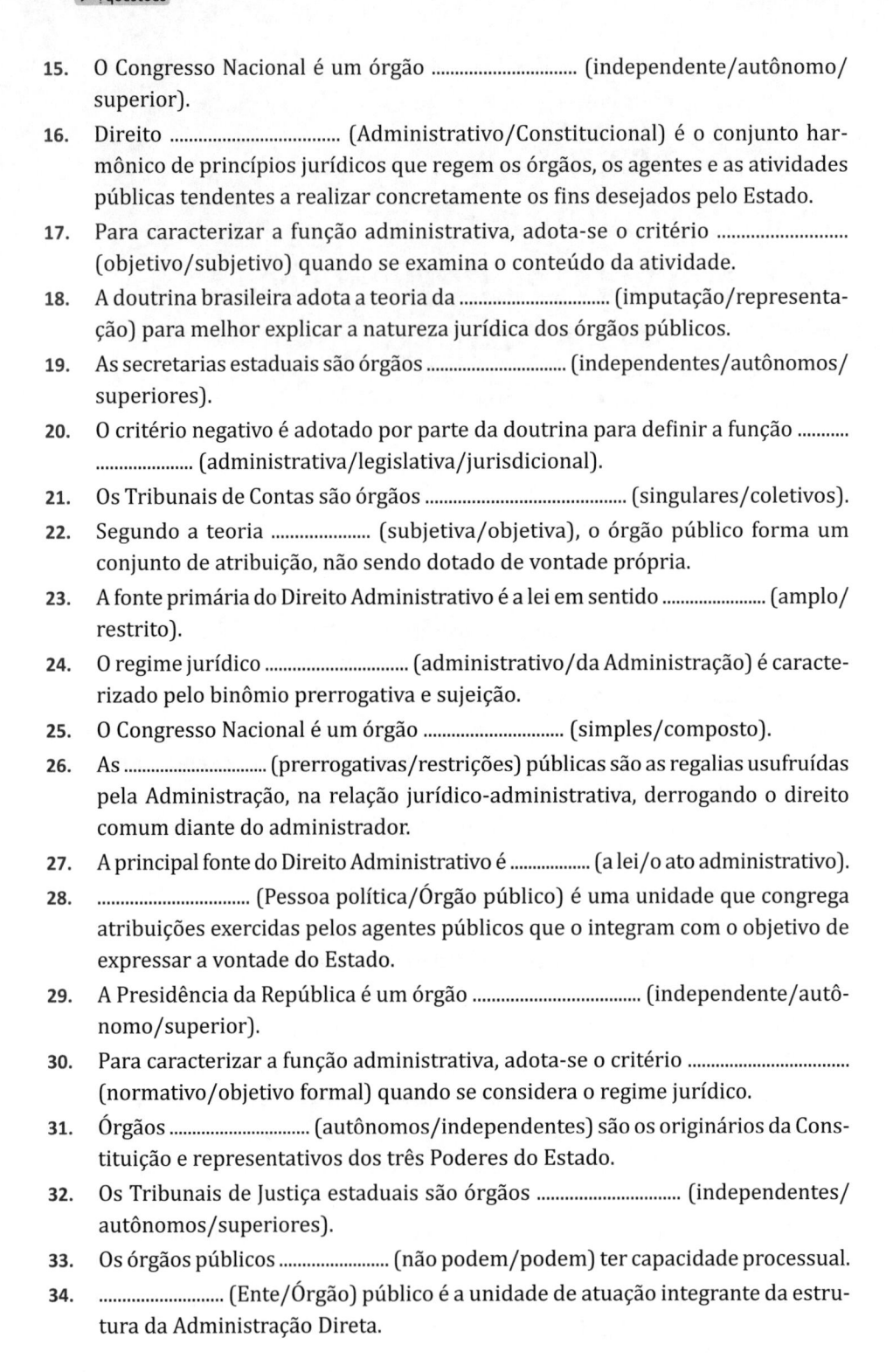

35. O sistema de jurisdição única .... (é/não é) admitido no Direito brasileiro.
36. .... (Autoridade pública/Órgão público) é o servidor ou agente público dotado de poder de decisão.
37. A Câmara dos Deputados é um órgão .... (singular/coletivo).
38. As secretarias estaduais são órgãos .... (singulares/coletivos).
39. Os ministérios são classificados como órgãos .... (centrais/locais).
40. Segundo a teoria .... (da imputação/eclética), os órgãos públicos são formados por dois elementos: o agente e o complexo de atribuições.
41. Segundo a teoria da .... (imputação/representação), o agente público é mandatário do Estado.
42. .... (Ente/órgão) público é a unidade de atuação dotada de personalidade jurídica.
43. O regime jurídico .... (administrativo/da Administração) aplica-se tanto nas relações de Direito Público, quanto nas de Direito Privado.
44. A Delegacia da Receita Federal de São Luís, Maranhão, 3ª Região Fiscal, é um órgão .... (central/local).
45. Órgãos .... (simples/compostos) são os constituídos por um único centro de atribuições, sem subdivisões internas.
46. Os Tribunais de Justiça são órgãos .... (simples/compostos).
47. O sistema do contencioso administrativo .... (é/não é) admitido no Direito brasileiro.
48. O Senado Federal é um órgão .... (autônomo/independente).
49. Os ministérios são órgãos .... (simples/compostos).
50. Os órgãos públicos .... (não são/são) proprietários de bens imóveis.

II. **Complete a Segunda Coluna de acordo com a Primeira.**
   (1) **Órgão simples.**
   (2) **Órgão composto.**
   (3) **Órgão singular.**
   (4) **Órgão coletivo.**
   (5) **Órgão independente.**
   (6) **Órgão autônomo.**
   (7) **Órgão superior.**
   (8) **Órgão subalterno.**
   (9) **Órgão central.**
   (10) **Órgão local.**
   (11) **Órgão ativo.**
   (12) **Órgão consultivo.**
   (13) **Órgão de controle.**

1. (   ) É o constituído por um só centro de competência.
2. (   ) É o localizado na cúpula da Administração, imediatamente abaixo de um dos órgãos independentes e diretamente subordinados a seus chefes.
3. (   ) É o que detém poder de direção, controle, decisão e comando dos assuntos de sua competência específica, mas sempre sujeito à subordinação e ao controle hierárquico de uma chefia mais alta.
4. (   ) É o que atua e decide através de um único agente.
5. (   ) É o que se acha subordinado hierarquicamente a órgão de decisão, exercendo principalmente função de execução.
6. (   ) É aquele que desempenha uma atividade consultiva.
7. (   ) É o originário da Constituição e representativo de um dos três Poderes.
8. (   ) É todo aquele que atua e decide pela manifestação conjunta e majoritária da vontade de vários membros.
9. (   ) É o que reúne na sua estrutura outro órgão.
10. (   ) É aquele que desempenha uma atividade de controle.

III. Marque V, se a assertiva for verdadeira, ou F, se a assertiva for falsa.

1. (   ) O regime jurídico-administrativo baseia-se em dois princípios: supremacia do interesse público sobre o privado e indisponibilidade, pela Administração, dos interesses públicos.
2. (   ) Supondo que Mateus Reis pretenda ingressar em juízo com fito de obter indenização por dano moral causado por servidores do Ministério da Educação. Assim, a ação deve ser proposta em face do Ministério da Educação.
3. (   ) Todo o sistema de Direito Administrativo constrói-se sobre os princípios da supremacia do interesse público sobre o privado e indisponibilidade, pela Administração, dos interesses públicos.
4. (   ) O regime jurídico administrativo gera a supremacia administrativa.
5. (   ) O Estado, como pessoa jurídica, opera por meio da ação de pessoas físicas, assim, no atual ordenamento jurídico brasileiro, os conceitos de órgão público e de agente público se confundem.
6. (   ) Não existe possibilidade de existir órgão sem um titular.
7. (   ) Um órgão administrativo e seu titular podem delegar parte de sua competência a outros órgãos ou titulares, mesmo que não haja subordinação hierárquica entre eles.
8. (   ) O Comando Militar da Região Leste é um exemplo de um órgão federal central.
9. (   ) Segundo classificação doutrinária, quanto ao critério relacionado à posição estatal, os órgãos independentes são aqueles originários da Constituição e que representam os três poderes do Estado.
10. (   ) O Ministério da Fazenda pode ser classificado como órgão central e ativo.

11. (   ) A melhor teoria que explica como a pessoa física consegue expressar a vontade do Estado é a do mandato, no qual o Poder Público, através de um contrato de mandato, delega poderes para o agente público o representar.
12. (   ) A decisão isolada de um Tribunal Superior é fonte do Direito Administrativo.
13. (   ) Órgãos superiores são os que se acham subordinados hierarquicamente a órgãos subalternos.
14. (   ) A qualidade de fonte do Direito Administrativo do tratado internacional encontra-se, principalmente, na dependência de seu conteúdo.
15. (   ) O regime jurídico da Administração é necessariamente de Direito Público.
16. (   ) Os órgãos da Administração Direta ou Indireta podem ter personalidade jurídica de Direito Público ou Direito Privado, conforme a sua natureza.
17. (   ) Em regra, a jurisprudência, no Direito Administrativo brasileiro, não vincula a Administração Pública ou próprio Poder Judiciário, visto que não se aplica no Brasil o princípio stare decises, presente no Direito norte-americano.
18. (   ) Em todas as relações jurídicas em que for parte, a Administração Pública terá prerrogativas e restrições.
19. (   ) Os órgãos públicos, que exercem função administrativa, pertencem necessariamente ao Poder Executivo.
20. (   ) Em virtude do positivismo jurídico ser a característica essencial do Direito Administrativo, não se admite o costume como fonte do Direito.
21. (   ) Devido ao princípio da indisponibilidade do interesse público, os atos emanados do regime jurídico-administrativo são insuscetíveis de controle judicial.
22. (   ) No regime jurídico da Administração, o interesse privado se sobrepõe ao interesse público.
23. (   ) O Governador do Estado do Amapá pode editar decreto reorganizando a estrutura administrativa de determinada Secretaria de Estado, desde que não implique aumento de despesa, nem criação ou extinção de órgãos públicos.
24. (   ) A Administração Pública tem poderes para solucionar controvérsias, como o resultado dos processos que tramitam no Conselho Administrativo de Defesa Econômica (Cade), contudo, tais decisões não são definitivas, pois podem ser revistas pelo Poder Judiciário.
25. (   ) Os órgãos públicos são dotados de personalidade jurídica e vontade própria, que são atributos do corpo e não das partes porque estão ao lado da estrutura do Estado.
26. (   ) Os órgãos da Administração Direta devem ter necessariamente personalidade jurídica de Direito Público.
27. (   ) Os órgãos são meros instrumentos de ação das pessoas jurídicas, exercendo as atividades atribuídas pela norma instituidora.

28. (   ) Devido sua posição estatal, a Câmara dos Deputados e o Senado Federal, no exercício da função administrativa, são órgãos autônomos.
29. (   ) Os Tribunais Superiores são órgãos independentes, dentro da clássica divisão dos órgãos públicos quanto a sua posição estatal.
30. (   ) Por ser fonte do Direito Administrativo, a súmula vinculante pode modificar ou revogar uma lei ordinária.
31. (   ) A doutrina brasileira utiliza a teoria do órgão, também denominada imputação, para explicar a natureza jurídica dos órgãos públicos.
32. (   ) A Administração Pública atua com prerrogativas na consecução do interesse público.
33. (   ) Segundo a Escola Legalista (Escola Clássica ou Francesa), o Direito Administrativo é o estudo das normas administrativas de um determinado país.
34. (   ) A desapropriação é um exemplo de restrição discricionária da Administração Pública, podendo ser exercida independentemente de previsão legal.
35. (   ) O Direito Administrativo é o ramo do Direito Público que disciplina a função administrativa e os órgãos que a exercem.
36. (   ) A Secretaria de Educação do Estado do Ceará é exemplo de órgão simples e singular.
37. (   ) Na concepção moderna, o Direito Administrativo é o estudo dos atos do Poder Executivo.
38. (   ) As autarquias sujeitam-se ao regime jurídico administrativo, possuindo, por conseguinte, prerrogativas e restrições.
39. (   ) O costume administrativo, sinônimo de praxe administrativa, é fonte principal do Direito Administrativo.
40. (   ) De acordo com a doutrina moderna, o Direito Administrativo subordina-se ao Direito Constitucional, não sendo dotado de autonomia científica.
41. (   ) Somente a lei em sentido formal pode ser considerada como fonte do Direito Administrativo.
42. (   ) Cada órgão, como centro de competência governamental ou administrativa, tem funções, cargos e agentes, mas é distinto desses elementos, que podem ser modificados, substituídos ou retirados sem supressão da unidade orgânica.
43. (   ) A Delegacia de Polícia da Secretaria de Segurança Pública de um determinado Estado, que atua em um certo Município, é um exemplo de órgão estadual central.
44. (   ) Uma das prerrogativas decorrentes do regime jurídico-administrativo é o princípio da legalidade.
45. (   ) De acordo com a melhor conceituação, a doutrina é o hábito de conduta generalizado, constante e uniforme que os agentes públicos utilizam ao interpretar as leis e os regulamentos administrativos diante dos casos concretos.

46. ( ) A lei, o costume, o regulamento e a doutrina são exemplos de fontes do Direito Administrativo brasileiro.
47. ( ) O regime jurídico tem natureza de Direito Público, conduzindo a prerrogativas e restrições ao Poder Público.
48. ( ) Segundo a doutrina dominante, as fontes principais do Direito Administrativo são simultaneamente a lei e o regulamento, inexistindo hierarquia entre eles.
49. ( ) A prescritibilidade dos bens públicos, que consiste na possibilidade de usucapião dos públicos, é uma consequência do regime jurídico administrativo.
50. ( ) Segundo os autores nacionais, o critério do Poder Executivo é o melhor critério para a definição do Direito Administrativo contemporâneo.

IV. Questões Objetivas.

1. São os órgãos originários da Constituição e representativos dos três poderes do Estado, sem qualquer subordinação hierárquica ou funcional.
   a) Órgãos independentes.
   b) Órgãos autônomos.
   c) Órgãos superiores.
   d) Órgãos subalternos.
   e) Órgãos consultivos.

2. São os órgãos que se localizam na cúpula da Administração, subordinados diretamente à chefia dos órgãos independentes.
   a) Órgãos ecléticos.
   b) Órgãos autônomos.
   c) Órgãos superiores.
   d) Órgãos subalternos.
   e) Órgãos consultivos.

3. São os órgãos de direção, controle e comando, mas sujeitos à subordinação e ao controle hierárquico de uma chefia; não gozam de autonomia administrativa.
   a) Órgãos independentes.
   b) Órgãos autônomos.
   c) Órgãos superiores.
   d) Órgãos subalternos.
   e) Órgãos consultivos.

4. Sobre órgãos públicos, marque a alternativa correta.
   a) São sinônimos de agentes públicos.
   b) Possuem personalidade jurídica própria.
   c) Possuem patrimônio próprio.
   d) Identificam-se com os funcionários públicos.
   e) São um feixe de atribuições, inconfundível com os agentes públicos.

5. De acordo com a maioria da doutrina, a teoria que explica as relações do Estado com seus agentes é a:
   a) teoria do órgão;
   b) teoria do mandato;
   c) teoria da representação;
   d) teoria da tutela;
   e) teoria da curatela.

6. São os círculos de atribuições, os feixes individuais de poderes funcionais repartidos no interior da personalidade estatal e expressos através dos agentes nele providos:
   a) entes públicos;
   b) agentes públicos;
   c) entes políticos;
   d) órgãos públicos;
   e) pessoas políticas.

7. A teoria aplicada no Direito Administrativo brasileiro que explica a natureza jurídica dos órgãos públicos é:
   a) teoria subjetiva;
   b) teoria mista;
   c) teoria do órgão;
   d) teoria eclética;
   e) teoria personalíssima.

8. Quanto à esfera de atuação, os órgãos públicos se dividem em:
   a) órgãos centrais e órgãos locais;
   b) órgãos simples e órgãos compostos;
   c) órgãos burocráticos e órgãos colegiados;
   d) órgãos ativos, órgãos consultivos e órgãos de controle;
   e) órgãos singulares e órgãos coletivos.

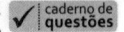

9. A prefeitura do Município de Rio das Ostras, por atuar em todo o território municipal, é classificada como um órgão:
   a) ativo;
   b) burocrático;
   c) central;
   d) colegiado;
   e) de controle.

10. Quanto à posição estatal, os órgãos públicos se dividem em:
    a) órgãos unitários e órgãos colegiados;
    b) órgãos simples e órgãos compostos;
    c) órgãos independentes, órgãos autônomos, órgãos superiores e órgãos subalternos;
    d) órgãos ativos, órgãos consultivos e órgãos de controle;
    e) órgãos singulares e órgãos coletivos.

11. Quanto à estrutura, os órgãos públicos se dividem em:
    a) órgãos centrais e órgãos locais;
    b) órgãos simples e órgãos compostos;
    c) órgãos burocráticos e órgãos colegiados;
    d) órgãos ativos, órgãos consultivos e órgãos de controle;
    e) órgãos singulares e órgãos coletivos.

12. Quanto à composição, os órgãos públicos se dividem em:
    a) órgãos independentes, órgãos autônomos, órgãos superiores e órgãos subalternos;
    b) órgãos simples e órgãos compostos;
    c) órgãos verticais e órgãos horizontais;
    d) órgãos ativos, órgãos consultivos e órgãos de controle;
    e) órgãos singulares e órgãos coletivos.

13. Quanto às funções, os órgãos públicos se dividem em:
    a) órgãos ativos, órgãos consultivos e órgãos de controle;
    b) órgãos independentes, órgãos autônomos, órgãos superiores e órgãos subalternos;
    c) órgãos verticais e órgãos horizontais;
    d) órgãos burocráticos e órgãos colegiados;
    e) órgãos singulares e órgãos coletivos.

14. Considere a seguinte situação hipotética: por força de lei, o Município de Laranja da Terra, ES, cria um órgão consultivo, sem nenhuma divisão interna, tendo, portanto, um único centro de competência. Este órgão é classificado como:
    a) órgão colegiado;
    b) órgão composto;
    c) órgão coletivo;
    d) órgão simples;
    e) órgão singular.

15. São os que se acham subordinados hierarquicamente a órgãos superiores de decisão, exercendo principalmente funções de execução:
    a) órgãos autônomos;
    b) órgãos subalternos;
    c) órgãos burocráticos;
    d) órgãos coletivos;
    e) órgãos independentes.

16. São os órgãos que visam ao desenvolvimento de uma Administração ativa:
    a) órgãos independentes;
    b) órgãos superiores;
    c) órgãos autônomos;
    d) órgãos ativos;
    e) órgãos de controle.

17. São os integrados por vários agentes:
    a) órgãos compostos;
    b) órgãos subalternos;
    c) órgãos autônomos;
    d) órgãos coletivos;
    e) órgãos plurilaterais.

18. São os órgãos formados por uma coletividade de pessoas físicas ordenadas horizontalmente:
    a) órgãos burocráticos;
    b) órgãos unitários;
    c) órgãos compostos;
    d) órgãos colegiados;
    e) órgãos autônomos;

19. O Município de Florianópolis criou um órgão público, subordinado à Secretaria de Saúde, com objetivo de implantar a medicina na família para os moradores de um determinado bairro. Neste caso, o órgão é classificado como:
    a) órgão consultivo;
    b) órgão local;
    c) órgão central;
    d) órgão parcial;
    e) órgão subalterno.

20. São órgãos de direção, controle e comando, mas sujeitos à subordinação e ao controle hierárquico de uma chefia:
    a) órgãos independentes;
    b) órgãos autônomos;
    c) órgãos superiores;
    d) órgãos coletivos;
    e) órgãos singulares.

21. São os órgãos constituídos por vários outros órgãos:
    a) órgãos locais;
    b) órgãos centrais;
    c) órgãos coletivos;
    d) órgãos compostos;
    e) órgãos singulares.

22. Uma diretoria de uma secretaria estadual, que só possui uma única autoridade com poder de decisão, é classificada como:
    a) órgão singular;
    b) órgão subalterno;
    c) órgão composto;
    d) órgão local;
    e) órgão simples.

23. Sobre os órgãos públicos, marque a alternativa falsa.
    a) Órgãos públicos são centros de competência instituídos para o desempenho de funções estatais, através de seus agentes, cuja atuação é imputada à pessoa a que pertencem.

b) Órgãos públicos são unidades de ação com atribuições específicas na organização estatal.

c) Órgãos públicos integram a estrutura do Estado e das demais pessoas jurídicas como partes desses corpos vivos, dotados de vontade e capazes de exercer direitos e contrair obrigações para a consecução de seus fins institucionais.

d) São despersonalizados, mantendo relações funcionais entre si e com terceiros, das quais resultam efeitos jurídicos internos e externos, na forma legal ou regulamentar.

e) Cada órgão pode representar legalmente a pessoa jurídica que ele integra.

24. **Analise a veracidade das frases.**
   I. **Há entre a entidade e seus órgãos relação de representação ou de mandato.**
   II. **Quando o agente ultrapassa a competência do órgão surge a sua responsabilidade pessoal perante a entidade que integra.**
   III. **Os órgãos independentes são os originários da Constituição e representativos dos Poderes de Estado.**
   Está(ão) correta(s):
   a) I e III;
   b) II e III;
   c) I e II;
   d) II;
   e) todas.

25. **Órgãos superiores são:**
   a) os localizados na cúpula da Administração, imediatamente abaixo dos órgãos independentes e diretamente subordinados a seus chefes;
   b) os que detêm poder de direção, controle, decisão e comando dos assuntos de sua competência específica, mas sempre sujeitos à subordinação e ao controle hierárquico de uma chefia mais alta;
   c) os originários da Constituição e representativos dos Poderes de Estado colocados no ápice da pirâmide governamental, sem qualquer subordinação hierárquica ou funcional, e só sujeitos aos controles constitucionais de um Poder pelo outro;
   d) os que atuam e decidem através de um único agente, que é seu chefe e representante;
   e) os integrados na estrutura direta da Presidência da República.

26. Marque a alternativa correta.
    a) Os órgãos independentes são os originários da Constituição, sendo chamados de órgãos primários do Estado.
    b) Os Tribunais do Poder Judiciário e os juízes singulares são classificados como órgãos superiores.
    c) O Ministério Público Federal é classificado como órgão autônomo.
    d) Os Ministérios de Estado são classificados como órgãos superiores.
    e) Todas as respostas anteriores estão corretas.

27. Um grupo de estudantes debate a respeito da natureza jurídica da Presidência da República, que vem a ser um:
    a) órgão singular e independente.;
    b) órgão colegiado e independente;
    c) órgão singular e autônomo;
    d) órgão colegiado e autônomo;
    e) órgão singular e superior.

28. Analise a veracidade das frases.
    I. Órgão Público é um complexo de pessoas jurídicas públicas, que devem expressar a vontade do Estado para o exercício da atividade que a Constituição lhe confere.
    II. A Teoria da Representação é a que melhor explica as relações entre o Estado e os órgãos públicos.
    III. O órgão é um ente autônomo da pessoa jurídica de Direito Público.
    Está(ão) correta(s):
    a) todas;
    b) I e II;
    c) II e III;
    d) I e III;
    e) nenhuma.

29. Os Ministérios são classificados como:
    a) órgãos centrais, singulares e autônomos;
    b) órgãos centrais, coletivos e autônomos;
    c) órgãos locais, singulares e superiores;
    d) órgãos locais, coletivos e superiores;
    e) órgãos centrais, singulares e independentes.

30. Marque a alternativa abaixo que apresenta órgãos ativos.
    a) Ministérios e Presidência da República.
    b) Conselho de Defesa Nacional e Procuradoria-Geral da República.
    c) Conselho da República e Tribunal de Contas da União.
    d) Conselho de Contribuintes e Consultoria-Geral da República.
    e) Nenhuma das respostas anteriores está correta.

31. A Secretaria de Defesa do Consumidor do Município de Fortaleza, CE, pode ter:
    a) capacidade processual;
    b) personalidade jurídica;
    c) patrimônio próprio;
    d) autonomia ilimitada;
    e) competência extralegal.

32. Assinale a alternativa incorreta a respeito dos órgãos e agentes públicos.
    a) No Brasil foi adotada a Teoria do Órgão para explicar a atuação dos agentes públicos em nome do Estado.
    b) Órgãos públicos podem celebrar, por meio de seus administradores, contratos de gestão com outros órgãos ou com pessoas jurídicas.
    c) Embora despersonalizados, os órgãos mantêm relações funcionais entre si e com terceiros, na forma devidamente regulamentada.
    d) Segundo a teoria do órgão, a pessoa jurídica é o todo, enquanto os órgãos são parcelas integrantes desse todo.
    e) Qualquer órgão público tem capacidade processual para defender, em juízo, suas prerrogativas.

33. As seguintes afirmativas sobre órgão público são corretas, exceto:
    a) integra a estrutura de uma pessoa jurídica;
    b) possui patrimônio próprio;
    c) pode expressar capacidade processual;
    d) não possui personalidade jurídica;
    e) apresenta competência própria.

34. Os órgãos da Administração Direta:
    a) devem ter necessariamente personalidade de Direito Público;
    b) não dispõem de personalidade jurídica;
    c) devem ter necessariamente personalidade jurídica de Direito Privado;

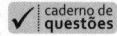

d) podem ter personalidade jurídica de Direito Público ou de Direito Privado, conforme dispuser a lei;
e) possuem, concomitantemente, personalidade jurídica de Direito Privado e de Direito Público.

35. Cinco amigos debatem a respeito do estudo de Direito Administrativo. Mateus afirma que o órgão público tem competência própria; Maurício diz ser o órgão público dotado de personalidade jurídica; Antônio acredita poder o órgão ter estrutura própria; João considera a possibilidade do órgão ter quadro de servidores; e, finalmente, Henrique opina que órgãos públicos são detentores de poderes funcionais. A opinião equivocada é a de:
    a) Mateus;
    b) Maurício;
    c) Antônio;
    d) João;
    e) Henrique.

36. A interpretação do Direito Administrativo deve considerar o seguinte pressuposto:
    a) presunção de legitimidade dos atos da Administração;
    b) construção jurisprudencial;
    c) conceitos indeterminados;
    d) tópico-problemático;
    e) eficiência administrativa.

37. Dá-se o fenômeno da desconcentração administrativa, de determinada atividade estatal, quando essa prestação é exercida, necessariamente, por:
    a) uma unidade de órgão de outra unidade federativa;
    b) uma autarquia;
    c) uma entidade estatal;
    d) uma concessionária de serviço público;
    e) uma unidade de órgão da mesma unidade federativa.

38. No que tange à natureza jurídica dos órgãos públicos, o Direito brasileiro adota a teoria do(a):
    a) representação legal;
    b) representação convencional;
    c) imputação;
    d) mandato;
    e) ficção legal.

39. O Tribunal Regional Federal da 4ª Região é um órgão:
    a) subalterno;
    b) simples;
    c) singular;
    d) local;
    e) central.

40. O Superior Tribunal de Justiça é um órgão:
    a) subalterno;
    b) simples;
    c) singular;
    d) local;
    e) central.

41. Do princípio da indisponibilidade do interesse público pela Administração Pública, decorrem as seguintes consequências, exceto:
    a) princípio da responsabilidade civil objetiva do Estado;
    b) princípio da reserva legal;
    c) princípio da finalidade;
    d) princípio da publicidade;
    e) controle administrativo.

42. A interpretação do Direito Administrativo deve considerar o seguinte pressuposto:
    a) presunção absoluta de legitimidade;
    b) necessidade de poderes discricionários para a Administração atender ao interesse público;
    c) equivalência do interesse privado ao interesse público;
    d) interesse pessoal do agente público;
    e) eletividade do agente público.

43. Assinale a alternativa abaixo que apresenta uma restrição aplicável à Administração Pública.
    a) Realização de licitação.
    b) Exoneração de cargo em comissão.
    c) Prorrogação do prazo de validade de concurso público.
    d) Fiscalização dos contratos administrativos.
    e) Criação de autarquia.

44. O Direito Administrativo é ramo do:
    a) Direito Misto;
    b) Direito Civil-Constitucional;
    c) Direito Administrativo-Constitucional;
    d) Direito Privado;
    e) Direito Público.

45. O regime jurídico administrativo tem como princípio basilar:
    a) moralidade;
    b) supremacia do interesse público;
    c) razoabilidade;
    d) publicidade;
    e) eficiência.

46. O prefeito de um Município do interior cearense deseja extinguir uma secretaria, com intuito de diminuir a estrutura administrativa. A referida extinção deverá ser realizada por:
    a) lei;
    b) lei complementar;
    c) decreto;
    d) regulamento;
    e) resolução

47. O regime jurídico administrativo baseia-se no binômio:
    a) necessidade e capacidade;
    b) vinculação e discricionariedade;
    c) legalidade e moralidade;
    d) prerrogativa e sujeição;
    e) restrição e vantagem.

48. A função administrativa é realizada:
    a) somente pelo Poder Executivo;
    b) somente pelos órgãos da Administração Direta;
    c) somente pelos órgãos e entidades da Administração Indireta;
    d) pelos três poderes;
    e) apenas pelo Poder Legislativo.

49. Assinale a alternativa abaixo que apresenta uma restrição aplicável à Administração Pública.
    a) Imunidade tributária.
    b) Princípio da legalidade.
    c) Prazos dilatados em juízo.
    d) Precatório.
    e) Alteração unilateral dos contratos administrativos.

50. Assinale a alternativa abaixo que não apresenta uma das consequências do princípio da indisponibilidade do interesse público.
    a) Princípio da legalidade.
    b) Princípio da razoabilidade.
    c) Princípio da motivação.
    d) Princípio da continuidade do serviço público.
    e) Princípio da boa-fé administrativa.

51. O Direito Administrativo comparado ao Direito Privado acarreta várias consequências, dentre elas:
    a) a insuscetibilidade do controle judicial dos atos administrativos;
    b) a inexistência do respeito aos direitos individuais;
    c) o interesse particular sobrepondo-se ao da Administração Pública;
    d) a indisponibilidade do interesse público;
    e) a predominância dos princípios liberais;

52. Assinale a alternativa abaixo que apresenta uma prerrogativa aplicável à Administração Pública.
    a) Imunidade tributária.
    b) Princípio da moralidade.
    c) Princípio da impessoalidade.
    d) Princípio da legalidade.
    e) Princípio da publicidade.

53. Segundo a doutrina dominante, não é fonte do Direito Administrativo:
    a) doutrina;
    b) costume;
    c) lei;
    d) jurisprudência;
    e) princípio da transparência.

54. A prevalência do interesse público sobre o privado, característica essencial do regime jurídico-administrativo, está presente nas hipóteses abaixo, exceto:
   a) tombamento;
   b) requisição administrativa;
   c) servidão administrativa;
   d) celebração de contrato de locação de bem privado;
   e) desapropriação.

55. A trilogia fundamental, que dá o perfil da Administração Pública, é composta de:
   a) órgão, agente e autoridade;
   b) prerrogativa, responsabilidade e sujeição;
   c) órgão, agente e função;
   d) responsabilidade, autoridade e sujeição;
   e) agente, prerrogativa e dever.

56. Assinale a alternativa abaixo que apresenta uma restrição aplicável à Administração Pública.
   a) Cláusulas exorbitantes nos contratos administrativos.
   b) Obrigatoriedade de realização de concurso público.
   c) Estabilidade funcional.
   d) Contrato de gestão.
   e) Imunidade tributária.

57. A interpretação do Direito Administrativo deve considerar o seguinte pressuposto:
   a) controle jurisdicional;
   b) desigualdade jurídica entre a Administração Pública e os administrados;
   c) supremacia do interesse privado;
   d) boa-fé objetiva;
   e) moralidade comum.

58. Suponha que o Estado do Mato Grosso do Sul crie uma nova secretaria visando ao desenvolvimento da pecuária. Esta secretaria é um(a):
   a) pessoa jurídica de Direito Público;
   b) pessoa jurídica de Direito Privado;
   c) entes de cooperação;
   d) órgão despersonalizado;
   e) autarquia.

59. Analise a veracidade das frases.
  I. O fim da Administração Pública é o bem comum da coletividade.
  II. O Direito Administrativo pertence ao Direito Privado.
  III. A função jurisdicional é objeto do estudo do Direito Administrativo.
  Está(ão) correta(s):
  a) nenhuma;
  b) I e II;
  c) II e III;
  d) I;
  e) II.

60. Assinale a alternativa abaixo que apresenta uma das consequências do princípio da indisponibilidade do interesse público.
  a) Obrigatoriedade do desempenho de atividade pública.
  b) Vinculação de todas as atividades administrativas.
  c) Criação legal dos órgãos públicos.
  d) Aposentadoria do servidor público.
  e) Imposição da revogação dos atos administrativos.

61. Assinale a alternativa abaixo que apresenta uma prerrogativa aplicável à Administração Pública.
  a) Realização de licitação.
  b) Possibilidade de encampação de concessionárias de serviço público.
  c) Princípios constitucionais.
  d) Controle interno.
  e) Prestação de contas.

62. Analise a veracidade das frases.
  I. O regime jurídico-administrativo albergado pela Carta Magna de 1988 impõe que somente a lei, em sentido formal, pode tipificar infração e cominar penalidades disciplinares.
  II. Em decorrência do princípio da supremacia do interesse público, a Administração Pública não deve respeitar os princípios da ampla defesa e do contraditório no processo administrativo disciplinar.
  III. A função administrativa possui regras próprias e prevalecentemente de Direito Público.
  Está(ão) correta(s):
  a) todas;
  b) I e II;
  c) II e III;
  d) I e III;
  e) II.

63. Analise a veracidade das frases.
   I. Uma empresa pública prestadora de serviço público, que não exerce atividade econômica, tem como regime jurídico o de Direito Público, ou seja, o regime jurídico-administrativo.
   II. As fundações públicas sempre se submetem ao regime jurídico-administrativo.
   III. Os órgãos públicos possuem personalidade jurídica própria.
   Está(ão) correta(s):
   a) I e II;
   b) II e III;
   c) I e III;
   d) II;
   e) I.

64. Assinale a alternativa abaixo que apresenta uma das consequências do regime jurídico-administrativo.
   a) Edição de ato arbitrário.
   b) Controle hierárquico.
   c) Personalidade jurídica da empresa pública.
   d) Regime jurídico trabalhista aos servidores das sociedades de economia mista.
   e) Praxe administrativa.

65. O sistema francês de controle administrativo denomina-se:
   a) contencioso administrativo;
   b) contencioso judiciário;
   c) jurisdição única;
   d) contencioso político;
   e) contencioso legislativo.

66. Assinale a alternativa abaixo que melhor se adapta ao conceito contemporâneo do Direito Administrativo.
   a) É o conjunto harmônico de princípios jurídicos que regem os órgãos, os agentes e as atividades públicas tendentes a realizar concreta, direta e imediatamente os fins desejados pelo Estado.
   b) É o estudo dos atos do Poder Executivo.
   c) É o estudo das normas administrativas de um determinado país.
   d) É o conjunto de regras e princípios jurídicos que regem os elementos constitutivos do Estado.
   e) É o conjunto de regras e princípios que regulam os serviços públicos.

67. É fonte do Direito Administrativo:
    a) decisão proferida em processo administrativo fiscal;
    b) costume;
    c) princípio da eficiência;
    d) praxe administrativa;
    e) rotina administrativa.

68. Assinale a alternativa abaixo que apresenta uma prerrogativa aplicável à Administração Pública.
    a) Prazos dilatados em juízo.
    b) Realização de concurso público.
    c) Controle externo realizado pelo Tribunal de Contas.
    d) Eleição para Diretor de escola pública.
    e) Princípio da reserva legal.

69. Assinale a alternativa abaixo que não apresenta uma fonte do Direito Administrativo.
    a) Estatuto dos servidores públicos.
    b) Praxe administrativa.
    c) Jurisprudência.
    d) Regulamento.
    e) Lei.

70. Assinale a alternativa abaixo que apresenta a seguinte sequência de órgãos públicos: órgão central; órgão independente e órgão de controle.
    a) Gabinete Civil da Presidência da República; Congresso Nacional e Tribunal de Contas.
    b) Delegacia Regional da Receita Federal; Tribunal Regional do Trabalho e Ministério Público.
    c) Secretaria do Tesouro Nacional; Ministério da Justiça e Ouvidoria-Geral da República.
    d) Banco Central do Brasil; Ministério Público e Conselho da República.
    e) Agência Nacional da Saúde; Assembleia Legislativa e Presidência da República.

71. Segundo a doutrina brasileira, a interpretação do Direito Administrativo considera alguns pressupostos. Assinale a alternativa abaixo que apresenta esses pressupostos.

a) Supremacia do interesse público; princípio da moralidade e probidade administrativa.

b) Desigualdade jurídica entre a Administração e os administrados; presunção de legitimidade dos atos da Administração e a necessidade de poderes discricionários para a Administração atender ao interesse público.

c) Princípios constitucionais; autoexecutoriedade das atividades administrativas e imperatividade dos atos administrativos.

d) Desigualdade jurídica entre a Administração e os administrados; princípio da moralidade e autoexecutoriedade das atividades administrativas.

e) Supremacia do interesse público; a necessidade de poderes discricionários para a Administração atender ao interesse público e informalismo dos atos administrativos.

72. Analise a veracidade das frases.
   I. A função administrativa é exercida exclusivamente pelos órgãos do Poder Executivo.
   II. A principal fonte do Direito Administrativo é o regulamento administrativo.
   III. A doutrina brasileira adota a teoria objetiva para melhor explicar a relação jurídica entre órgão e agente público.

   Está(ão) correta(s):
   a) I.
   b) II.
   c) III.
   d) nenhuma.
   e) I e II.

73. Assinale a alternativa abaixo que apresenta uma prerrogativa aplicável à Administração Pública.
   a) Princípio da eficiência.
   b) Princípio da ampla defesa.
   c) Coisa julgada administrativa.
   d) Edição de medida provisória.
   e) Processo especial de execução.

74. O regime jurídico-administrativo baseia-se em normas de:
   a) Direito Público;
   b) Direito Misto;
   c) Direito Privado;
   d) Direito Social;
   e) Direito Internacional.

75. De acordo com a doutrina moderna, o Direito Administrativo surgiu baseado em dois princípios antagônicos. Assinale a alternativa abaixo que apresenta os ditames.
    a) Discricionariedade e Vinculação.
    b) Igualdade e Liberdade.
    c) Arbitrariedade e Legalidade.
    d) Direitos Individuais e Direitos Coletivos.
    e) Proteção aos Direitos Individuais e Necessidade de Satisfação dos Interesses Coletivos.

76. A fonte formal e primordial do Direito Administrativo é a(o):
    a) costume.
    b) povo.
    c) praxe administrativa.
    d) analogia.
    e) lei.

77. Analise a veracidade das frases.
    I. O sistema francês de controle administrativo, também denominado de dual, em virtude da origem do Direito Administrativo pátrio, é o adotado no Brasil.
    II. A decisão advinda do contencioso administrativo tem caráter absoluto. Isto porque a revisão administrativa só pode ser realizada com o fim de beneficiar o servidor punido.
    III. A tendência do atual Direito Administrativo brasileiro consiste, em outros fatores, no fortalecimento da democracia participativa, com a previsão de vários instrumentos de participação do cidadão no controle e na gestão de atividades da Administração Pública.
    IV. O princípio do devido processo legal, de base constitucional, aplica-se ao Direito Administrativo.
    V. O movimento da agencificação, com a outorga de função regulatória a determinado ente, produz uma nova pessoa política: a agência reguladora.

    O número de assertivas corretas é:
    a) I e II.
    b) I, III e V.
    c) III e IV.
    d) II, III e IV.
    e) I, II, IV e V.

78. O sistema inglês de controle administrativo denomina-se:
    a) jurisdição dual;
    b) jurisdição plural;
    c) jurisdição única;
    d) controle administrativo;
    e) jurisdição política.

79. Assinale a alternativa abaixo que apresenta uma restrição aplicável à Administração Pública.
    a) Remoção de servidor público.
    b) Nomeação de cargo em comissão.
    c) Isenção tributária.
    d) Princípios constitucionais.
    e) Prerrogativas processuais.

80. A organização e o funcionamento da Administração Federal, quando não implicar aumento de despesa nem criação ou extinção de órgãos públicos, serão dispostos em:
    a) lei;
    b) decreto;
    c) portaria;
    d) ordem de serviço;
    e) circular.

81. A respeito do sistema de controle administrativo adotado no Brasil, analise a veracidade das frases.
    I. Os tribunais não podem invalidar os atos oriundos das funções administrativas.
    II. Os tribunais não podem responsabilizar os administradores pelos seus atos no exercício da função administrativa.
    III. É defeso ao Poder Judiciário anular os atos administrativos.
    Está(ão) correta(s):
    a) I e II;
    b) I;
    c) II;
    d) III;
    e) nenhuma.

82. Assinale a alternativa abaixo que apresenta a fonte primordial do Direito Administrativo brasileiro.
   a) Decreto legislativo.
   b) Decreto regulamentar.
   c) Decreto autônomo.
   d) Lei em sentido amplo, incluindo desde o texto constitucional até os atos administrativos normativos.
   e) Resolução.

83. A caracterização da função administrativa realiza-se por vários critérios, dentre eles, destaca-se o subjetivo, no qual é realçado a(o):
   a) forma do ato;
   b) conteúdo da atividade;
   c) agente da função;
   d) objeto da atividade;
   e) motivo.

84. O Município de Gramado Xavier, RS, criou uma secretaria para o desenvolvimento do turismo local. A criação desse órgão público baseou-se na:
   a) centralização administrativa;
   b) especialização administrativa;
   c) desconcentração administrativa;
   d) descentralização administrativa;
   e) especificação administrativa.

85. Assinale a alternativa abaixo que apresenta uma das consequências do princípio da indisponibilidade do interesse público.
   a) Controle administrativo.
   b) Controle vinculação.
   c) Controle estatutário.
   d) Controle de mérito.
   e) Controle extrajudicial.

86. Analise a veracidade das frases.
   I. O sistema judiciário é aquele em que todos os litígios são resolvidos definitivamente pelo Poder Judiciário.
   II. O sistema de jurisdição única é o denominado sistema francês.
   III. No sistema do contencioso administrativo no Brasil, o Poder Judiciário funciona como corte de apelação ou de cassação.

Está(ão) correta(s):
a) I e II;
b) II e III;
c) I;
d) II;
e) nenhuma.

87. **No Direito Administrativo brasileiro, adota-se o sistema de controle administrativo denominado:**
    a) jurisdição única;
    b) jurisdição dual;
    c) jurisdição plural;
    d) contencioso administrativo;
    e) contencioso litigioso.

88. **A transferência da atribuição de um órgão público para outro órgão público caracteriza a:**
    a) descentralização;
    b) centralização;
    c) concentração;
    d) redistribuição.
    e) desconcentração.

89. **A supervisão dos órgãos da Administração Federal será realizada, em regra geral, pelo(s):**
    a) Congresso Nacional;
    b) Tribunal de Contas;
    c) Supremo Tribunal Federal;
    d) Ministérios;
    e) Ministério Público.

90. **A caracterização da função administrativa realiza-se por vários critérios, entre eles, destaca-se o objetivo material, no qual é realçado a(o):**
    a) competência do agente;
    b) forma do ato;
    c) conteúdo da atividade;
    d) motivo;
    e) regime jurídico.

91. O governador do Estado de Pernambuco deseja criar uma nova secretaria estadual. Para tanto, será necessária a edição de um(a):
    a) lei;
    b) emenda à Constituição;
    c) decreto;
    d) portaria;
    e) resolução.

92. A origem do Direito Administrativo é apontada por muitos como francesa. Assinale a alternativa abaixo que apresenta uma característica do Direito francês presente no Direito brasileiro.
    a) Princípio do *Rule of Law*.
    b) Limitação do poder discricionário por via do controle administrativo.
    c) Sistema de dualidade de jurisdição.
    d) Executoriedade da decisão administrativa.
    e) Predominância do Direito comum.

93. Os interesses públicos são inapropriáveis em virtude do princípio da:
    a) supremacia do interesse público;
    b) impessoalidade;
    c) legalidade;
    d) indisponibilidade do interesse público;
    e) eficiência.

94. O Direito Administrativo tem por objeto de estudo:
    a) os atos legislativos;
    b) os atos administrativos editados pelo Poder Executivo;
    c) os atos de governo;
    d) os atos políticos;
    e) os atos administrativos editados pelos três poderes.

95. O Município de Araçagi, PB, criou uma autarquia com o fim desenvolver a fiscalização sanitária. Assim, a criação da citada entidade baseia-se na:
    a) descentralização administrativa;
    b) especificação administrativa;
    c) concentração administrativa;
    d) desconcentração administrativa;
    e) especialização administrativa.

96. O Tribunal Regional Eleitoral do Estado de Tocantins integra a Administração:
   a) Direta Federal.
   b) Direta Estadual.
   c) Indireta Estadual.
   d) Indireta Federal.
   e) Direta Municipal.

97. Assinale a alternativa correta.
   a) Os órgãos administrativos têm personalidade jurídica e, por conseguinte, capacidade processual.
   b) Os órgãos públicos não possuem patrimônio próprio.
   c) Os tribunais de contas estaduais são órgãos independentes, mas só podem ir a juízo por meio da Procuradoria-Geral da Assembleia Legislativa, por não possuírem personalidade judiciária.
   d) É correto, do ponto de vista da natureza jurídica do órgão, afirmar que "Antônio propôs uma ação de rito ordinário contra o Tribunal de Justiça do Estado do Ceará".
   e) A teoria que melhor explica a relação existente entre o servidor público e a pessoa jurídica do Estado é a teoria da representação, cuja característica principal consiste no princípio da imputação volitiva.

98. Cinco estudantes de Direito debatem a respeito da natureza do Tribunal de Justiça do Estado de Santa Catarina. Para Mateus, o Tribunal integra a Administração Indireta estadual. João considera ser o órgão da Administração Direta Federal. Maurício concorda parcialmente com João, porém entende ser integrante da Administração Direta Estadual. Henrique pensa ser da Administração Indireta Federal. Por fim, Antônio opina por ser uma autarquia heterônoma. A razão encontra-se com:
   a) Mateus.
   b) João.
   c) Maurício.
   d) Henrique.
   e) Antônio.

99. Assinale a alternativa abaixo que apresenta uma prerrogativa aplicável à Administração Pública.
   a) Sanção de projeto de lei.
   b) Estabilidade funcional.
   c) Cláusulas exorbitantes presentes nos contratos administrativos.
   d) Nomeação de cargo em comissão.
   e) Realização de concurso público.

100. Sobre o regime jurídico-administrativo, analise a veracidade das frases.
   I. A desapropriação é um procedimento administrativo característico do regime jurídico-administrativo.
   II. A supremacia do interesse público sobre o particular é a essência do regime jurídico-administrativo, justificando a adoção de atos arbitrários pela Administração Pública.
   III. Em regra, a discricionariedade, característica do regime jurídico-administrativo, justifica o não exame, pelo Poder Judiciário, do mérito do ato administrativo.

   Está(ão) correta(s):
   a) I e III;
   b) II e III;
   c) I;
   d) II;
   e) todas.

Capítulo 2

Da Administração Pública: Direta e Indireta. Dos Entes de Cooperação e das Organizações Sociais

I. **Complete a Lacuna.**

1. As associações públicas são pessoas jurídica de .... (Direito Público/ Direito Privado).
2. As Sociedades de Economia Mista Federal, por força de lei, são regidas .... (pela forma de sociedade anônima/por qualquer forma admitida em Direito).
3. As agências .... (executivas/reguladoras) controlam através do planejamento e normatização as atividades privadas na execução dos serviços de caráter público.
4. .... (Governo/Administração) é o conjunto de órgãos instituídos para a consecução dos objetivos dos poderes constitucionais.
5. As empresas públicas .... (são obrigadas/não são obrigadas) à realização de concurso público.
6. De acordo com a doutrina dominante, a Administração Pública divide-se em Administração Direta e .... (Indireta/desconcentrada).
7. As entidades da Administração Indireta .... (possuem/não possuem) personalidade jurídica própria.
8. Os órgãos da Administração Direta .... (podem/não podem) ter capacidade processual.
9. As sociedades de economia mista são pessoas jurídicas de Direito .... (Público/Privado).
10. Os órgãos da Administração Direta .... (possuem/não possuem) personalidade jurídica própria.

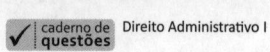

11. As entidades da Administração Indireta .... (possuem/não possuem) patrimônio próprio.
12. As empresas públicas .... (são obrigadas/não são obrigadas) à realização de licitação.
13. Os órgãos da Administração Direta .... (possuem/não possuem) patrimônio jurídico próprio.
14. As sociedades de economia mista realizam .... (somente, atividades econômicas/somente, serviços públicos/atividades econômicas ou serviços públicos).
15. .... (Administração Pública/Administração Indireta) é o conjunto dos entes (entidades com personalidade jurídica) que, vinculados a um órgão da Administração Direta, como por exemplo os Ministérios, prestam serviço público ou de interesse público.
16. As entidades da Administração Indireta são: Autarquia, ... (Empresa Pública/Paraestatal), Sociedade de Economia Mista, ... (Fundação Pública/Serviço Social Autônomo) e as Associações Públicas.
17. As autarquias são criadas por .... (Lei Complementar Específica/Lei Ordinária Específica).
18. Em relação às empresas públicas, a lei específica .... (cria/autoriza a criação).
19. As entidades da Administração Indireta são .... (subordinadas/vinculadas) aos órgãos da Administração Direta.
20. O ente administrativo autônomo, criado por lei específica, com personalidade jurídica de Direito Público interno, para a consecução de atividades típicas do Poder Público que requeiram, para uma melhor execução, gestão financeira e administrativa descentralizada é denominado de .... (Administração Indireta/Autarquia).
21. Em sentido .... (objetivo/subjetivo), Administração Pública é o conjunto de órgãos e entidades públicas que exercem atividades administrativas.
22. As empresas públicas são pessoas jurídicas de .... (Direito Público/Direito Privado).
23. Nas sociedades de economia mista, o Direito Privado sofre .... (ab-rogação/derrogação) por normas de Direito Público.
24. Na empresa pública, o Poder Público detém .... (a maioria/a totalidade) do capital social.
25. É um conjunto de bens com personalidade jurídica própria afetado a um fim público .... (Autarquia/Fundação Pública).
26. Os bens das autarquias são .... (impenhoráveis/penhoráveis).
27. As sociedades de economia mista prestadoras de serviço público .... (estão/não estão) sujeitas à falência.

28. De acordo com a Constituição Federal, os servidores das empresas públicas federais são regidos pelo(a) .... (Consolidação das Leis do Trabalho/Regime Jurídico).
29. Os territórios federais são .... (autarquias/pessoas políticas).
30. Os entes de cooperação são .... (as fundações públicas/os serviços sociais autônomos/as fundações públicas e os serviços sociais autônomos).
31. Os bens das sociedades de economia mista realizadoras de atividade econômica são .... (impenhoráveis/penhoráveis).
32. As subsidiárias das empresas públicas e das sociedades de economia mista são criadas por .... (autorização legislativa/lei específica).
33. Nas empresas públicas, o Direito Privado sofre .... (ab-rogação/derrogação) por normas de Direito Público.
34. Em sentido .... (objetivo/subjetivo), Administração Pública significa a atividade concreta do Estado dirigida à consecução das necessidades coletivas de modo direto e imediato.
35. As autarquias são pessoas jurídicas de Direito .... (Público/Privado).
36. As empresas públicas realizam .... (somente, atividades econômicas/somente, serviços públicos/atividades econômicas ou serviços públicos).
37. .... (Administração Pública/Administração Direta) é o conjunto de órgãos e entidades públicas que exercem atividade administrativa.
38. .... (Governo/Administração) é o conjunto de Poderes e órgãos constitucionais.
39. Os territórios federais possuem .... (capacidade específica/capacidade genérica).
40. A Administração Pública .... (Direta/Indireta) é o conjunto dos órgãos integrados na estrutura central de cada poder dos entes federativos.
41. .... (Autarquias/Empresas Públicas) são criadas, necessariamente, como forma de descentralização administrativa.
42. Quando o capital pertence a uma única pessoa, denomina-se a empresa pública de .... (unipessoal/pluripessoal).
43. As sociedades de economia mista .... (são obrigadas/não são obrigadas) à realização de licitação.
44. As sociedades de economia mista .... (são obrigadas/não são obrigadas) à realização de concurso público.
45. Em regra geral, as causas civis de interesse das sociedades de economia mista federais serão julgadas na Justiça .... (Estadual/Federal).
46. A agência .... (executiva/reguladora) é a qualificação dada à autarquia ou fundação que celebre contrato de gestão com o órgão da Administração Direta a que se acha vinculada, para a melhoria da eficiência e redução de custos.

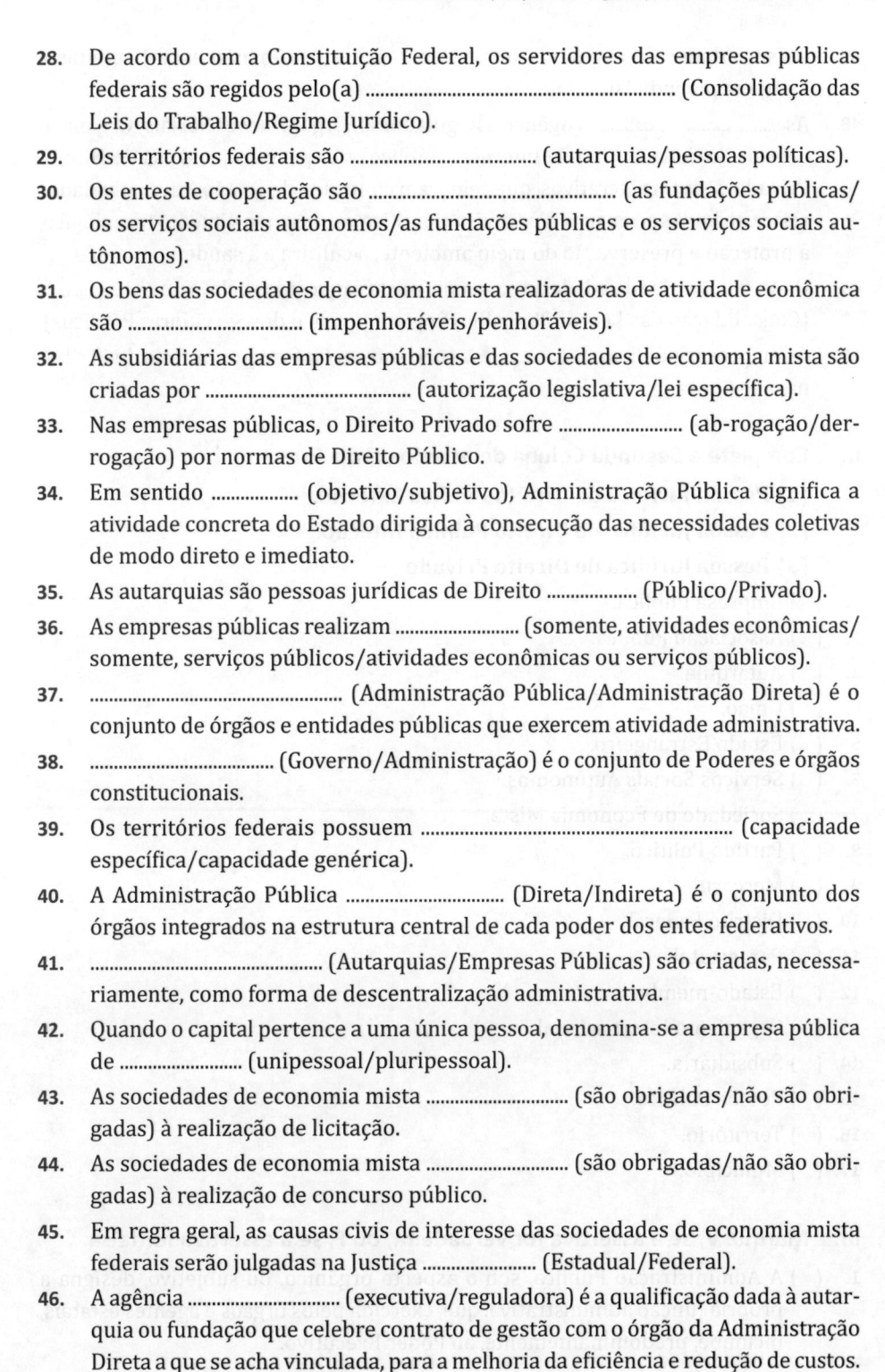

47. As sociedades de economia mista .... (estão/não estão) sujeitas à recuperação judicial.
48. As .... (Agências Reguladoras/Organizações Sociais/Organizações da Sociedade Civil de Interesse Público) são pessoas jurídicas de Direito Privado, sem fins lucrativos, que celebram contratos de gestão, cujas atividades sejam dirigidas ao ensino, à pesquisa científica, ao desenvolvimento tecnológico, à proteção e preservação do meio ambiente, à cultura e à saúde.
49. Os servidores da sociedade de economia mista são regidos pela(o) .... (Consolidação das Leis do Trabalho/Regime Jurídico dos Servidores Públicos).
50. As empresas públicas .... (não sofrem/sofrem) o controle dos Tribunais de Contas.

II. **Complete a Segunda Coluna de acordo com a Primeira.**
    (1) Pessoa Jurídica de Direito Público Externo.
    (2) Pessoa Jurídica de Direito Público Interno.
    (3) Pessoa Jurídica de Direito Privado.
1. ( ) Empresa Pública.
2. ( ) Associação Pública.
3. ( ) Autarquia.
4. ( ) União.
5. ( ) Estado Estrangeiro.
6. ( ) Serviços Sociais Autônomos.
7. ( ) Sociedade de Economia Mista.
8. ( ) Partido Político.
9. ( ) Mercosul.
10. ( ) Distrito Federal.
11. ( ) Paraestatal.
12. ( ) Estado-membro.
13. ( ) Organismo Internacional.
14. ( ) Subsidiária.
15. ( ) Pessoa Política.
16. ( ) Território.
17. ( ) Município.

III. **Marque V, se a assertiva for verdadeira, ou F, se a assertiva for falsa.**
1. ( ) A Administração Pública, sob o aspecto orgânico, ou subjetivo, designa a própria função administrativa, que, exercida pelos órgãos e agentes estatais, incumbe, predominantemente, ao Poder Executivo.

2. ( ) A sociedade de economia mista não pode explorar empreendimentos e exercer atividades distintas das definidas pela lei que autorizou a sua constituição.
3. ( ) O foro competente para o julgamento de ação de indenização por danos materiais contra empresa pública federal é a Justiça Federal.
4. ( ) As autarquias são instituídas por lei, iniciando-se a sua existência legal com a inscrição, no registro próprio, de seu ato constitutivo.
5. ( ) As empresas públicas sujeitam-se ao regime jurídico próprio das empresas privadas, mas sua criação deve ser autorizada por lei.
6. ( ) O Estado pretende efetuar reorganização administrativa, desmembrando determinados órgãos da Administração Direta, extinguindo cargos vagos e realocando atribuições, tendo como premissa o não incremento de despesa. De acordo com a Constituição Federal, a referida reorganização deverá ser feita por lei, obrigatoriamente em face do princípio da legalidade a que se submete a Administração Pública.
7. ( ) Estando a sociedade de economia mista e a empresa pública sujeitas a controle estatal, o Poder Executivo pode, por ato próprio, editar normas a elas dirigidas, ainda que conflitantes com os seus objetivos.
8. ( ) A sede do Banco Central do Brasil é considerada como um bem impenhorável e imprescritível.
9. ( ) Embora dotada de personalidade jurídica própria, a autarquia não dispõe de capacidade de autoadministração, característica da pessoa política que a constituiu.
10. ( ) É vedada a participação de pessoas jurídicas de Direito Privado no capital da empresa pública, ainda que integrem a Administração Indireta.
11. ( ) O STF entende que a imunidade tributária recíproca dos entes políticos, prevista na CF, não é extensiva às autarquias.
12. ( ) Os consórcios públicos, quando assumem personalidade jurídica de Direito Público, constituem-se como associações públicas, passando, assim, a integrar a Administração Indireta dos entes federativos consorciados.
13. ( ) O princípio da reserva legal, segundo o qual todas as entidades integrantes da Administração Indireta, independentemente da esfera federativa a que estejam vinculadas, devem ser instituídas por lei, aplica-se às empresas públicas e às sociedades de economia mista, mas não às suas subsidiárias.
14. ( ) As autarquias submetem-se ao controle administrativo realizado pelos órgãos da cúpula da Administração Direta, denominada de "tutela".
15. ( ) As empresas públicas são pessoas jurídicas de direito privado, têm capital inteiramente público e podem ser organizadas sob qualquer forma admitida em Direito.

16. (   ) O mandado de segurança nunca poderá ser usado como instrumento adequado para a impugnação de ato praticado por dirigente de sociedade de economia mista.
17. (   ) É certo que o patrimônio inicial da autarquia é formado a partir a transferência de bens móveis e imóveis do ente federado que a tenha criado.
18. (   ) As autarquias exercem atividades tipicamente administrativas que requerem, para seu melhor funcionamento, gestão administrativa e financeira sob regime de Direito Público, razão pela qual se considera que elas integram a administração centralizada.
19. (   ) A instituição de fundação pública deve ser autorizada por lei ordinária específica, ao passo que a definição de sua área de atuação deve ser feita por lei complementar.
20. (   ) Diferente do Ministério da Saúde, a Agência Nacional de Saúde pertence à Administração Indireta.
21. (   ) Das entidades da Administração Indireta, a autarquia é pessoa jurídica de Direito Público, a associação pública, de Direito Público, a fundação pode ser de Direito Público ou Privado, dependendo do regime que lhe for atribuído pela lei instituidora, as demais são pessoas jurídicas de Direito Privado.
22. (   ) São pessoas políticas: União, Estados, Municípios, territórios e Distrito Federal.
23. (   ) A empresa pública é pessoa jurídica de Direito Público com capital inteiramente público e organização sob qualquer das formas admitidas em Direito.
24. (   ) A fundação é denominada pela doutrina como um patrimônio personalizado.
25. (   ) O regime jurídico estatutário, que na esfera federal é positivada pela Lei nº 8.112/1990, aplica-se às fundações públicas de Direito Público.
26. (   ) Com a expressão empresa estatal, designa-se todas as sociedades, civis ou empresariais, de que o Estado tenha o controle acionário, como a empresa pública e a sociedade de economia mista.
27. (   ) As organizações sociais são pessoas jurídicas de Direito Privado, sem fins lucrativos, sendo instituídas por autorização legislativa.
28. (   ) Os órgãos da Administração Direta não possuem capacidade processual.
29. (   ) A criação e a extinção de uma entidade da Administração Indireta são realizadas por leis específicas.
30. (   ) As subsidiárias das entidades da Administração Indireta são pessoas jurídicas de Direito Público.
31. (   ) O consórcio público com personalidade jurídica de Direito Público integra a Administração Indireta de todos os entes da Federação consorciados.
32. (   ) As concessionárias de serviço público integram a Administração Indireta.
33. (   ) Lei complementar deverá estabelecer a área de atuação das entidades da Administração Pública.

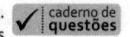

34. (   ) Todos os agentes públicos da Administração Direta estão sujeitos à Lei nº 8.112/1990 (Regime Jurídico dos Servidores Públicos Federais).
35. (   ) É juridicamente correto afirmar que o exercício da atividade administrativa não é pertinente ao Poder Legislativo e ao Poder Judiciário.
36. (   ) Todos os consórcios públicos integram a Administração Indireta.
37. (   ) As fundações instituídas pelo Poder Público, tanto as que têm personalidade jurídica de Direito Público quanto as de Direito Privado, são criadas para a persecução de determinado interesse coletivo. Considerando que, por disposição constitucional, compete ao Ministério Público a tutela desses interesses, é indispensável a fiscalização do órgão sobre todos os atos desses entes, segundo reconhecem os estudiosos.
38. (   ) Uma sociedade de economia mista ou empresa pública pode resultar da transformação, por lei, de um órgão público preexistente.
39. (   ) Embora uma empresa pública federal tenha sido instituída mediante lei federal, ela pode ser extinta mediante decreto do presidente da República, independentemente da edição de lei autorizativa.
40. (   ) Ao ter a natureza de empresa pública, o BNDES integra a Administração Federal Indireta.
41. (   ) Os empregados de uma empresa pública são servidores públicos federais e, portanto, a eles se aplica o regime jurídico estabelecido na Lei nº 8.112/1990.
42. (   ) As sociedades de economia mista e as empresas públicas submetem-se às mesmas regras acerca de procedimento licitatório aplicáveis às autarquias e às fundações públicas.
43. (   ) A Ordem dos Advogados do Brasil, conforme entendimento doutrinário e jurisprudencial, possui natureza *sui generis*, aplicando-se em diversas situações as normas de Direito Público.
44. (   ) Os serviços sociais autônomos são os entes paraestatais, de cooperação com o Poder Público, dotados de personalidade jurídica de Direito Privado, integrantes da Administração Pública Indireta.
45. (   ) As entidades de apoio são pessoas jurídicas de Direito Privado, sem fins lucrativos, instituídas por servidores públicos, porém em nome privado, sob a forma de fundação, associação ou cooperativa, para a prestação, em caráter privado, de serviços sociais não exclusivos do Estado, mantendo vínculo jurídico com entidades da Administração Direta ou Indireta, em regra por meio de convênio.
46. (   ) As Organizações Sociais são pessoas jurídicas de Direito Privado integrantes da Administração Indireta, sem fins lucrativos, criadas por particulares, atuando nas áreas de ensino, pesquisa e desenvolvimento tecnológico.
47. (   ) A supervisão ministerial é exercida pelos Ministérios sobre os órgãos subordinados da Administração Indireta enquadrados na sua área de competência.
48. (   ) As fundações governamentais submetem-se ao Direito Público.

49. (   ) É possível a existência de entidades da Administração Indireta vinculada aos Poderes Legislativo e Judiciário.
50. (   ) As empresas públicas realizadoras de atividade econômica possuem responsabilidade civil objetiva pelos atos praticados por seus agentes, independentemente de dolo ou culpa destes.

IV. Questões Objetivas.

1. **A autarquia, empresa pública e sociedade de economia mista são entidades:**
   a) totalmente independentes da respectiva Administração Direta;
   b) subordinados hierarquicamente à respectiva Administração Direta;
   c) vinculados e, portanto, fiscalizados pela respectiva Administração Direta;
   d) não vinculados à respectiva Administração Direta, mas fiscalizados por ela;
   e) não vinculados nem fiscalizados pela Administração Direta.

2. **Segundo a doutrina, os territórios federais, no Brasil, são:**
   a) autarquias geográficas;
   b) órgãos despersonalizados da União;
   c) entes políticos;
   d) agências executivas;
   e) empresas públicas.

3. **A respeito dos consórcios públicos, assinale a alternativa correta.**
   a) O consórcio público adquirirá personalidade jurídica de Direito Privado, no caso de constituir associação pública, mediante a vigência das leis de ratificação do protocolo de intenções.
   b) No caso de se revestir de personalidade jurídica de Direito Privado, o consórcio público observará as normas de Direito Público no que concerne à admissão de pessoal, que será regido pelo Regime Jurídico dos Servidores Públicos Federais (Lei nº 8.112/1990).
   c) As associações públicas são pessoas jurídicas de Direito Público.
   d) Os consórcios públicos deverão prestar contas ao Tribunal de Contas, desde que tenham a forma de Direito Público.
   e) Todos os consórcios públicos integram à Administração Indireta.

4. **Não é pessoa jurídica de Direito Público:**
   a) empresa pública;
   b) autarquia;
   c) Distrito Federal;
   d) pessoa política;
   e) Município.

5. No Direito brasileiro atual, a empresa pública:
   a) pode revestir-se de qualquer forma admitida em direito;
   b) deve revestir-se da forma de sociedade anônima;
   c) é um órgão despersonalizado;
   d) deve revestir-se da forma de sociedade simples;
   e) deve revestir-se da forma de sociedade por cotas de responsabilidade limitada.

6. Administração Pública Indireta Federal é:
   a) o conjunto dos órgãos integrados na estrutura administrativa federal;
   b) a gestão de bens e interesses particulares;
   c) a constituída dos serviços atribuídos a pessoas jurídicas diversas da União, públicas (autarquias) ou privadas (empresas públicas e sociedades de economia mista), vinculadas a um ministério, mas administrativa e financeiramente autônomas;
   d) o conjunto dos órgãos integrados na estrutura administrativa dos Municípios;
   e) formada pela Presidência da República e os ministérios.

7. Empresa Pública é:
   a) ente administrativo autônomo, criado por lei, com personalidade jurídica de Direito Público interno, patrimônio próprio e atribuições estatais específicas;
   b) pessoa jurídica de Direito Privado, autorizada a instituição por lei a se constituir com capital exclusivamente público, para realizar atividades de interesse público, instituída nos moldes particular, podendo revestir-se de qualquer forma e organização empresarial;
   c) pessoa jurídica de Direito Privado, com participação do Poder Público e de particulares em seu capital, para realização de atividade econômica ou serviço de interesse coletivo outorgado ou delegado pelo Estado;
   d) pessoa jurídica de Direito Misto;
   e) todas as respostas anteriores estão corretas.

8. O Banco do Brasil S.A. é uma pessoa jurídica de Direito _____, pois se rege sob a forma de sociedade de economia mista.
   a) Público.
   b) Privado.
   c) Misto.
   d) Social.
   e) Internacional.

9. São pessoas jurídicas de Direito Público:
   a) empresa pública e sociedade de economia mista;
   b) secretaria municipal de saúde e autarquia;
   c) pessoas políticas e autarquias;
   d) sociedades de economia mista e Câmara dos Deputados;
   e) pessoas políticas e organizações sociais.

10. Lei federal autorizou a instituição de pessoa jurídica de Direito Privado, para o exercício de atividade econômica, sob a forma de sociedade anônima, pertencendo a maior parte das ações com direito de voto à União e o restante das ações divididas entre dois Estados-membros. Essa pessoa jurídica de Direito Privado recebe o nome de:
    a) empresa pública unipessoal;
    b) autarquia;
    c) fundações públicas;
    d) sociedade de economia mista;
    e) empresa pública pluripessoal.

11. Por meio de lei ordinária federal, a União, o Estado do Rio de Janeiro e o Município do Rio de Janeiro ratificaram os termos de protocolo de intenções criando a Autoridade Pública Olímpica, entidade de Direito Público, responsável pela coordenação das atividades necessárias à preparação das Olímpiadas Rio 2016. Assim, a citada entidade é classificada como uma:
    a) autarquia;
    b) associação pública;
    c) empresa pública;
    d) sociedade de economia mista;
    e) fundação pública.

12. A Lei nº 11.182, de 2005, criou a Agência Nacional de Aviação Civil (Anac), em substituição ao Departamento de Aviação Civil (DAC), como autoridade de aviação civil e regulador do transporte aéreo no Brasil. Por uma agência reguladora, a Anac é classificada como um(a):
    a) órgão da Administração Direta;
    b) associação pública;
    c) sociedade de economia mista;
    d) autarquia;
    e) fundação pública.

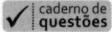

13. Analise a veracidade das frases.
    I. Estando a sociedade de economia e a empresa pública sujeitas a controle estatal, o Poder Executivo pode, por decreto, alterar o objeto social previsto na lei autorizativa das entidades.
    II. O mandado de segurança não é instrumento adequado para a impugnação de ato praticado por dirigente de sociedade de economia mista durante a realização de concurso público para ingresso de empregados no seu quadro de pessoal, por não se tratar de ato de autoridade.
    III. É comum às empresas públicas e sociedades de economia mista, que atuam no domínio econômico, a submissão ao regime de direito típico das empresas privadas, embora haja derrogação parcial por normas de Direito Público.
    IV. As autarquias sujeitam-se ao regime especial dos precatórios previsto no texto constitucional vigente.
    Estão corretas:
    a) I e II;
    b) II e III;
    c) I e IV;
    d) II e IV;
    e) III e IV.

14. Analise a veracidade das frases.
    I. Os consórcios de Direito Público integram a Administração Indireta.
    II. As fundações públicas e as empresas públicas sempre terão as mesmas prerrogativas e sofrem as mesmas restrições que os órgãos da Administração Direta.
    III. A admissão nos empregos públicos efetivos das sociedades de economia mista sujeitam-se à regra do concurso público, mas o regime após a admissão pelo concurso é o da CLT, com a ressalva da estabilidade funcional de seus empregados.
    IV. As autarquias são criadas por lei, tendo personalidade jurídica pública, capacidade de autoadministração, especialização dos fins ou atividades.
    Estão corretas:
    a) I e II;
    b) II e III;
    c) I e IV;
    d) III e IV;
    e) II e IV.

15. O Estado do Paraná pretende criar, por meio de autorização legislativa, entidade de Direito Privado, sob a forma de sociedade anônima, sendo que a maioria do capital pertencerá ao citado entidade e o restante do capital ofertado, por meio da Bolsa de Valores, ao público em geral. Esta entidade terá a natureza de:
    a) autarquia;
    b) empresa pública;
    c) sociedade de economia mista;
    d) associação pública;
    e) sociedade cooperativa.

16. A respeito da sociedade de economia mista, marque a alternativa falsa.
    a) Pode ter a forma de sociedade limitada.
    b) A sua criação depende de lei autorizativa.
    c) Sujeita-se à jurisdição da justiça estadual em caso de dano causado por seus agentes aos usuários do serviço público.
    d) Sujeita-se ao controle do Tribunal de Contas.
    e) Deve realizar licitação para contratação de fornecedor.

17. A respeito da empresa pública federal, assinale a alternativa falsa.
    a) Pode ter a forma de sociedade limitada.
    b) Seus servidores são regidos pela CLT.
    c) Sujeito-se ao controle do Tribunal de Contas.
    d) Prescinde de licitação na contratação de fornecedores.
    e) Sujeita-se à jurisdição da Justiça Federal em caso de dano causado por seus agentes aos usuários do serviço público.

18. Analise a veracidade das frases.
    I. Estando a sociedade de economia e a empresa pública sujeitas a controle estatal, o Poder Executivo pode, por ato próprio, editar normas a elas dirigidas conflitantes com os seus objetivos.
    II. A regra que estabelece o prazo de cinco anos de prescrição para a ação contra a Fazenda Pública Federal aplica-se à sociedade de economia mista federal.
    III. No âmbito federal, a sociedade de economia mista, entidade integrante da Administração Indireta, pode ter participação no capital da empresa pública, desde que a maioria do capital votante desta pertença à União.
    IV. A sociedade de economia mista não pode explorar empreendimentos e exercer atividades distintas das definidas pela lei que autorizou a sua constituição, mediante deliberação do respectivo órgão de direção.

Estão corretas:
a) I e II;
b) II e III;
c) I e IV;
d) III e IV;
e) II e IV.

19. **Suponha que um servidor de carreira da Caixa Econômica Federal assume a presidência da instituição. Nesta situação hipotética:**
    a) continuará sendo regido pela CLT;
    b) terá seu contrato de trabalho suspenso enquanto estiver no exercício da presidência;
    c) será considerado para fins de crime responsabilidade agente político, sendo julgado no senado federal, em caso de cometimento;
    d) será regido pelo regime jurídico dos servidores públicos federais aplicáveis à União;
    e) será demitido sem justa causa, havendo reintegração apenas em caso de novo concurso público.

20. **É um traço comum de todas as entidades da Administração Indireta Federal:**
    a) serem processadas na justiça federal;
    b) serem criadas por lei;
    c) impenhorabilidade de seus bens;
    d) sujeitam-se as regras do concurso público;
    e) sujeição ao teto remuneratório previsto na Constituição.

21. **Na sociedade de economia mista federal, o Poder Público deverá deter, no mínimo:**
    a) 51% das ações com direito de voto;
    b) maioria absoluta das ações com direito de voto;
    c) maioria das ações com direito de voto;
    d) todas as ações com direito de voto;
    e) todas as ações preferenciais.

22. **As autarquias são criadas através de:**
    a) lei ordinária específica;
    b) lei complementar específica;
    c) decreto legislativo;
    d) lei ordinária genérica;
    e) lei complementar genérica.

23. A respeito das empresas estatais, assinale a alternativa falsa.
    a) O regime de pessoal da empresa pública é o da Consolidação das Leis Trabalhistas – CLT.
    b) A sociedade de economia mista não pode usufruir de privilégios fiscais não extensíveis ao setor privado.
    c) O patrimônio da empresa pública e o da sociedade de economia mista têm a mesma natureza jurídica.
    d) A empresa pública pode adotar qualquer forma jurídica admitida em Direito.
    e) A composição do capital é a única diferença entre empresa pública e sociedade de economia mista.

24. A regra constitucional, segundo a qual a empresa pública e a sociedade de economia mista que explorem atividade econômica se sujeitam ao regime das empresas privadas (CF, art. 173, § 1º):
    a) afasta a aplicação de todas as normas de Direito Administrativo;
    b) constitui um privilégio dessas entidades;
    c) aplica-se somente às relações jurídicas de Direito Privado;
    d) impede a penhora de seu patrimônio;
    e) não impede a aplicação de normas de Direito Administrativo.

25. Assinale a alternativa correta no tocante às sociedades de economia mista e às empresas públicas.
    a) Seus servidores são submetidos a regime jurídico idêntico ao das autarquias, igualmente inseridas na Administração Indireta.
    b) Seus empregados são em tudo identificados aos das empresas particulares, segundo a Constituição Federal vigente.
    c) Seus empregados são públicos regidos pela Consolidação das Leis do Trabalho, com as derrogações explicitadas na Constituição Federal, como a de vedação de acumulação de cargos e empregos, salvo hipóteses estritas.
    d) Seus empregados por serem privados não estão sujeitos à regra da improbidade administrativa.
    e) Seus empregados adquirem estabilidade após três anos de serviço, desde que investidos por meio de concurso público.

26. Assinale a alternativa que não é uma entidade da Administração Indireta Federal.
    a) Congresso Nacional.
    b) Banco Central do Brasil.
    c) Caixa Econômica Federal.

d) Agência Nacional de Aviação Civil.
e) Banco Nacional de Desenvolvimento Econômico e Social (BNDES).

27. **Administração Pública, em sentido objetivo, é:**
    a) a gestão de bens e interesses qualificados da comunidade no âmbito federal, estadual, distrital ou municipal, segundo os preceitos do direito e da moral, visando ao bem comum;
    b) o conjunto dos órgãos integrados na estrutura administrativa da União;
    c) o conjunto dos entes que, vinculados a órgão da Administração Pública, prestam serviços públicos;
    d) constituída de pessoas jurídicas diversas da Pessoa Política criadora, vinculada a esta, mas administrativa e financeiramente autônomas;
    e) atividade governamental, constituindo-se em funções administrativa, normativa e jurisdicional.

28. **As autarquias e as empresas públicas, como integrantes da Administração Federal Indireta, equiparam-se entre si pelo fato de que ambas são:**
    a) pessoas administrativas, com personalidade jurídica própria;
    b) pessoas administrativas, sem personalidade jurídica própria;
    c) pessoas jurídicas de Direito Público interno;
    d) pessoas jurídicas de Direito Privado;
    e) pessoas ou entidades políticas estatais.

29. **Administração Pública, como tal prevista na Constituição Federal (art. 37) e na legislação pertinente (Decreto-Lei nº 200/1967, com alterações supervenientes), além dos órgãos estatais e de diversos tipos de entidades abrange, também:**
    a) as concessionárias de serviço público em geral;
    b) as universidades federais;
    c) as organizações sindicais;
    d) os chamados serviços sociais autônomos;
    e) os partidos políticos.

30. **Sobre autarquia, assinale a alternativa falsa.**
    a) Executa serviços próprios do Estado, em condições idênticas, com os mesmos privilégios da Administração matriz e passível dos mesmos controles dos atos administrativos.
    b) O que diferencia a autarquia da Administração Direta são métodos operacionais de seus serviços, mais especializados que os da Administração Direta.

c) Realiza serviços públicos típicos próprios do Estado.
d) É uma entidade com personalidade privada.
e) É criada por lei específica.

31. A Administração Pública Direta é regida por normas de:
    a) Direito Privado.
    b) Direito Social.
    c) Direito Público.
    d) Direito Misto.
    e) Direito Econômico.

32. Assinale a alternativa abaixo que apresenta as principais características das entidades da Administração Indireta.
    a) Personalidade jurídica e patrimônio próprio.
    b) Prestação de serviço público e criação por lei.
    c) Realização de atividade econômica e subordinação administrativa.
    d) Personalidade jurídica e realização de atividade econômica.
    e) Prestação de serviço público e subordinação administrativa.

33. Em sentido objetivo, a Administração Pública pode ser considerada como:
    a) a atividade concreta do Estado dirigida à consecução das necessidades coletivas de modo direto e imediato;
    b) a atividade abstrata do Estado, com o fito de atender as necessidades públicas;
    c) a gestão de serviços e bens públicos e particulares;
    d) atividade normativa;
    e) atividade jurisdicional.

34. Analise a veracidade das frases.
    I. Se determinada associação, com natureza de pessoa jurídica privada, sem fim lucrativo, que tinha por objeto a preservação da cultura dos povos indígenas firma contrato de gestão com a União, por meio do qual passa a ser qualificada como organização social, então, com essa qualificação, ela poderá celebrar contratos de prestação de serviços com o Poder Público para desempenhar as atividades contempladas no contrato de gestão, desde que haja necessidade de prévia licitação sob a modalidade de concorrência.
    II. Uma autarquia pode ser qualificada como agência executiva.

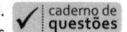

III. O Poder Executivo poderá qualificar como organizações sociais pessoas jurídicas de Direito Privado, sem fins lucrativos, cujas atividades sejam dirigidas ao ensino, à pesquisa científica, ao desenvolvimento tecnológico, à proteção e preservação do meio ambiente, à cultura e à saúde.

IV. Entidade paraestatal é aquela que se qualifica administrativamente para prestar serviços de utilidade pública, de forma complementar ao Estado, mediante o repasse de verba pública, motivo pelo qual é sempre obrigatória, nessa espécie de entidade, a realização de licitação e concurso público para contratação.

Estão corretas:
a) I e II;
b) III e IV;
c) I e IV;
d) II e III;
e) II e IV.

35. Administração Pública, em sentido formal, pode ser considerada como o conjunto de:
    a) órgão públicos que integram a estrutura central de cada poder;
    b) entidades criadas pela União, por meio de lei específica, com o fito de descentralizar a atividade administrativa;
    c) entidades vinculadas a um ministério;
    d) órgãos e entidades públicos que exercem a função administrativa;
    e) entidades de Direito Privado realizadoras de atividade econômica.

36. Analise a veracidade das frases.
    I. Segundo a jurisprudência dos tribunais nacionais, os bens da Empresa de Correios e Telégrafos – ECT, gozam de impenhorabilidade.
    II. As regras sobre aposentadoria e estabilidade, constantes dos arts. 40 e 41 da CF, se aplicam ao pessoal das sociedades de economia mista que exercem atividade econômica.
    III. Empresas Públicas são entidades da Administração Indireta, criadas por lei sob regime de Direito Público, para a finalidade de estimular a concorrência.
    IV. Como pessoas jurídicas de Direito Público, as autarquias têm personalidade jurídica, patrimônio e receita próprios e são criadas com a finalidade de desempenhar atividades próprias e típicas da Administração Pública.

Estão corretas:
a) I e IV;
b) II e III;
c) I e III;
d) III e IV;
e) I e II.

37. É a constituída dos entes (personalizados) criados, através de lei ou autorização legislativa, pelas pessoas políticas (União, Estados, Municípios e Distrito Federal) que, vinculados a um órgão da Administração Direta, prestam serviços de interesse público:
    a) Administração Direta;
    b) Administração Centralizada;
    c) Administração Indireta;
    d) entes de cooperação;
    e) paraestatal.

38. Administração Pública Indireta é dividida em:
    a) Autarquia, Empresa Pública e Sociedade de Economia Mista.
    b) Empresa Pública e Sociedade de Economia Mista.
    c) Presidência da República e Ministério.
    d) Autarquia, Empresa Pública, Sociedade de Economia Mista, Associação Pública e Fundações Públicas.
    e) Autarquia, Empresa Pública, Sociedade de Economia Mista, Fundações Públicas e Serviços Sociais Autônomos.

39. Em relação às fundações públicas, de natureza autárquica, assinale a alternativa falsa.
    a) Regime jurídico estatutário aplicado aos seus servidores.
    b) Impenhorabilidade patrimonial.
    c) Imunidade tributária.
    d) Privilégios de natureza processual.
    e) Dispensa de licitação.

40. Sobre os entes que compõem a Administração Indireta, marque a alternativa correta.
    a) Possuem personalidade jurídica de Direito Privado.
    b) São criados por decreto legislativo.

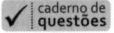

c) São vinculados aos órgãos da Administração Direta.
d) Não possuem patrimônio próprio.
e) Possuem personalidade jurídica de Direito Público.

41. É a entidade dotada de personalidade jurídica de Direito Público, criada por lei específica, para executar atividades típicas da Administração Pública, que requeiram, para seu melhor funcionamento, gestão administrativa e financeira descentralizada:
    a) fundação pública;
    b) autarquia;
    c) empresa pública;
    d) sociedade de economia mista;
    e) ministério.

42. É a entidade dotada de personalidade jurídica de Direito Privado, com patrimônio próprio e capital exclusivo do Poder Público, autorizada a instituição por lei específica, para a exploração de atividade econômica:
    a) fundação pública;
    b) autarquia;
    c) empresa pública;
    d) sociedade de economia mista;
    e) ministério.

43. Supondo que a União, com a devida autorização legislativa, institui uma entidade com personalidade jurídica de Direito Privado sob a forma de sociedade unipessoal atípica. Dessa forma, a citada entidade será:
    a) empresa pública mista;
    b) sociedade de economia mista;
    c) empresa pública unipessoal;
    d) empresa pública fundacional;
    e) empresa pública pluripessoal.

44. É a entidade dotada de personalidade jurídica de Direito Privado, autorizada a criação por lei específica, para a exploração de atividade econômica, cuja uma das partes do capital pertence ao Poder Público e a outra fração, a qualquer pessoa:
    a) fundação pública;
    b) autarquia;

c) empresa pública;
d) sociedade de economia mista;
e) ministério.

45. Fundação Pública caracteriza-se:
   a) por ser um ente de cooperação;
   b) por ser um ente da Administração Direta;
   c) por ser um ente sem personalidade jurídica;
   d) por ser um patrimônio a que a lei atribui personalidade jurídica;
   e) por ser um serviço social autônomo.

46. Analise a veracidade das frases.
   I. Integra a Administração Direta o conjunto de serviços e órgãos integrados na estrutura administrativa da chefia do Poder Executivo e respectivos Ministérios ou Secretarias.
   II. As Organizações da Sociedade Civil de Interesse Público (Oscips) são entidades qualificadas como tal por ato do Ministério da Justiça e que podem celebrar termos de parceria com órgãos de qualquer ente da federação, para o exercício de atividades definidas na lei como de interesse público.
   III. A criação de Fundação Pública Federal depende de lei complementar específica.
   IV. Compete ao Ministério Público velar pelas Fundações Públicas, embora não lhe caiba fazê-lo quanto às particulares.
   Estão corretas:
   a) I e III;
   b) I e II;
   c) I e IV;
   d) II e III;
   e) II e IV.

47. Terá, obrigatoriamente, personalidade jurídica de Direito Privado:
   a) organização social;
   b) Ministério da Justiça;
   c) fundação pública;
   d) autarquia;
   e) Secretaria da Receita Federal do Brasil.

48. As autarquias, pela sua natureza, são consideradas pessoas:
a) administrativas, com personalidade jurídica de Direito Público;
b) administrativas, com personalidade jurídica de Direito Privado;
c) administrativas, sem personalidade jurídica;
d) políticas, com personalidade jurídica de Direito Público;
e) políticas, com personalidade jurídica de Direito Privado.

49. Assinale a alternativa abaixo que apresenta um traço distintivo entre a empresa pública federal e a sociedade de economia mista federal.
a) Personalidade jurídica.
b) Possibilidade de falência.
c) Penhorabilidade dos bens.
d) Forma societária.
e) Objeto social.

50. Dentre as entidades da Administração Pública Indireta, para cuja criação é suficiente mera autorização legal, NÃO se incluem as(os):
a) autarquias;
b) fundações públicas de direito privado;
c) sociedades de economia mista;
d) empresas públicas;
e) ministérios.

51. Uma determinada lei do Estado do Ceará autorizou a criação de sociedade de economia mista para a exploração de atividade econômica, contendo as normas abaixo.
I. Estabilidade para os servidores após três anos de efetivo exercício.
II. Obrigatoriedade de concurso público para seleção de pessoal.
III. Autorização para criação de subsidiária para determinado fim.
IV. Isenção do imposto de circulação de mercadorias e serviços (ICMS), por se tratar de entidade da Administração Indireta.
V. Dispensa de licitação para contratação de empresas prestadoras de serviço.
Das normas supracitadas, quais estão de acordo com a Constituição da República?
a) II e III.
b) I, III e V.
c) II, III e IV.
d) II, IV e V.
e) I, II e III.

52. As sociedades de economia mista são pessoas jurídicas de:
   a) Direito Privado.
   b) Direito Social.
   c) Direito Alternativo.
   d) Direito Público.
   e) as alternativas a e d estão corretas.

53. De acordo com a Constituição Federal, a criação das subsidiárias das autarquias, das empresas públicas, das sociedades de economia mista e das fundações públicas será:
   a) feita por meio de lei específica;
   b) feita por meio de escritura pública;
   c) feita por meio de escritura pública, dependendo da aprovação do Ministério Público;
   d) feita através de autorização legislativa;
   e) feita por meio de decreto do Poder Executivo.

54. É a forma de descentralização administrativa, através da personificação de um serviço retirado da Administração Direta:
   a) entidade da Administração Indireta;
   b) paraestatal;
   c) empresa pública;
   d) autarquia;
   e) sociedade de economia mista.

55. O art. 37, XIX, da Constituição estabelece que Lei Complementar definirá as áreas de atuação do seguinte ente estatal:
   a) autarquia;
   b) empresa pública;
   c) sociedade de economia mista;
   d) subsidiária;
   e) fundação pública.

56. Marque a alternativa correta, sobre autarquia.
   a) É a pessoa jurídica de Direito Privado, com função pública própria e típica, outorgada pelo Estado.
   b) Em regra, deve ser outorgado à autarquia serviço público típico, e não atividade empresarial.

c) É criada por meio de decreto legislativo.
d) Sendo um ente autônomo, há subordinação hierárquica da autarquia federal com a União.
e) É entidade empresarial.

57. **Assinale a alternativa correta.**
    a) As pessoas jurídicas de Direito Público podem qualificar-se como Oscips.
    b) Uma organização social pode também ser qualificada como Oscip.
    c) As agências executivas e agências reguladoras são expressões com o mesmo significado jurídico.
    d) A empresa pública tem por objeto, sempre, a exploração de atividade econômica.
    e) O contrato de gestão pode ser celebrado com órgão despersonalizado da Administração Direta.

58. **Qual a entidade da Administração Indireta que deve executar serviços próprios do Estado?**
    a) Fundação pública.
    b) Sociedade de economia mista.
    c) Serviços sociais autônomos.
    d) Empresa pública.
    e) Autarquia.

59. **É a entidade da Administração Indireta que realiza atividade econômica ou presta serviço público, cujo capital é exclusivamente público:**
    a) fundação pública;
    b) sociedade de economia mista;
    c) serviços sociais autônomos;
    d) empresa pública;
    e) autarquia.

60. **Assinale a alternativa incorreta, a respeito da sociedade de economia mista.**
    a) Realiza, entre outros, serviços públicos de natureza econômica, por sua conta e risco.
    b) Ostenta estrutura e funcionamento de empresa particular.
    c) Terá a forma de sociedade por quotas de responsabilidade limitada, podendo, excepcionalmente, ser sociedade anônima.

d) Conta com a participação ativa do Estado e do particular, podendo receber incentivos oficiais ou ajuda técnica.
e) Pode ser instituída pela União, Estados-membros, Distrito Federal e Municípios.

61. **Fundação Pública caracteriza-se:**
    a) por ser um ente de cooperação;
    b) por ser um ente da Administração Direta;
    c) por ser um ente sem personalidade jurídica;
    d) por ser um patrimônio a que a lei atribui personalidade jurídica;
    e) por ser um serviço social autônomo.

62. **A pessoa jurídica de Direito Público interno administrativo, criada por lei, para a consecução de determinados serviços de natureza pública, outorgados pelo Estado, com capacidade de autoadministração e com orçamento próprio, sujeita à tutela e vigilância da entidade criadora é a(o):**
    a) empresa pública;
    b) sociedade de economia mista;
    c) autarquia;
    d) fundação pública;
    e) ente de cooperação.

63. **A entidade da Administração Indireta que é criada por afetação de patrimônio a serviço público personalizado, com regime jurídico próprio, informado por princípio de Direito Público ou Privado, conforme opção do instituidor, é a(o):**
    a) empresa pública;
    b) sociedade de economia mista;
    c) autarquia;
    d) fundação pública;
    e) ente de cooperação.

64. **São pessoas políticas:**
    a) União, Estados, Municípios e Distrito Federal;
    b) territórios;
    c) autarquias;
    d) partidos políticos;
    e) todas as alternativas anteriores estão corretas.

65. O conjunto dos órgãos integrados na estrutura administrativa da União é(são) a(os):
    a) entes de cooperação;
    b) Administração Indireta;
    c) Administração Pública;
    d) Administração descentralizada;
    e) Administração Direta.

66. As entidades da Administração Indireta apresentam as seguintes características:
    a) personalidade jurídica própria; patrimônio próprio e vinculação aos órgãos da Administração Direta;
    b) personalidade jurídica de Direito Público; patrimônio próprio e vinculação aos órgãos da Administração Direta;
    c) personalidade jurídica própria; patrimônio próprio e subordinação aos órgãos da Administração Direta;
    d) personalidade jurídica de Direito Público; patrimônio próprio e subordinação aos órgãos da Administração Direta;
    e) personalidade jurídica de Direito Privado; patrimônio próprio e vinculação aos órgãos da Administração Direta.

67. A pessoa jurídica de Direito Privado que pode revestir de qualquer das formas admitidas em direito, pertencente à Administração Indireta, é:
    a) autarquia;
    b) empresa pública;
    c) sociedade de economia mista;
    d) fundação pública;
    e) ente de cooperação.

68. A pessoa jurídica de Direito Privado vinculada a um órgão da Administração Direta criada sob a forma de sociedade anônima que admite a participação minoritária de outras pessoas, físicas ou jurídicas, de Direito Público ou de Direito Privado, no seu capital, é:
    a) autarquia;
    b) empresa pública;
    c) sociedade de economia mista;
    d) fundação pública;
    e) as alternativas b e c estão corretas.

69. A entidade da Administração Indireta que pode realizar atividade empresarial da Administração Pública é:
    a) autarquia;
    b) empresa pública;
    c) sociedade de economia mista;
    d) fundação pública;
    e) as alternativas b e c estão corretas.

70. Em relação às empresas públicas e às sociedades de economia mista, estabelece a Constituição Federal que:
    a) devem obedecer ao regime próprio das autarquias, inclusive quanto às obrigações trabalhistas, civis, empresariais e tributárias;
    b) devem obedecer ao regime próprio das autarquias, excetuando-se em relação às obrigações trabalhistas, civis, empresariais e tributárias;
    c) devem obedecer ao regime próprio das empresas privadas, inclusive quanto às obrigações trabalhistas, civis, empresariais e tributárias;
    d) devem obedecer ao regime próprio das empresas privadas, salvo em relação às obrigações trabalhistas, civis, empresariais e tributárias;
    e) nenhuma das respostas anteriores está correta.

71. Analise a veracidade das frases:
    I. A sociedade de economia mista está sujeita ao regime jurídico dos precatórios.
    II. Segundo a Lei nº 11.101/2005, que regula a recuperação judicial, extrajudicial e a falência dos empresários, é vedada a falência às sociedades de economia mista.
    III. Os atos da sociedade de economia mista regem-se, exclusivamente, pelas normas de Direito Privado.
    Está(ão) correta(s):
    a) I;
    b) II e III;
    c) I e III;
    d) II;
    e) I e II;

72. Os servidores da sociedade de economia mista regem-se pelas normas do:
    a) Direito Público;
    b) Regime Jurídico dos Servidores Públicos Federais;
    c) Direito Administrativo;
    d) Estatuto do Funcionário Público Federal;
    e) Direito do Trabalho.

73. O que distingue, fundamentalmente, os órgãos da Administração Direta Federal das entidades da Administração Indireta é:
    a) criação legal;
    b) ausência de personalidade;
    c) patrimônio personalizado;
    d) atuação de âmbito nacional ou regional;
    e) personalidade de Direito Público.

74. As organizações da sociedade civil de interesse público (Oscips) são:
    a) integrantes da Administração Direta;
    b) pessoas jurídicas de Direito Público;
    c) pessoas jurídicas de Direito Privado;
    d) mantidas exclusivamente com recursos públicos;
    e) integrantes da Administração Indireta.

75. Analise a veracidade das frases.
    I. É dispensável a autorização legislativa para a criação de empresas subsidiárias, desde que haja previsão para esse fim na própria lei que instituiu a empresa de economia mista matriz.
    II. É inconstitucional norma prevista na Constituição estadual que atribui competência privativa à Assembleia Legislativa para autorizar a criação, fusão ou extinção de empresas públicas ou de economia mista bem como o controle acionário de empresas particulares pelo Estado.
    III. O serviço social autônomo não corresponde à noção de autarquia, inexistindo, por conseguinte, a necessidade de criação por lei específica.
    Está(ão) correta(s):
    a) I e II;
    b) todas;
    c) I e III;
    d) II e III;
    e) II.

76. Analise a veracidade das frases.
    I. Governo, no sentido formal, é o conjunto de poderes e órgãos constitucionais.
    II. Administração Pública, no sentido formal, é o conjunto de órgãos e entidades instituídos para consecução das atividades administrativas.
    III. A Administração Pública pode realizar tanto atos de administração, quanto de governo.

Está(ão) correta(s):
a) I e II;
b) II e III;
c) I e III;
d) II;
e) III.

77. Sobre a Administração Pública, assinale a alternativa abaixo que apresenta uma característica.
   a) Responsabilidade constitucional e política.
   b) Atividade política e discricionária.
   c) Conduta independente.
   d) Irresponsabilidade técnica.
   e) Conduta hierarquizada.

78. Analise a veracidade das frases.
   I. A autarquia é um instrumento de descentralização de serviço público, mas só a União poderá institui-la.
   II. A doutrina ao definir as autarquias tem o objetivo de impedir que a União outorgue às suas autarquias serviços próprios do Estado.
   III. Os servidores das autarquias são regidos necessariamente pelo Regime Jurídico dos Servidores da Administração Direta, das autarquias e das fundações públicas.
   Está(ão) correta(s):
   a) III;
   b) I e III;
   c) II e III;
   d) I e II;
   e) nenhuma.

79. Analise a alternativa abaixo que não apresenta uma característica do Governo.
   a) Atividade discricionária.
   b) Atividade política.
   c) Conduta técnica.
   d) Responsabilidade política e constitucional.
   e) Independência.

80. Assinale a alternativa abaixo que é uma decorrência da Administração em sentido objetivo.
   a) Banco Central do Brasil.
   b) Edição de medida provisória.

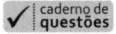

c) Realização de Licitação.
d) Ministério da Fazenda.
e) Processo e julgamento de uma lide.

81. **Os bens imóveis de propriedade das autarquias:**
    a) são insuscetíveis de usucapião;
    b) não podem ser alienados;
    c) são penhoráveis;
    d) podem ser objeto de direitos reais de garantia;
    e) são livremente alienáveis.

82. **As sociedades de economia mista:**
    a) não são obrigadas a constituir Conselho de Administração, podendo a Diretoria realizar todos os atos executórios;
    b) podem adotar qualquer forma societária, dentre as admitidas no direito pátrio;
    c) têm as causas, em que forem interessadas na condição de autora, ré, assistente ou oponente, julgadas pela Justiça Federal;
    d) são obrigadas a licitar;
    e) estão dispensadas de procedimento licitatório nas aquisições de bens móveis destinados ao consumo.

83. **As chamadas fundações públicas, em face do Decreto-Lei nº 200/1967, com as alterações nele introduzidas (Lei nº 7.596/1987), são hoje consideradas integrantes da Administração Federal Indireta, na condição de:**
    a) tipos específicos de entidades dessa natureza, com conceituação própria;
    b) entidades equiparadas às empresas públicas;
    c) paraestatais;
    d) espécies de serviços sociais autônomos de cooperação estatal;
    e) entidades de cooperação, sem uma conceituação legal própria.

84. **A diferenciação fundamental entre a empresa pública e a sociedade de economia mista está:**
    a) no controle acionário do capital social, pelo Poder Público;
    b) na intensidade de participação do Poder Público no seu capital social;
    c) na natureza do tipo de atividade desenvolvida;
    d) na sua personalidade jurídica de Direito Privado;
    e) na sujeição ao regime jurídico próprio das empresas privadas.

85. Analise a veracidade das frases.
   I. O reconhecimento da capacidade específica das autarquias deu origem ao princípio da especialização, que as impede de exercer atividades diversas daquelas para as quais foram instituídas.
   II. A autarquia de capacidade genérica é a territorial (ou geográfica).
   III. A autarquia fundacional corresponde à figura da fundação de Direito Público.
   Está(ão) correta(s):
   a) I e II;
   b) II e III;
   c) I e III;
   d) nenhuma;
   e) todas.

86. Analise a veracidade das frases.
   I. O Superior Tribunal de Justiça consolidou o entendimento de que o art. 2º do Decreto-Lei nº 4.597/1942 estendeu às autarquias federais o prazo prescricional disposto no art. 1º do Decreto nº 20.910/1932, segundo o qual todas as dívidas passivas da União prescrevem em cinco anos.
   II. O Supremo Tribunal Federal entende ser inconstitucional norma legal que estende aos empregados de sociedade de economia mista a estabilidade funcional aplicável aos servidores públicos da Administração Direta.
   III. Devido ao regime trabalhista que rege seus empregados, a empresa pública está dispensada de realizar concurso público.
   Está(ão) correta(s):
   a) I;
   b) II;
   c) III;
   d) I e II;
   e) II e III.

87. Analise a veracidade das frases.
   I. As entidades da Administração Indireta não têm legitimação ativa para propor ação civil pública.
   II. É competente à Justiça Federal para julgar as causas em que forem partes os entes da Administração Indireta federal.
   III. Em caso de Estado de sítio, as entidades prestadoras de serviços públicos ficam sujeitas à intervenção.
   Está(ão) correta(s):
   a) I e II;
   b) II;
   c) I e III;
   d) III;
   e) II e III.

88. **Marque a alternativa falsa.**
    a) A prescrição quinquenal das dívidas, dos direitos e das ações contra a Fazenda Pública, prevista no Decreto nº 20.910/32, aplica-se às autarquias e fundações públicas de direito público.
    b) É possível a penhora de bens das sociedades de economia mista, entretanto tal regra não pode ser aplicada no caso de entidade que preste serviço público.
    c) As entidades prestadoras de serviço público podem alienar os bens afetados a essa finalidade.
    d) São bens públicos de uso especial os bens das autarquias, das fundações públicas e das entidades de Direito Privado prestadoras de serviços públicos, desde que afetados diretamente a essa finalidade.
    e) A tutela não se presume, pois não existe quando a lei prevê; a hierarquia existe independentemente de previsão legal, porque é princípio inerente à organização administrativa do Estado.

89. **Analise a veracidade das frases.**
    I. A tutela supõe a existência de duas pessoas jurídicas, uma das quais exercendo controle sobre a outra, existindo onde haja descentralização administrativa; a hierarquia existe dentro de uma mesma pessoa jurídica, relacionando-se com a ideia de desconcentração.
    II. A tutela deriva da lei, enquanto a autotutela se presume.
    III. Não há subordinação hierárquica nas relações entre as entidades públicas federais e estaduais.
    Está(ão) correta(s):
    a) I e III;
    b) II e III;
    c) I e II;
    d) todas;
    e) nenhuma.

90. **A autarquia, a empresa pública e a sociedade de economia mista têm personalidade jurídica:**
    a) de Direito Público, a autarquia, e de Direito Privado, as duas últimas;
    b) de Direito Público, as duas primeiras, e de Direito Privado, a sociedade de economia mista;
    c) de Direito Privado, todas as três;
    d) de Direito Público, todas as três;
    e) de Direito Administrativo, todas as três;

91. **Assinale a alternativa abaixo que apresenta uma atividade administrativa realizada pelo Poder Legislativo.**
    a) Exoneração de cargo em comissão.
    b) Aprovação de projeto de lei.
    c) Aprovação de medida provisória.
    d) Processamento e julgamento de crime de responsabilidade praticado pelo Presidente da República.
    e) Promulgação de decreto legislativo.

92. **Quanto à organização administrativa, é correto afirmar, exceto:**
    a) A organização da sociedade civil de interesse público tem personalidade jurídica de Direito Privado.
    b) As fundações públicas podem ser de Direito Público ou Direito Privado.
    c) As fundações públicas de Direito Público, em termos de natureza jurídica, são equiparadas às empresas públicas.
    d) A autarquia pode expressar parcela do poder estatal, mediante atos de polícia administrativa.
    e) A sociedade de economia mista sujeita-se aos controles próprios das sociedades anônimas em geral, sem prejuízo da vinculação administrativa.

93. **Os consórcios de Direito Público são:**
    a) integrantes da Administração Direta;
    b) pessoas jurídicas de Direito Privado;
    c) espécies de paraestatais;
    d) entes de cooperação;
    e) integrantes da Administração Indireta.

94. **Assinale a alternativa abaixo que apresenta um traço distintivo entre a empresa pública federal e a sociedade de economia mista federal.**
    a) Regime jurídico.
    b) Natureza jurídica do patrimônio.
    c) Possibilidade de recuperação judicial.
    d) Natureza jurídica da relação com os seus agentes.
    e) Foro processual.

95. **A criação de empresa pública, sociedade de economia mista, autarquia ou fundação pública depende de:**
    a) ato motivado do ministro de Estado responsável pela supervisão ministerial;
    b) lei específica, no caso de autarquia, e as demais de autorização legislativa;

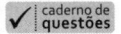

c) lei específica, no caso de autarquia e fundação pública; de autorização de assembleia de acionistas, no caso de sociedade de economia mista; de decisão administrativa, no caso de empresa pública, mediante audiência prévia do Procurador-geral da Fazenda Nacional;
d) aprovação do Senado Federal;
e) medida provisória.

96. O Estado do Rio de Janeiro pretende criar a empresa "Estaleiro Fluminense S.A", entidade destinada a desenvolver a indústria naval na unidade federativa, sendo o capital exclusivo do Estado. O ente terá a natureza jurídica de uma:
    a) empresa pública;
    b) sociedade de economia mista;
    c) autarquia;
    d) empresa atípica *sui generis*;
    e) subsidiária.

97. As associações públicas são:
    a) pessoas administrativas de Direito Público;
    b) órgãos despersonalizados;
    c) pessoas políticas;
    d) consórcios despersonalizados;
    e) pessoas administrativas de Direito Privado.

98. Analise a veracidade das frases.
    I. As empresas públicas e sociedades de economia mista realizadoras de atividade econômica ficam submetidas ao regime jurídico próprio das empresas privadas, inclusive quanto aos direitos e obrigações civis, comerciais, trabalhistas e tributários.
    II. É competente a justiça comum estadual para julgar as causas em que é parte sociedade de economia mista federal, cujo foro é o das empresas privadas e não o foro da Fazenda Pública.
    III. Segundo o texto constitucional, as empresas públicas e as sociedades de economia mista não poderão gozar de privilégios fiscais não extensivos às do setor privado.
    Está(ão) correta(s):
    a) I;
    b) II;
    c) todas;
    d) I e II;
    e) II e III.

99. Analise a veracidade das frases.

   I. A Autarquia, Pessoa Jurídica de Direito Público, criada por lei específica, pode desempenhar de maneira descentralizada e autônoma um serviço público, desde que necessariamente tenha o exercício do poder de polícia.

   II. As fundações públicas são criadas por lei específica e se constituem em Pessoas Jurídicas de Direito Público, integrando a chamada Administração Indireta, apesar de seus servidores estarem sujeitos ao regime trabalhista.

   III. A participação acionária de uma sociedade de economia mista em uma empresa minoritária prescinde de autorização legislativa.

   Está(ão) correta(s):
   a) todas;
   b) nenhuma;
   c) I;
   d) II;
   e) I e III.

100. Com relação à Administração Pública, é correto afirmar.
   a) A expressão "Administração Pública" possui um sentido unívoco.
   b) Administração Pública é expressão sinônima de governo.
   c) A Administração Pública manifesta-se, com exclusividade, no Poder Executivo.
   d) A atividade da Administração Pública possui natureza jurisdicional.
   e) A organização social é a entidade privada qualificada para celebração do contrato de gestão com o Estado.

Dos Princípios Fundamentais

Capítulo 3

I. Complete a Lacuna.

1. A Constituição da República Federativa do Brasil enumera os seguintes princípios, entre eles a .... (legalidade/legitimidade).
2. A Administração Pública pode anular seus próprios atos, quando eivados dos vícios que os tornam ilegais, ou revogá-los por motivo de conveniência ou oportunidade, como no princípio da .... (legalidade/autotutela).
3. Segundo a doutrina e a jurisprudência, a delegação de competência tem caráter .... (facultativo/obrigatório).
4. A moralidade administrativa .... (confunde-se/não se confunde) com a moral comum.
5. A Lei nº 9.784/1999 enumera, entre outros, o princípio da .... (concordância prática/motivação).
6. Os princípios enumerados na Constituição devem ser obedecidos pela .... (Administração Direta/Administração Direta e Indireta).
7. O princípio da autotutela é .... (explícito/implícito).
8. Para evitar a paralisação das obras e serviços, é vedado ao particular contratado, dentro de certos limites, opor em face da Administração a exceção de contrato não cumprido, salvo quando a interrupção for superior ao prazo de 90 dias. Esta assertiva tem por base o princípio da .... (continuidade do serviço público/legalidade).
9. A capacidade das entidades da Administração Indireta de realizar apenas as atividades para as quais foram criadas reflete o princípio da .... (autoadministração/especialidade).

10. De acordo com o princípio da .... (descentralização/hierarquia), os órgãos da Administração Pública são estruturados com a finalidade de criar uma relação de coordenação e subordinação.
11. O princípio da publicidade deve ser aplicado de forma .... (absoluta/relativa).
12. Devido ao princípio da .... (impessoalidade/moralidade), a Administração tem que tratar a todos os administrados sem discriminações, benefícios ou prejuízos.
13. O princípio da .... (moralidade/razoabilidade) visa a limitar o exercício do poder discricionário.
14. Com base no princípio da .... (hierarquia/tutela), a Administração Indireta está vinculada aos órgãos da Administração Direta.
15. O princípio da motivação é .... (explícito/implícito).
16. O Decreto-Lei nº 200/1967 enumera o princípio do(a) .... (controle/supervisão).
17. Os princípios enumerados na Constituição devem ser obedecidos pelo(s) .... (Poder Executivo/pelos três Poderes).
18. O princípio da .... (legalidade/moralidade) está diretamente ligado ao conceito do bom administrador.
19. O princípio da .... (autotulela/tutela) significa o controle das entidades da Administração Pública Indireta por órgãos da Administração Direta.
20. A Lei nº 9.784/1999 enumera, entre outros, o princípio da .... (ampla defesa/vedação da prova ilícita).
21. Com base no princípio da .... (impessoalidade/publicidade), os atos da Administração Pública devem merecer a mais ampla divulgação possível entre os administrados.
22. .... (Coordenação/Planejamento) é o estudo e estabelecimento das diretrizes e metas que deverão orientar a ação governamental.
23. Segundo o Decreto-Lei nº 200/1967, a delegação de competência tem caráter .. .. (permanente/transitório).
24. O princípio da .... (moralidade/publicidade) torna obrigatória a divulgação oficial dos atos praticados pela Administração Pública, para conhecimento, controle e início dos seus efeitos.
25. Os princípios administrativos são .... (explícitos/implícitos/explícitos e implícitos).
26. A Lei nº 9.784/1999 enumera, entre outros, o princípio do .... (contraditório/controle).
27. O Decreto-Lei nº 200/1967 enumera o princípio do(a) .... (planejamento/publicidade).

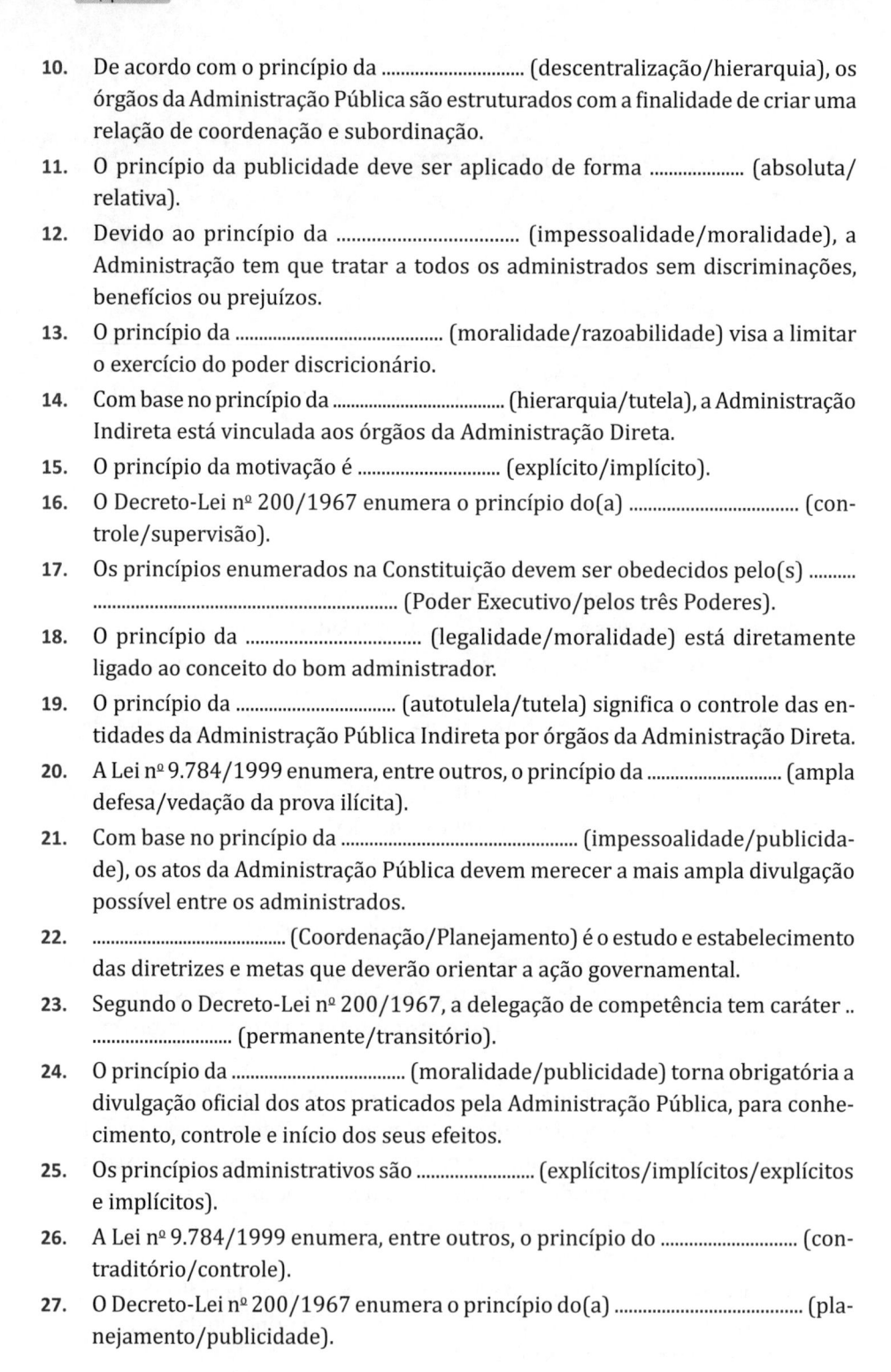

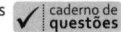

28. No Direito Administrativo, o princípio da legalidade estabelece o modo que o administrador .... (deve/pode) agir.
29. Para a maioria da doutrina, o princípio da impessoalidade é o clássico princípio da .... (finalidade/isonomia).
30. O princípio da legalidade é .... (explícito/implícito).
31. O princípio da .... (legalidade/moralidade) deriva do conjunto de regras de conduta que regulam o agir da Administração.
32. A Lei nº 9.784/1999 enumera, entre outros, o princípio da .... (razoabilidade/vinculação).
33. A Constituição da República Federativa do Brasil enumera os seguintes princípios, entre eles a(o) .... (impessoalidade/impessoalismo).
34. A Emenda Constitucional nº 19, de 4 de junho de 1998, introduziu na Constituição da República o princípio da .... (impessoalidade/eficiência).
35. O princípio da .... (autotulela/tutela) significa o controle realizado pelos órgãos da Administração Direta em si mesmos.
36. O Decreto-Lei nº 200/1967 enumera o princípio da .... (avocação/delegação de competência).
37. O princípio da hierarquia é .... (explícito/implícito).
38. A Lei nº 9.784/1999 enumera, entre outros, o princípio da .... (discricionariedade/proporcionalidade).
39. Segundo o Decreto-Lei nº 200/1967, toda atividade da Administração Pública deve ser objeto de .... (controle/desconcentração).
40. O princípio da legalidade significa que a Administração Pública só pode fazer o que a lei .... (autoriza/impõe).
41. A Lei nº 9.784/1999 enumera, entre outros, o princípio do .... (interesse público/planejamento).
42. O Decreto-Lei nº 200/1967 enumera o princípio da .... (continuidade do serviço público/coordenação).
43. O princípio da razoabilidade tem fundamento no princípio constitucional do(a) .... (devido processo legal/eficiência).
44. A Constituição da República Federativa do Brasil enumera os seguintes princípios, entre eles a .... (moralidade/probidade).
45. A impossibilidade relativa, para quem contrata com a Administração, de invocar a exceptio *non adimpleti contractus* é uma consequência do princípio da .... (continuidade do serviço público/eficiência).
46. O princípio da eficiência gera dever jurídico para a(o) .... (Administração Pública/administrador/Administração Pública e administrador).
47. O Decreto-Lei nº 200/1967 enumera o princípio da .... (descentralização/desconcentração).

48. A Constituição da República Federativa do Brasil enumera os seguintes princípios, entre eles a .... (oficialidade/publicidade).
49. O princípio da especialidade é .... (explícito/implícito).
50. A Lei nº 9.784/1999 enumera, entre outros, o princípio da .... (probidade/segurança jurídica).

II. **Complete a Segunda Coluna de acordo com a Primeira.**

(1) **Princípio da Legalidade.**
(2) **Princípio da Moralidade.**
(3) **Princípio da Impessoalidade.**
(4) **Princípio da Publicidade.**
(5) **Princípio da Autotutela.**
(6) **Princípio da Razoabilidade.**
(7) **Princípio da Continuidade do Serviço Público.**
(8) **Princípio da Presunção de Legitimidade.**

1. ( ) Significa que os atos praticados pela Administração Pública presumem-se verdadeiros até prova em contrário.
2. ( ) Exige proporcionalidade entre os meios de que se utilize a Administração e os fins que ela tem que alcançar.
3. ( ) A Administração age para atender ao interesse público.
4. ( ) É o conjunto de regras de conduta que regulam o agir da Administração Pública.
5. ( ) A Administração Direta controla os seus próprios atos, podendo revogá-los, e anulá-los.
6. ( ) Os atos administrativos devem ser divulgados para o conhecimento de todos.
7. ( ) O serviço público não pode parar, por isso o direito de greve relativo dos servidores públicos.
8. ( ) A Administração Pública só pode praticar aquilo que a lei autoriza.

III. **Marque V, se a assertiva for verdadeira, ou F, se a assertiva for falsa.**

1. ( ) O princípio da continuidade do serviço público traz como consequência a imposição de prazos rigorosos ao contraente.
2. ( ) O princípio da especialidade é concernente à ideia da centralização administrativa.
3. ( ) A Administração Pública pode, por simples ato administrativo, conceder direitos de qualquer espécie, criar obrigações ou impor vedações aos administrados.
4. ( ) O princípio da supremacia do interesse público está presente tanto no momento da elaboração da lei como no momento da sua execução em concreto pela Administração Pública.

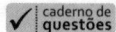

5. ( ) Os interesses públicos têm supremacia sobre os individuais.
6. ( ) O princípio da hierarquia deve ser aplicado na relação dos órgãos da Administração Direta com as entidades da Administração Indireta.
7. ( ) O princípio da coordenação visa entrosar as atividades da Administração, de modo a evitar a duplicidade de atuação, a dispersão de recursos, a divergência de soluções e outros problemas característicos da burocracia administrativa.
8. ( ) O princípio da especialidade é concernente à ideia de descentralização administrativa, e decorre dos princípios da legalidade e da indisponibilidade do interesse público.
9. ( ) Através do princípio da autotutela, a Administração Direta deve fiscalizar as atividades dos entes da Administração Indireta.
10. ( ) A proibição de greve no serviço público, que atualmente é relativa, decorre do princípio da continuidade do serviço público.
11. ( ) Em decorrência do princípio da continuidade do serviço público, são criados pelas normas administrativas institutos como a suplência, a delegação e a substituição com o objetivo de preencher as funções públicas temporariamente vagas.
12. ( ) A impossibilidade absoluta, para quem contrata com a Administração, de invocar a exceptio *nom adimpleti contractus* nos contratos que tenham por objeto a execução de serviço público, decorre do princípio da continuidade do serviço público.
13. ( ) A faculdade que se reconhece à Administração de utilizar os equipamentos e instalações da empresa que com ela contrata tem por objetivo assegurar a continuidade do serviço.
14. ( ) A possibilidade de encampação na concessão do serviço público é outra decorrência do princípio da continuidade do serviço.
15. ( ) A imoralidade administrativa surgiu e se desenvolveu ligada à ideia de desvio de poder, pois se entendia que em ambas as hipóteses a Administração se utiliza de meios lícitos para atingir finalidades metajurídicas irregulares.
16. ( ) A descentralização difere da desconcentração pelo fato de ser aquela uma distribuição interna de competências, ou seja, uma distribuição dentro da mesma pessoa jurídica.
17. ( ) A autotutela é a fiscalização que os órgãos centrais das pessoas públicas políticas exercem sobre as pessoas administrativas descentralizadas, nos limites definidos em lei, para garantir a observância da legalidade e o cumprimento de suas finalidades institucionais.
18. ( ) Os princípios estão sempre expressos em normas constitucionais ou infraconstitucionais.
19. ( ) Pode a Administração Pública, por ato próprio, de natureza administrativa, optar por um regime jurídico não autorizado em lei.

20. (   ) A norma constitucional que impõe o respeito à moralidade é de ordem interna, devendo ser obedecida, apenas, nas relações decorrentes do princípio da hierarquia.
21. (   ) O princípio da moralidade impõe ao administrador público que publique todos os atos administrativos, sejam internos ou externos.
22. (   ) No Direito Administrativo brasileiro, a Administração Pública só deve obediência aos princípios expressos na norma jurídica.
23. (   ) A norma constitucional, que enumera os princípios administrativos, tem natureza nacional.
24. (   ) Os princípios administrativos devem ser obedecidos pela União, pelos Estados, pelo Distrito Federal e pelos Municípios.
25. (   ) Uma das consequências do princípio da eficiência é a imparcialidade.
26. (   ) O princípio da moralidade foi introduzido pela Emenda Constitucional nº 19.
27. (   ) O princípio da eficiência foi introduzido pela Emenda Constitucional nº 19.
28. (   ) A Administração Pública obedecerá, dentre outros, aos princípios da legalidade, finalidade, motivação, razoabilidade, proporcionalidade, moralidade, ampla defesa, contraditório, segurança jurídica, interesse público e eficiência.
29. (   ) O princípio da legalidade surgiu com o Estado de direito, tendo o objetivo de limitar o campo de atuação do governante, definindo os limites de sua atuação e impondo o dever de respeitar o interesse público.
30. (   ) O princípio da legalidade significa que a Administração Pública só pode fazer o que a lei autoriza.
31. (   ) O exercício da autotutela deve garantir o direito ampla defesa e o contraditório, apenas no caso de revogação.
32. (   ) A exigência de concurso público para ingresso nos cargos públicos reflete uma aplicação constitucional do princípio da impessoalidade.
33. (   ) O princípio da moralidade administrativa não comporta juízos de valor elásticos, porque o conceito de "moral administrativa" está expressamente definido na legislação ordinária.
34. (   ) O nepotismo é uma das formas de ofensa ao princípio da publicidade.
35. (   ) O princípio da impessoalidade em relação à atuação administrativa impede que o ato administrativo seja praticado visando a interesses do agente público que o praticou ou, ainda, de terceiros.
35. (   ) A moralidade administrativa depende do respeito ao princípio da legalidade.
37. (   ) O princípio da moralidade exige que o administrador se paute por conceitos éticos.
38. (   ) O princípio da eficiência proíbe de identificação de autoria em qualquer requerimento dirigido à Administração, restringindo-se a indicação numérica para, ao fim do processo, notificar o interessado.

39. ( ) Resultados práticos de produtividade e redução de desperdícios na Administração Pública são medidas obtidas por observância ao principio da legalidade.
40. ( ) Em observância ao princípio da continuidade, o particular nunca poderá invocar a exceção do contrato não cumprido em face da Administração Pública.
41. ( ) Por força do princípio da legalidade, a interpretação da norma administrativa deve ser realizada para melhor garantir o atendimento do fim público a que se dirige, vedada aplicação retroativa de nova interpretação.
42. ( ) Com base no princípio da oficialidade, não é possível a impulsão, de ofício, do processo administrativo.
43. ( ) Uma das consequências do princípio da moralidade é a neutralidade.
44. ( ) A Administração Pública Direta e Indireta obedecerá aos princípios de legalidade, impessoalidade, moralidade, publicidade e eficiência.
45. ( ) Com base no princípio da motivação, todos os atos administrativos deverão ser motivados.
46. ( ) Os princípios da razoabilidade e da proporcionalidade são sinônimos.
47. ( ) De acordo com o Decreto-Lei nº 200/1967, a Administração Pública deverá obedecer aos princípios do planejamento, coordenação, descentralização, delegação de competência e controle.
48. ( ) Por força do Decreto-Lei nº 200/1967, a delegação de competência será utilizada como instrumento de descentralização administrativa, com o objetivo de assegurar maior rapidez e objetividade às decisões, situando-as na proximidade dos fatos, pessoas ou problemas a atender.
49. ( ) Em regra, as pessoas jurídicas da Administração Indireta são criadas pelo desenvolvimento de uma atividade específica estabelecida na lei ou na autorização legislativa.
50. ( ) O princípio da autotutela significa o controle que a Administração exerce sobre outra pessoa jurídica por ela mesma instituída.

IV. Questões Objetivas.

1. **Mário Celso Hely, servidor público municipal, recebeu ordens de seu chefe imediato para atender fora do horário do expediente uma determinada associação e, ainda, deveria atender ao pedido, pois a mesma é ligada à esposa do prefeito. Supondo que Mário atendesse à associação, haveria violação ao princípio da:**
    a) legalidade;
    b) impessoalidade;
    c) publicidade;
    d) continuidade do serviço público;
    e) razoabilidade.

2. A relatividade do exercício do direito de greve por parte dos servidores públicos é uma consequência do princípio da:
   a) razoabilidade;
   b) moralidade;
   c) publicidade;
   d) continuidade do serviço público;
   e) legalidade.

3. Na execução de uma concessão de serviço público, o poder concedente, com fulcro no interesse público, rompe o contrato e, por conseguinte, encampa o serviço público. A citada encampação baseia-se no princípio da:
   a) eficiência;
   b) continuidade do serviço público;
   c) legalidade;
   d) moralidade;
   e) eficácia.

4. Analise as situações hipóteticas abaixo e assinale alternativa que contenha as verdadeiras.
   I. Suponha que determinado Município pratique um ato contrário à lei. O ato, em regra, não será válido, mesmo que o interesse público seja atendido.
   II. Considere que tenha sido verificado o descontentamento da população de certo Município em razão da baixa qualidade do serviço da saúde local. Dessa forma, o princípio da moralidade está sendo violado.
   III. Suponha que o Reitor de uma Universidade Pública verifique que um professor, no exercício do magistério, esteja praticando atos de racismo contra alunos da instituição. Ao praticar tais atos, o professor violou o princípio da eficiência.
   IV. Suponha que determinado prefeito municipal realize propaganda pública com o seu retrato em cada anúncio publicitário. Neste caso, haverá violação ao princípio da impessoalidade.
   Estão corretas:
   a) I e II;
   b) II e III;
   c) I e IV;
   d) I e III;
   e) III e IV;

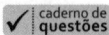

5. Marque a alternativa que contém os fundamentos ou subprincípios do princípio da proporcionalidade.
   a) Legalidade, adequação e razoabilidade.
   b) Necessidade, adequação e boa fé.
   c) Adequação, exigibilidade e proporcionalidade em sentido estrito.
   d) Boa-fé, exigibilidade e legalidade.
   e) Regularidade, eficiência e eficácia.

6. Não é princípio básico enumerado na Constituição Federal:
   a) moralidade;
   b) legalidade;
   c) publicidade;
   d) boa-fé;
   e) finalidade.

7. Analise a veracidade das frases:
   I. Na Administração Pública, não há liberdade nem vontade pessoal, já que só é permitido fazer o que a lei autoriza.
   II. A Administração Fundacional é regida pelo princípio da relatividade de conduta.
   III. O ato administrativo que desatender à publicidade necessária deixa de produzir os seus regulares efeitos.
   Está(ão) correta(s):
   a) I;
   b) II e III;
   c) I e III;
   d) II;
   e) I e II.

8. Marque a alternativa falsa, sobre o princípio da legalidade.
   a) Segundo o princípio da legalidade, a Administração Pública só pode fazer o que a lei permite; no âmbito das relações entre particulares, o princípio aplicável é o da autonomia privada.
   b) Em decorrência do princípio da legalidade, a Administração Pública não pode, por simples ato administrativo, conceder direitos de qualquer espécie, criar obrigações ou impor vedações aos administrados; para tanto, ela depende de lei.

c) A Constituição prevê remédios específicos contra a ilegalidade administrativa, como a ação popular, o *habeas corpus*, o *habeas data*, o mandado de injunção e o mandado de segurança; isto tudo sem falar no controle pelo Legislativo, diretamente ou com o auxílio do Tribunal de Contas, e no próprio controle realizado pela Administração.
d) Segundo o princípio da legalidade, a Administração Pública pode fazer tudo aquilo que a lei não proíbe.
e) A obediência ao princípio da legalidade é um dos aspectos de validade do ato administrativo.

9. **Sobre o princípio da impessoalidade, marque a alternativa falsa.**
a) Este princípio está ligado ao princípio da finalidade pública.
b) A atividade administrativa deve ser destinada a todos os administrados sem determinação de pessoa ou discriminação de qualquer natureza.
c) Uma das aplicações desse princípio encontra-se em matéria de exercício de fato, quando se reconhece validade aos atos praticados por funcionário irregularmente investido no cargo ou função, sob o fundamento de que os atos são do órgão e não do agente.
d) O princípio da impessoalidade não se aplica à Administração Pública Indireta Municipal.
e) O princípio da impessoalidade obriga que a Administração Pública pratique o ato administrativo para atender ao interesse público.

10. **A Constituição do Estado do Rio de Janeiro prevê que a Administração Pública Estadual deverá obedecer aos princípios da legalidade, moralidade, impessoalidade, publicidade e finalidade. Esta norma está de acordo com a Constituição Federal?**
a) Sim, porque os princípios enumerados na Constituição Federal (legalidade, moralidade, publicidade e impessoalidade) devem ser obedecidos, somente, pela Administração Pública Federal.
b) Não, o art. 37 da Constituição Federal estabelece que a Administração Pública estadual só pode obedecer aos princípios da legalidade, moralidade, publicidade e impessoalidade.
c) Sim, porque ao estabelecer tal norma a Constituição do Estado do Rio de Janeiro não violou nenhuma norma da Constituição Federal.
d) Não, porque os Estados-membros não possuem autonomia legislativa.
e) Não, porque o princípio da finalidade é subprincípio constitucional, devendo ser regido por norma ordinária.

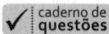

11. **A moralidade administrativa constitui:**
    a) pressuposto de validade de todo ato da Administração Pública;
    b) pressuposto de validade do ato administrativo discricionário;
    c) pressuposto de validade do ato administrativo vinculado;
    d) pressuposto de eficácia do ato administrativo;
    e) um elemento acidental do ato administrativo.

12. **Sobre os princípios básicos da Administração Pública, considere:**
    I. **Veda a interpretação retroativa.**
    II. **Impõe ao Administrador Público só agir nos casos previstos em lei.**
    III. **Objetiva aferir a compatibilidade entre os meios e os fins, de modo a evitar restrições desnecessárias ou abusivas por parte da Administração Pública, com lesão aos direitos fundamentais.**
    Estes conceitos dizem respeito, respectivamente, aos princípios da:
    a) segurança jurídica; moralidade e legalidade;
    b) moralidade; legalidade e razoabilidade;
    c) moralidade; legalidade e eficácia;
    d) moralidade; legitimidade e eficácia;
    e) segurança jurídica; legalidade e razoabilidade.

13. **Marque a alternativa falsa.**
    a) A legalidade, como princípio de Administração Pública, significa que o administrador público está, em toda a sua atividade funcional, sujeito aos mandamentos da lei.
    b) A eficácia de toda atividade administrativa está condicionada ao atendimento da lei.
    c) As leis administrativas são, excepcionalmente, de ordem pública.
    d) A lei para o particular significa "pode fazer assim"; para o administrador público significa "deve fazer assim".
    e) Administração Pública Indireta fundacional deve obedecer ao princípio da legalidade.

14. **O conjunto de regras de conduta tiradas da disciplina interior da Administração caracteriza o princípio da:**
    a) presunção de legitimidade;
    b) legalidade;
    c) moralidade;
    d) impessoalidade;
    e) publicidade.

15. **Marque a alternativa falsa.**
    a) A moralidade administrativa não se confunde com a moralidade comum; ela é composta por regras de boa administração, ou seja: pelo conjunto de regras finais e disciplinares suscitadas, não só pela distinção entre o Bem e o Mal, mas também pela ideia geral de administração e pela ideia de função administrativa.
    b) A moralidade administrativa se confunde com a impessoalidade.
    c) Para alguns, o princípio da impessoalidade se confunde com o princípio da finalidade.
    d) O princípio da publicidade é condição necessária para que o ato administrativo produza seus efeitos jurídicos externos.
    e) A Administração Indireta deve obediência ao princípio da legalidade.

16. **Após vencer as eleições e ter sido devidamente empossado no cargo, o Prefeito de um certo Município brasileiro realiza desapropriações dos bens de seus desafetos políticos. Apenas em relação ao aspecto material, as ditas desapropriações violam o princípio da:**
    a) razoabilidade;
    b) moralidade;
    c) eficiência.;
    d) publicidade;
    e) continuidade do serviço público.

17. **Assinale a alternativa abaixo que apresenta uma consequência dos princípios da moralidade e impessoalidade.**
    a) Reversão de servidor público.
    b) Aposentadoria.
    c) Publicidade.
    d) Licitação.
    e) Sigilo judicial.

18. **De acordo com a doutrina, o serviço público deve ser prestado com presteza, perfeição e rendimento funcional. Estas características estão presentes no princípio da:**
    a) eficiência;
    b) legalidade;
    c) publicidade;
    d) razaobilidade;
    e) eficácia.

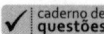

19. Analise a veracidade das frases.
    I. A proteção à confiança e a exigência de boa-fé na conduta da Administração acarreta, em regra, a proibição da prática de comportamentos contraditórios (venire contra *factum proprium*), o que se dá quando a Administração, desprovida de fundamento normativo que a ampare, pratica atos que contrariam a conduta administrativa anterior, a qual havia investido o particular em uma legítima posição de confiança.
    II. O princípio da razoabilidade revela-se importante instrumento para o controle jurisdicional da discricionariedade administrativa.
    III. O princípio da eficiência enseja para o agente público o dever de realizar suas atribuições com presteza, perfeição e rendimento funcional.

    É (São) correta(s):
    a) todas;
    b) I e II;
    c) I;
    d) I e III;
    e) II e III.

20. A moralidade administrativa está intimamente ligada ao conceito:
    a) de legalidade;
    b) de moralidade comum;
    c) do bom administrador (de boa conduta);
    d) da impessoalidade;
    e) da finalidade.

21. Analise a veracidade das frases.
    I. O art. 37 da Constituição Federal não é taxativo, pois outros princípios existem, previstos em leis esparsas, ou, mesmo, não expressamente contemplados no direito objetivo, aos quais se sujeita a Administração Pública.
    II. O princípio da continuidade do serviço público é a possibilidade de reeleição dos chefes do poder executivo.

III. Os princípios da eficiência e da razoabilidade, de ampla aplicação no Direito Administrativo, não estão expressamente previstos na Constituição Federal.

IV. O princípio da eficiência cria o dever a todo agente público de realizar suas atribuições com presteza, perfeição e rendimento funcional.

Estão corretas:
a) I e II;
b) I e IV;
c) II e III;
d) III e IV;
e) I e III.

22. O princípio da coordenação visa:
a) a entrosar as atividades da Administração, de modo a evitar a duplicidade de atuação, a dispersão de recursos, a divergência de soluções e outros males característicos da burocracia;
b) a garantia da consecução dos objetivos nacionais contra antagonismos, tanto internos como externos;
c) a distinção entre os níveis de direção e execução;
d) desconcentração administrativa;
e) estabelecer metas e ações governamentais.

23. Planejamento é:
a) o bem comum da coletividade, expresso na satisfação de suas necessidades fundamentais;
b) sinônimo de prosperidade;
c) o estudo e estabelecimento das diretrizes e metas que deverão orientar a ação governamental, através de um plano geral de governo, de programas globais, setoriais e regionais de duração plurianual, do orçamento-programa anual e da programação dianteira de desembolso, que são os seus instrumentos básicos;
d) a garantia da consecução dos objetivos nacionais contra antagonismos, tanto internos como externos;
e) todas as respostas anteriores estão corretas.

24. Quem pode realizar a delegação de competência?
a) Supremo Tribunal Federal.
b) Órgãos subordinados.

c) Conselho de Defesa Nacional.
d) As autoridades administrativas, em geral.
e) Senado Federal.

25. O estudo e estabelecimento das diretrizes e metas que deverão orientar a ação governamental, através de um plano geral de governo, de programas globais, setoriais e regionais de duração plurianual, do orçamento-programa anual e da programação financeira de desembolso, que são instrumentos básicos, caracteriza o princípio:
    a) da descentralização;
    b) do desembolso;
    c) do planejamento;
    d) da coordenação;
    e) do controle.

26. Tem por objetivo entrosar as atividades da Administração, de modo a evitar a duplicidade de atuação, a dispersão de recursos, a divergência de soluções e outros males característicos da burocracia:
    a) princípio da descentralização;
    b) princípio do controle;
    c) princípio do planejamento;
    d) princípio da delegação de competência;
    e) princípio da coordenação.

27. Atribuir a outrem poderes da Administração caracteriza o:
    a) princípio da descentralização;
    b) princípio do controle;
    c) princípio do planejamento;
    d) princípio da concentração;
    e) princípio da coordenação;

28. A delegação de competência tem caráter:
    a) facultativo e permanente;
    b) obrigatório e permanente;
    c) facultativo e transitório;
    d) obrigatório e transitório;
    e) nenhuma das respostas anteriores está correta.

29. **A necessidade de adequação entre meios e fins é uma consequência do princípio da:**
    a) publicidade;
    b) moralidade;
    c) segurança jurídica;
    d) impessoalidade;
    e) razoabilidade.

30. **Assinale a alternativa correta.**
    a) É decorrência do princípio da publicidade a proibição de que conste nome, símbolos ou imagens que caracterizem promoção pessoal de autoridades ou servidores públicos em divulgação de atos, programas ou campanhas de órgãos públicos.
    b) As pessoas jurídicas de direito privado, integrantes da Administração Indireta, submetem-se aos princípios constitucionais da Administração Pública.
    c) Segundo o Supremo Tribunal Federal, a falta de defesa técnica por advogado, no âmbito de processo administrativo disciplinar, ofende o princípio da ampla defesa.
    d) De acordo com o princípio da finalidade pública, os interesses públicos são legítimos se estiverem em patamar de igualdade com os interesses individuais.
    e) No âmbito da administração pública, a correlação entre meios e fins é uma expressão cujo sentido e alcance costumam ser diretamente associados ao princípio da eficiência.

31. **Todos os princípios do Direito Administrativo são previstos explicitamente na Constituição, exceto a:**
    a) legalidade;
    b) impessoalidade;
    c) motivação;
    d) moralidade;
    e) publicidade.

32. **São princípios informativos do Direito Administrativo:**
    a) continuidade e autotutela;
    b) jurisprudência e poder-dever;
    c) especialidade e costume;
    d) legalidade e princípios gerais do Direito;
    e) doutrina e hierarquia.

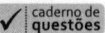

33. Os princípios básicos que caracterizam a Administração Pública são, cumulativamente, dentre outros:
    a) probidade, publicidade e moralidade;
    b) legalidade, moralidade e publicidade;
    c) pessoalidade, probidade e legalidade;
    d) moralidade, pessoalidade e probidade;
    e) publicidade, legalidade e pessoalidade.

34. A Administração é obrigada a policiar os atos administrativos, anulando-os, por vício de ilegalidade, e revogando-os, quando inoportunos ou inconvenientes. Essa afirmativa tem fundamento no seguinte princípio de Direito Administrativo:
    a) da especialidade;
    b) da continuidade;
    c) do poder-dever;
    d) da autotutela;
    e) da legalidade

35. A figura do desvio de finalidade caracteriza-se:
    a) pela edição de ato administrativo por administrador público incompetente, em abstrato, para o fazer;
    b) pela edição de ato administrativo por administrador público, competente, em abstrato, para o fazer, visando, todavia, a fim diverso daquele previsto, explícita ou implicitamente, na regra de competência;
    c) pela edição de ato, por particular, objetivando uma finalidade pública, todavia sem outorga de poderes para tal;
    d) pela expedição de ato administrativo por administrador público, no uso de poder discricionário;
    e) nenhuma das respostas anteriores está correta.

36. Assinale a alternativa abaixo que apresenta um princípio enumerado na Lei nº 9.784/1999.
    a) economicidade;
    b) publicidade;
    c) transferência;
    d) boa-fé objetiva;
    e) segurança jurídica.

37. Sobre o princípio da presunção de legitimidade, assinale a alternativa falsa.
   a) A presunção de legitimidade é relativa, admitindo-se, portanto, prova em contrário.
   b) Na presunção de legitimidade, ocorre a inversão do ônus probatório.
   c) A presunção de legitimidade aplica-se a todos os atos administrativos.
   d) A presunção de legitimidade divide-se em: presunção de legalidade e presunção de veracidade.
   e) A presunção de legitimidade significa *juris et iure*.

38. Assinale a alternativa abaixo que não apresenta uma consequência do princípio da continuidade do serviço público.
   a) A existência do instituto da suplência.
   b) O direito de greve relativo do servidor público.
   c) A impossibilidade absoluta da aplicação da exceção do contrato não cumprido.
   d) A encampação e reversão na concessão do serviço público.
   e) A possibilidade de utilização de equipamentos e bens de empresas particulares.

39. A possibilidade da Administração Direta controlar seus próprios atos é uma consequência do princípio da:
   a) tutela;
   b) eficiência;
   c) autotutela;
   d) moralidade.
   e) legalidade.

40. O princípio da proporcionalidade está consubstanciado no(a):
   a) princípio do devido processo legal;
   b) princípio da legalidade;
   c) vinculação do ato administrativo;
   d) princípio da eficiência;
   e) publicidade dos atos administrativos.

41. Determinada norma federal impõe à Administração Pública "adequação entre meios e fins, vedada a imposição de obrigações, restrições e sanções em medida superior àquelas estritamente necessárias ao atendimento do interesse público". Por seu conteúdo, a norma se refere, essencialmente, ao princípio da:

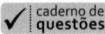

a) prevalência do interesse público;
b) segurança jurídica;
c) impessoalidade;
d) moralidade;
e) razoabilidade.

42. **Sobre os princípios que regem a Administração Pública, assinale a alternativa falsa.**
    a) A regra é a autonomia administrativa da autarquia; a exceção é o controle ministerial, não se presumindo, visto que só pode ser exercido nos limites legais.
    b) A presunção de legitimidade é de natureza relativa, admitindo prova em contrário, gerando a inversão do ônus probatório.
    c) O princípio da hierarquia gera como consequência a descentralização administrativa.
    d) Em regra geral, o ato administrativo deve ser motivado.
    e) Uma das consequências do princípio da impessoalidade encontra-se em matéria de exercício de fato, quando se reconhece validade aos atos praticados por funcionário irregularmente investido no cargo ou função, sob fundamento de que os atos são do órgão e não do agente.

43. **A finalidade, como elemento essencial à validade dos atos administrativos, é aquele reconhecido como o mais condizente com a observância pela Administração do princípio fundamental da:**
    a) razoabilidade;
    b) legalidade;
    c) moralidade;
    d) probidade;
    e) impessoalidade.

44. **Marque a alternativa correta a respeito dos princípios que informam o Direito Administrativo:**
    I. O princípio da legalidade está expressamente previsto na Constituição Federal de 1988 e na Lei nº 9.784/1999, podendo o Poder Judiciário anular e revogar os atos ilegais.
    II. A moralidade administrativa constitui princípio que deve ser observado em todo ato da Administração Pública Direta e Indireta, na forma do art. 37, *caput*, da Constituição Federal.
    III. Os princípios da razoabilidade e da proporcionalidade estão expressos na Lei nº 9.784/1999, a qual determina que nos processos administrativos será observada a adequação entre os meios e fins.

IV. O princípio da eficiência, segundo o qual a atividade administrativa deve ser exercida com presteza, qualidade e rendimento funcional, passou a ser previsto expressamente na Constituição da República a partir da Emenda nº 19/1998.
a) Todas as assertivas estão corretas.
b) Todas as assertivas estão incorretas.
c) Apenas uma assertiva está correta.
d) Apenas duas assertivas estão corretas.
e) Apenas três assertivas estão corretas.

45. O art. 37, § 1º, da Constituição estabelece que as obras e os serviços públicos serão atribuídos aos órgãos e entidades e não aos agentes públicos que determinaram a sua realização. Assinale a alternativa que indica o princípio aplicável para esta hipótese:
    a) impessoalidade;
    b) publicidade;
    c) eficiência;
    d) supremacia do interesse público;
    e) moralidade.

46. Desvio de poder é:
    a) fim diverso daquele previsto, explícita ou implicitamente, na lei;
    b) o principio de que os fins justificam os meios;
    c) o princípio de que o administrador está obrigado a não fazer emprego irregular de verbas públicas;
    d) a defesa básica do administrador quando questionada a legalidade de seus atos através de Ação Popular;
    e) nenhuma das respostas anteriores está correta.

47. Segundo a doutrina dominante, o princípio da moralidade administrativa impõe ao gestor público o dever:
    a) da boa administração;
    b) disciplinar;
    c) de publicidade;
    d) de motivar os atos administrativos;
    e) de obediência às ordens superiores.

48. A anulação *ex officio* do ato administrativo viciado tem por fundamento o princípio da:
    a) executoriedade prévia;
    b) legitimidade;
    c) autotutela;
    d) moralidade;
    e) autonomia administrativa.

49. Pode-se afirmar que todo o sistema de Direito Administrativo constrói-se sobre os princípios da:
    a) legalidade e da não intervenção no domínio privado;
    b) supremacia do interesse público sobre o particular e da indisponibilidade do interesse público pela Administração;
    c) moralidade e impessoalidade;
    d) publicidade e eficiência;
    e) impessoalidade e finalidade.

50. O princípio da razoabilidade está previsto implicitamente no texto constitucional na regra do(a):
    a) devido processo legal;
    b) moralidade;
    c) legalidade;
    d) presunção de inocência;
    e) duplo grau de jurisdição.

51. Assinale a alternativa abaixo que apresenta um princípio classificado pela doutrina como meio.
    a) publicidade;
    b) legalidade;
    c) moralidade;
    d) eficiência;
    e) impessoalidade.

52. Analise a veracidade das frases.
    I. A Administração Pública, em virtude do princípio da legalidade, pode alterar as condições de concurso público constantes do respectivo edital para adaptá-las à nova legislação enquanto não concluído e homologado o certame.
    II. O limite de idade para cargos públicos nunca se legitima na ordem constitucional brasileira em razão do princípio da isonomia.

III. Se a lei exige exame psicotécnico para investidura em cargo público, a sua dispensa configura violação ao princípio constitucional da legalidade.
IV. A empresa pública e sociedade de economia mista devem obediência ao princípio da moralidade.
   a) Estão corretas apenas as assertivas I e II.
   b) Estão corretas apenas as assertivas I e IV.
   c) Estão corretas apenas as assertivas II e III.
   d) Estão corretas apenas as assertivas I, III e IV.
   e) Todas as assertivas estão corretas.

53. Considere as afirmações abaixo.
    I. Legalidade estrita não se confunde com a legitimidade, impedindo, por conseguinte, que o Poder Judiciário nacional anule um ato legal, mas ilegítimo.
    II. Legalidade em sentido amplo (o direito) abrange a moralidade, a probidade e todos os demais princípios e valores consagrados pelo ordenamento jurídico.
    III. Como princípios, os da moralidade e da eficiência se confundem.
    IV. Como infração, a improbidade é mais ampla do que a imoralidade, porque a lesão ao princípio da moralidade constitui uma das hipóteses de atos de improbidade definidos em lei.
    V. No sentido restrito, a legalidade exige obediência à lei.
    Assinale a alternativa correta.
    a) Todas as assertivas estão corretas.
    b) Todas as assertivas estão erradas.
    c) Apenas estão corretas as assertivas I a IV.
    d) Apenas estão corretas as assertivas II, IV e V.
    e) Apenas estão corretas as assertivas II e V.

54. A Súmula nº 473 do Supremo Tribunal Federal enuncia: "A Administração pode anular seus próprios atos, quando eivados de vícios que os tornam ilegais, porque deles não se originam direitos; ou revogá-los, por motivo de conveniência ou oportunidade, respeitados os direitos adquiridos, e ressalvada, em todos os casos, a apreciação judicial." Essa súmula relaciona-se ao princípio da:
    a) eficiência;
    b) especialidade;
    c) autotutela;

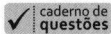

d) proporcionalidade;.
e) supremacia do interesse público.

55. **Constitui critério a ser observado no processo administrativo, consoante sua regulamentação federal, o da adequação entre meios e fins, vedada a imposição de obrigações, restrições e sanções em medida superior àquelas estritamente necessárias ao atendimento do interesse público. Tal critério corresponde a um princípio conhecido como o da:**
    a) proporcionalidade;
    b) legalidade;
    c) segurança jurídica;
    d) supremacia do interesse público;
    e) eficiência.

56. **Marque a alternativa que não apresenta uma característica do princípio da eficiência:**
    a) transparência;
    b) participação e aproximação dos serviços públicos da população;
    c) burocratização;
    d) busca da qualidade;
    e) neutralidade.

57. **A Emenda Constitucional nº 19, de 4 de junho de 1998, inseriu o princípio da eficiência entre os princípios constitucionais da Administração Pública, previstos no art. 37, *caput*. Acerca do tema, assinale a alternativa falsa.**
    a) A eficiência é princípio que se soma aos demais princípios impostos à Administração, não podendo sobrepor-se a nenhum deles.
    b) O princípio da eficiência aplica-se tanto ao modo de atuação do agente público como à forma de organizar, estruturar e disciplinar a Administração Pública.
    c) A eficiência traduz-se em um dos deveres dos agentes públicos, o de realizar suas atribuições com presteza, perfeição e rendimento funcional.
    d) Como características do princípio da eficiência encontram-se, entre outras, o direcionamento da atividade e dos serviços públicos à efetividade do bem comum, a imparcialidade e a neutralidade.
    e) O princípio da eficiência confunde-se com o da economicidade, que se materializa no binônio custo e benefício.

58. No âmbito do processo administrativo, o princípio que autoriza a instituição do processo por iniciativa da Administração, sem necessidade de provocação, denomina-se princípio da:
    a) instrumentalidade;
    b) formalidade;
    c) oficialidade;
    d) provocação;
    e) legalidade.

59. O critério de interpretação da norma administrativa de que decorre o ser vedada, em processo administrativo, aplicação retroativa de nova interpretação é relativo ao princípio imposto à observância pela Administração Pública conhecido como o da:
    a) razoabilidade;
    b) segurança jurídica;
    c) proporcionalidade;
    d) eficiência;
    e) tipicidade.

60. A respeito dos princípios que regem a Administração Pública, considere as seguintes afirmações.
    I. O instituto da requisição (CF, art. 5º, inciso XXV) tem pertinência com o princípio da finalidade pública ou supremacia do interesse público sobre o interesse privado, derivando do domínio estatal eminente.
    II. O princípio da hierarquia deve ser observado por todos os entes administrativos, tendo em vista a necessidade da manutenção da ordem, da disciplina e da unidade de direcionamento de suas respectivas funções típicas.
    III. A União pode editar medida provisória em matéria de Direito Administrativo, desde que observe as condições e os limites constitucionais.
    IV. O princípio da impessoalidade está ligado ao princípio da finalidade, devendo ser aplicado por toda a Administração Pública, federal, estadual, municipal ou distrital.
    V. É inconstitucional decreto do Presidente da República que extingue cargo público provido regularmente e criado por lei.
    Está(ão) correta(s):
    a) I, II e IV;
    b) II, III e V;
    c) I, III e V;
    d) II e IV;
    e) todas.

61. Analise a veracidade das frases.
    I. O princípio da razoabilidade visa a impedir que administradores públicos se conduzam com abuso de poder, sobretudo nas atividades discricionárias.
    II. É assegurada a todos a obtenção de certidões em repartições públicas, para a defesa de direitos e esclarecimento de situações de interesse pessoal.
    III. Com base no princípio da publicidade, todos os atos internos da Administração Pública devem ser publicados no *Diário Oficial*.
    IV. O princípio da legalidade é princípio fundamental, somente podendo ser excepcionado pela aplicação do princípio da supremacia do interesse público.
    Estão corretas:
    a) III e IV;
    b) II e III;
    c) I e III;
    d) II e IV;
    e) I e II.

62. Quando ocorre o desvio de poder, há violação do princípio básico da:
    a) legalidade;
    b) moralidade;
    c) publicidade;
    d) impessoalidade;
    e) eficiência.

63. De acordo com a doutrina cabe ao Direito sintonizar-se com o caso concreto. Essa premissa é a base do princípio da:
    a) legalidade;
    b) proporcionalidade;
    c) segurança jurídica;
    d) realidade;
    e) impessoalidade.

64. O princípio da legalidade significa:
    a) a liberdade de atuação do particular;
    b) que somente lei poderá criar ou extinguir cargos públicos;
    c) a liberdade de atuação do administrador público;
    d) ser lícito ao administrador realizar tudo aquilo que a lei não proíbe;
    e) a imposição ao administrador de só realizar aquilo que a lei permite.

65. O princípio da moralidade é pressuposto do ato administrativo de:
   a) validade;
   b) eficácia;
   c) existência;
   d) exequibilidade;
   e) eficiência;

66. O princípio administrativo que conduz à igualdade de tratamento aos administrados que se encontram em idêntica situação jurídica é o da:
   a) eficiência;
   b) legalidade;
   c) publicidade;
   d) moralidade;
   e) impessoalidade.

67. Ao apreender determinada mercadoria imprópria ao consumo, a Administração Pública estará agindo com amparo no princípio da:
   a) moralidade;
   b) legalidade;
   c) eficiência;
   d) autoexecutoriedade;
   e) publicidade.

68. A vedação à Administração Pública de, por meio de mero ato administrativo, conceder direitos vincula-se ao princípio da:
   a) legalidade;
   b) moralidade;
   c) impessoalidade;
   d) publicidade;
   e) eficiência.

69. Assinale o princípio abaixo que está relacionado à limitação da discricionariedade administrativa.
   a) legalidade;
   b) razoabilidade;
   c) vinculação;
   d) moralidade;
   e) impessoalidade.

70. O princípio da publicidade é pressuposto do ato administrativo de:
a) existência;
b) validade;
c) eficácia;
d) eficiência;
e) legalidade.

71. Analise a veracidade das frases.
I. Caso haja violação ao princípio da moralidade, que está expressamente previsto na Constituição Federal de 1988, o Poder Judiciário deverá anular o ato administrativo.
II. A publicidade constitui princípio que deve ser observado em toda atividade da Administração Pública Direta e Indireta.
III. É dispensável a motivação nos atos que imponham ou agravem deveres, encargos ou sanções.
Está(ao) correta(s):
a) I;
b) II;
c) I e II;
d) II e III;
e) I e III.

72. Marque a alternativa que não apresenta uma característica do princípio da eficiência.
a) Obtenção do melhor resultado com o menor custo possível.
b) Possibilidade de perda do cargo público efetivo por reprovação no procedimento de avaliação periódica de desempenho, na forma de lei complementar.
c) Busca da qualidade.
d) Economicidade.
e) Probidade administrativa.

73. Um ato administrativo legal pode ser declarado imoral (e, em consequência, inválido) pelo Poder Judiciário, a despeito de sua flagrante conformidade com a lei?
a) Não, uma vez que os critérios morais são de caráter estritamente subjetivo, refugindo ao exame do Poder Judiciário.
b) Sim, pois a moralidade do ato é pressuposto necessário à validade da conduta do administrador público.

c) Não, porque não é dado ao julgador qualquer outra interpretação que não a literal ou gramatical do ato.
d) Não, pois o controle jurisdicional se restringe ao exame da legalidade do ato.
e) Não, porque se trata de competência exclusiva da Administração.

74. As agências executivas devem fazer cumprir essencialmente ao princípio da:
    a) realidade;
    b) eficiência;
    c) legalidade;
    d) publicidade;
    e) razoabilidade

75. Analise a veracidade das frases.
    I. No Direito brasileiro, admite-se a denominada motivação aliunde.
    II. O princípio da ampla defesa e do contraditório tem sua aplicação, no âmbito administrativo, limitada aos processos administrativos punitivos.
    III. Considerada um princípio fundamental da Administração Pública, a impessoalidade representa a divulgação dos atos oficiais de qualquer pessoa integrante da Administração Pública, sem a qual tais atos não produzem efeitos.
    IV. Segundo o princípio da motivação, os atos da Administração Pública devem receber a indicação dos pressupostos de fato e de direito que determinaram a decisão.

    Estão corretas:
    a) I e II;
    b) II e III;
    c) III e IV;
    d) I e IV;
    e) II e V.

76. São as proposições básicas e fundamentais que condicionam todas as estruturações da ciência jurídica:
    a) regramentos;
    b) regras jurídicas;
    c) princípios;
    d) normas;
    e) postulados.

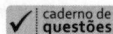

77. Assinale um princípio aplicável ao Direito Administrativo previsto implicitamente no texto constitucional.
   a) Legalidade.
   b) Eficiência.
   c) Razoabilidade.
   d) Primazia do interesse privado.
   e) Impessoalidade.

78. Assinale a alternativa abaixo que não apresenta um princípio previsto no texto constitucional de forma explícita ou implícita.
   a) Motivação.
   b) Impessoalidade.
   c) Finalidade.
   d) Eficácia.
   e) Publicidade.

79. Assinale a alternativa abaixo que apresenta um princípio monovalente aplicável a toda a ciência jurídica.
   a) Primazia do interesse público.
   b) Probidade administrativa.
   c) Publicidade.
   d) Legalidade.
   e) Indisponibilidade do interesse público.

80. As proposições gerais são denominadas pela doutrina como princípios:
   a) onivalentes;
   b) monovalentes;
   c) plurivalentes;
   d) setoriais;
   e) regionais.

81. Assinale a alternativa abaixo que apresenta um princípio setorial do Direito Administrativo brasileiro.
   a) Equidade.
   b) Isonomia.
   c) Tutela administrativa.
   d) Boa-fé.
   e) Reserva legal.

82. Analise a veracidade das frases.
    I. Não pode uma sanção disciplinar ser instituída por resolução.
    II. Ao contrário dos particulares, os quais podem fazer tudo o que a lei não proíbe, a Administração só pode fazer o que a lei antecipadamente autoriza.
    III. São os princípios enumerados na Constituição *numerus clausus*, não podendo a legislação ordinária instituir outros.
    Está(ão) correta(s):
    a) I e II;
    b) II e III;
    c) I;
    d) I e III;
    e) II.

83. A relação de subordinação, que ocorre entre os órgãos públicos delimitando as atribuições de cada um, consubstancia o princípio da:
    a) hierarquia;
    b) legalidade;
    c) tutela;
    d) supervisão ;
    e) moralidade.

84. Analise a veracidade das frases.
    I. O princípio da legalidade, no Direito brasileiro, significa que a Administração nada pode fazer senão o que a lei determina.
    II. A criação das pessoas jurídicas administrativas é realizada com base no princípio da desconcentração administrativa.
    III. Pelo princípio da motivação, é possível a chamada motivação aliunde.
    Está(ão) correta(s):
    a) I;
    b) II;
    c) III;
    d) I e III;
    e) II e III.

85. O postulado "o ato administrativo entra em execução, assim que editado pela autoridade competente, sem a necessidade de título hábil expedido pelo Poder Judiciário" materializa o princípio da:

a) segurança jurídica;
b) especialidade;
c) autoexecutoriedade;
d) exigibilidade;
e) eficiência.

86. As proposições que servem de fundamento a um conjunto de juízos relativos a um só campo do conhecimento são denominadas pela doutrina como princípios:
    a) genéricos;
    b) gerais;
    c) onivalentes;
    d) monovalentes;
    e) setoriais.

87. Analise a veracidade das frases.
    I.   O princípio da tutela e o da hierarquia são sinônimos.
    II. O princípio da legalidade é decorrência do Estado de direito.
    III. Pode o administrador público, por meio de ato administrativo ordinatório, instituir obrigações não previstas em lei.
    Está(ão) correta(s):
    a) I e II;
    b) II e III;
    c) I;
    d) II;
    e) III.

88. Dispõe o art. 2º, parágrafo único, inciso II, da Lei nº 9.784/1999 que nos processos administrativos será observada a objetividade no atendimento do interesse público, vedada a promoção pessoal de agentes ou autoridades. Essa norma consubstancia o princípio da:
    a) legalidade;
    b) moralidade;
    c) impessoalidade;
    d) eficiência;
    e) segurança jurídica.

89. Estabelece o art. 132, XIII, combinado com o art. 117, XV, da Lei nº 8.112/1990, que em caso de desídia o servidor público federal será demitido. Trata-se da aplicação do princípio constitucional da:
    a) eficácia;
    b) moralidade;
    c) impessoalidade;
    d) publicidade;
    e) eficiência.

90. As proposições básicas que informam os diversos setores que se divide a ciência jurídica são denominadas pela doutrina como princípios:
    a) setoriais;
    b) monovalentes;
    c) gerais;
    d) onivalentes;
    e) regionais.

91. A Administração Pública deve obediência a princípios:
    a) expressos, somente;
    b) implícitos, somente;
    c) explícitos, somente;
    d) tácitos;
    e) expressos ou implícitos.

92. O princípio, que foi introduzido no ordenamento jurídico pelo poder constituinte derivado, é o da:
    a) legalidade;
    b) eficiência;
    c) moralidade;
    d) impessoalidade;
    e) publicidade.

93. Os arts. 18 a 21 da Lei nº 9.784/1999 disciplinam as hipóteses de impedimento e suspeição do servidor público na atuação do processo administrativo. Segundo a melhor doutrina, referem-se os artigos à aplicação dos princípios da:
    a) legalidade e moralidade;
    b) eficiência e segurança jurídica;
    c) impessoalidade e moralidade;
    d) impessoalidade e legalidade;
    e) razoabilidade e isonomia.

94. Estabelece o art. 237 da Lei nº 6.404/1976 que a companhia de economia mista somente poderá explorar os empreendimentos ou exercer as atividades previstas na lei que autorizou a sua constituição. Essa norma reflete a aplicação do princípio da:
    a) especialidade;
    b) eficiência;
    c) presunção de legitimidade;
    d) legalidade;
    e) moralidade.

95. Assinale a alternativa abaixo que apresenta um princípio setorial do Direito Administrativo brasileiro.
    a) Equidade.
    b) Analogia.
    c) Primazia do interesse privado.
    d) Isonomia.
    e) Presunção de legitimidade.

96. Dispõe o art. 2º, parágrafo único, inciso II, da Lei nº 9.784/1999 que nos processos administrativos será observada a atuação segundo padrões éticos de probidade, decoro e boa-fé. Essa norma refere à aplicação do princípio da:
    a) moralidade;
    b) legalidade;
    c) eficiência;
    d) transparência;
    e) impessoalidade.

97. Assinale a alternativa falsa.
    a) O princípio da moralidade deve ser observado não apenas pelo administrador, mas também pelo particular que se relaciona com a Administração Pública.
    b) A exigência da motivação dos atos administrativos aplica-se apenas aos atos dos Tribunais de Contas, Ministério Público e Poder Judiciário.
    c) Uma das consequências do princípio da eficiência é o dever que se impõe ao agente público de realizar suas atribuições com presteza, perfeição e rendimento funcional.

d) O texto constitucional consagra expressamente o princípio da razoabilidade em relação ao prazo de tramitação dos processos judiciais e administrativos.
e) Não pode o administrador público, por meio de portaria ou resolução, instituir originariamente um direito.

98. **Marque a alternativa falsa.**
   a) A proibição do preenchimento de cargos em comissão por cônjuges e parentes de servidores públicos é medida que homenageia e concretiza o princípio da moralidade administrativa, o qual deve nortear toda a Administração Pública, em qualquer esfera do poder.
   b) A teoria do fato consumado refere-se ao princípio da aplicação do princípio da segurança jurídica.
   c) A Administração Pública é norteada por princípios conducentes à segurança jurídica – da legalidade, da impessoalidade, da moralidade, da publicidade e da eficiência.
   d) O princípio da moralidade administrativa – enquanto valor constitucional revestido de caráter ético-jurídico – condiciona a legitimidade e a validade dos atos estatais.
   e) O princípio da legalidade impõe que a Administração Pública indique os fundamentos de fato e de direito.

99. **Dispõe o art. 2º, parágrafo único, inciso II, da Lei nº 9.784/1999 que nos processos administrativos será observada a indicação dos pressupostos de fato e de direito que determinarem a decisão. Segundo a melhor doutrina, a regra refere-se ao princípio da:**
   a) moralidade;
   b) motivação;
   c) legalidade;
   d) impessoalidade;
   e) eficiência.

100. **Os princípios comuns a apenas um grupo de ciências são denominados de:**
   a) universais;
   b) integrais;
   c) absolutos;
   d) onivalentes;
   e) plurivalentes.

Dos Poderes Administrativos

Capítulo 4

I. Complete a Lacuna.

1. O poder vinculado é sinônimo de poder .... (regrado/substancial).
2. Os regulamentos são atos .... (externos/internos/externos ou internos).
3. Coordenar é consequência do poder .... (hierárquico/vinculado).
4. A taxa pode ser instituída no exercício do poder .... (de polícia/hierárquico).
5. Diante de um poder .... (discricionário/vinculado), o particular tem um direito subjetivo de exigir da autoridade a edição de determinado ato.
6. O regulamento .... (de execução/delegado) é tido como um ato administrativo que visa efetivar a exequibilidade da lei.
7. A nomeação para cargo em comissão é uma aplicação do poder .... (discricionário/vinculado).
8. Os poderes disciplinar e punitivo do Estado .... (não são/são) sinônimos.
9. O poder regulamentar é .... (delegável/indelegável).
10. .... (Há/Não há) hierarquia entre um órgão da Administração Direta e uma entidade da Administração Indireta.
11. A licença para construir é uma aplicação do poder .... (discricionário/vinculado).
12. Fiscalizar é consequência do poder .... (disciplinar/hierárquico).
13. O poder de polícia .... (não pode/pode) ser exercido pelo Poder Legislativo.
14. O poder de polícia possui a característica da .... (coercibilidade/punibilidade).

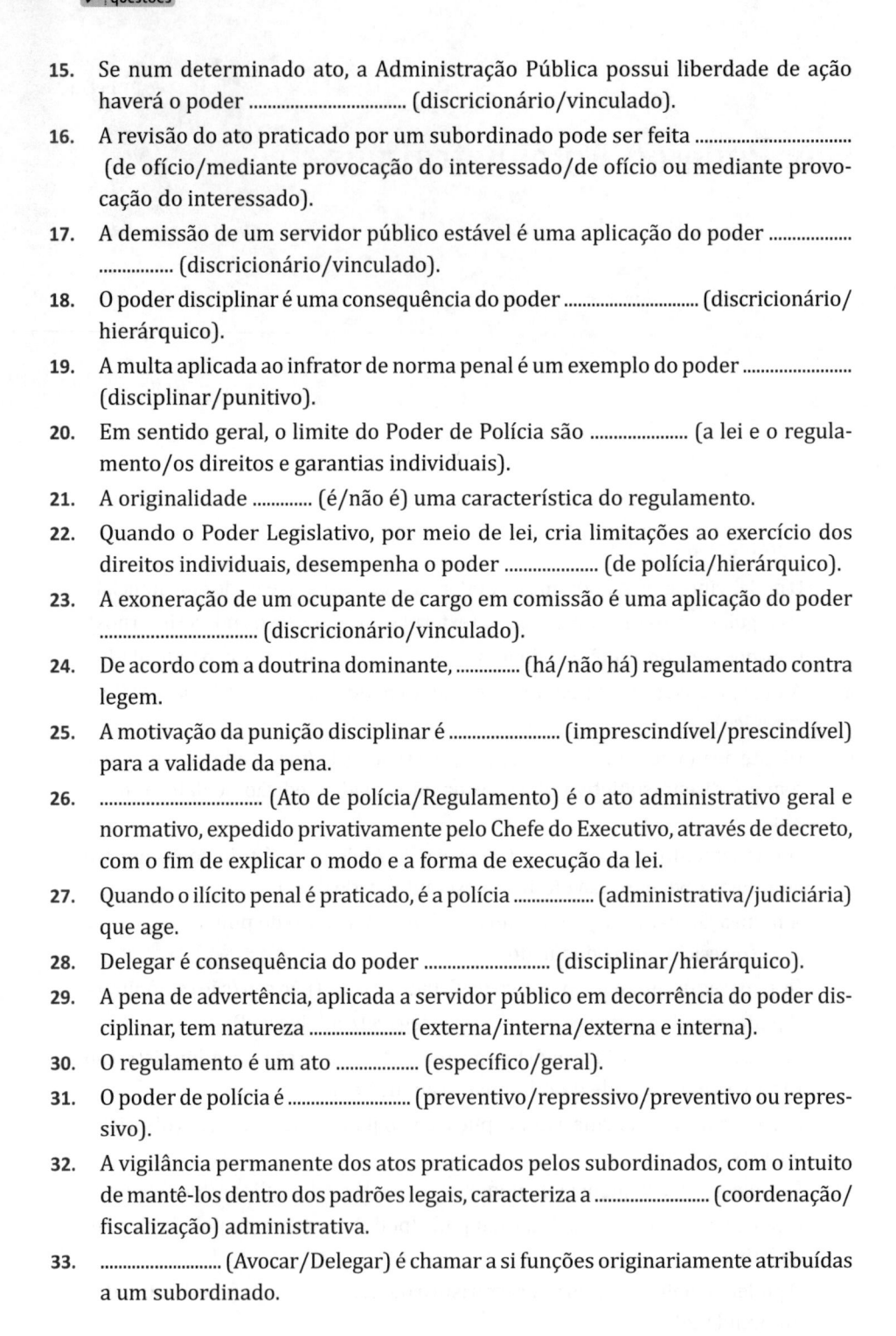

15. Se num determinado ato, a Administração Pública possui liberdade de ação haverá o poder .... (discricionário/vinculado).
16. A revisão do ato praticado por um subordinado pode ser feita .... (de ofício/mediante provocação do interessado/de ofício ou mediante provocação do interessado).
17. A demissão de um servidor público estável é uma aplicação do poder .... (discricionário/vinculado).
18. O poder disciplinar é uma consequência do poder .... (discricionário/hierárquico).
19. A multa aplicada ao infrator de norma penal é um exemplo do poder .... (disciplinar/punitivo).
20. Em sentido geral, o limite do Poder de Polícia são .... (a lei e o regulamento/os direitos e garantias individuais).
21. A originalidade .... (é/não é) uma característica do regulamento.
22. Quando o Poder Legislativo, por meio de lei, cria limitações ao exercício dos direitos individuais, desempenha o poder .... (de polícia/hierárquico).
23. A exoneração de um ocupante de cargo em comissão é uma aplicação do poder .... (discricionário/vinculado).
24. De acordo com a doutrina dominante, ... (há/não há) regulamentado contra legem.
25. A motivação da punição disciplinar é .... (imprescindível/prescindível) para a validade da pena.
26. .... (Ato de polícia/Regulamento) é o ato administrativo geral e normativo, expedido privativamente pelo Chefe do Executivo, através de decreto, com o fim de explicar o modo e a forma de execução da lei.
27. Quando o ilícito penal é praticado, é a polícia .... (administrativa/judiciária) que age.
28. Delegar é consequência do poder .... (disciplinar/hierárquico).
29. A pena de advertência, aplicada a servidor público em decorrência do poder disciplinar, tem natureza .... (externa/interna/externa e interna).
30. O regulamento é um ato .... (específico/geral).
31. O poder de polícia é .... (preventivo/repressivo/preventivo ou repressivo).
32. A vigilância permanente dos atos praticados pelos subordinados, com o intuito de mantê-los dentro dos padrões legais, caracteriza a .... (coordenação/fiscalização) administrativa.
33. .... (Avocar/Delegar) é chamar a si funções originariamente atribuídas a um subordinado.

34. O poder disciplinar tem a natureza de poder .... (discricionário/vinculado).
35. No uso do poder .... (disciplinar/hierárquico), a Administração Pública responsabiliza os agentes pelas faltas cometidas.
36. Ordenar é consequência do poder .... (disciplinar/hierárquico).
37. A Administração Pública ao exercer o poder de polícia tem por fito a proteção ao interesse .... (público/social).
38. Conveniência e oportunidade são os elementos fundamentais do poder .... (discricionário/vinculado).
39. Para o exercício do poder disciplinar, é .... (imprescindível/prescindível) a apuração da falta disciplinar.
40. O poder punitivo tem natureza .... (externa/interna/externa e interna).
41. A multa aplicada a um servidor público em virtude do cometimento de uma infração disciplinar é um exemplo do poder .... (disciplinar/punitivo).
42. O regulamento é um ato administrativo .... (derivado/originário).
43. O poder de polícia é .... (discricionário/vinculado/discricionário ou vinculado).
44. O regulamento é um ato .... (abstrato/concreto).
45. A admissão de um vestibulando em uma universidade pública é uma aplicação do poder .... (discricionário/vinculado).
46. O poder de polícia pode incidir na(s) área(s) .... (administrativa/judiciária/administrativa e judiciária).
47. .... (Avocar/Delegar) é conferir a outrem atribuições que originariamente lhe competiam.
48. Em regra geral, o poder de polícia .... (não tem/tem) a característica da autoexecutoriedade.
49. A correção dos erros administrativos pela ação revisora dos superiores sobre os atos dos inferiores caracteriza o poder .... (hierárquico/revisional).
50. O regulamento .... (não pode/pode) inovar, criando direitos ou obrigações não previstos em lei.

II. **Complete a Segunda Coluna de acordo com a Primeira.**
   (1) **Assinale 1, se tratar de definição do poder discricionário.**
   (2) **Assinale 2, se tratar de definição do poder vinculado.**
   (3) **Assinale 3, se tratar de definição do poder hierárquico.**
   (4) **Assinale 4, se tratar de definição do poder disciplinar.**
   (5) **Assinale 5, se tratar de definição do poder regulamentar.**
   (6) **Assinale 6, se tratar de definição do poder de polícia.**

1. (   ) É o que dispõe a Administração para distribuir e escalonar as funções de seus órgãos, ordenar e rever a atuação de seus agentes, estabelecendo a relação de subordinação entre os servidores do seu quadro pessoal.
2. (   ) É a atividade da Administração Pública que, limitando ou disciplinando direito, interesse ou liberdade, regula a prática de ato ou abstenção de fato, em razão de interesse público concernente à segurança, à higiene, à ordem, aos costumes, à disciplina da produção e do mercado, ao exercício da atividade econômica dependente de concessão ou autorização do Poder Público, à tranquilidade pública ou ao respeito à propriedade e aos direitos individuais ou coletivos.
3. (   ) É aquele que o direito concede à Administração Pública para a prática de atos administrativos com liberdade na escolha de sua conveniência, oportunidade e conteúdo.
4. (   ) É a faculdade que dispõe o chefe do Poder Executivo de explicitar e especificar a lei para a sua correta aplicação.
5. (   ) É a faculdade de aplicar punições nos casos de infrações administrativas praticadas pelos agentes públicos.
6. (   ) É aquele que a lei confere à Administração Pública para a prática de ato de sua competência, determinando os elementos e requisitos necessários à sua formalização.

III. Marque V, se a assertiva for verdadeira, ou F, se a assertiva for falsa.
1. (   ) A polícia judiciária tem como característica ser preparatória para repressão penal.
2. (   ) A subordinação e a vinculação política significam o mesmo fenômeno e não admitem todos os meios de controle do superior sobre o inferior hierárquico.
3. (   ) O poder de polícia é a atividade do Estado que limita o exercício dos direitos individuais em benefício do interesse público.
4. (   ) O poder de polícia, entre outras consequências, conduz a adoção de medidas repressivas para aplicação da lei ao caso concreto.
5. (   ) Como resulta do sistema hierárquico, o poder disciplinar existe no âmbito do Poder Executivo, mas não no exercício das funções administrativas pelo Legislativo e Judiciário.
6. (   ) A interdição de estabelecimento comercial privado por autoridade administrativa é exemplo do exercício do poder de polícia.
7. (   ) A imposição de sanção a particulares que contratam com a Administração é um exemplo do poder disciplinar do Estado.
8. (   ) Em regra geral, os poderes administrativos são renunciáveis.

9. ( ) O exercício do poder de polícia é limitado pelos direitos fundamentais, de modo que a imposição de abstenções aos particulares só é legítima na medida em que o Poder Público comprove a necessidade da medida, a sua proporcionalidade e eficácia.
10. ( ) No exercício do poder regulamentar, os chefes do Executivo não podem editar atos que contrariem a lei ou que criem direitos e obrigações que nela não estejam previstos.
11. ( ) O poder de polícia é sempre exercido com vinculação estrita, obedecendo às limitações da lei relativamente a competência, forma, fins, motivos e objeto.
12. ( ) O atributo da exigibilidade, presente no exercício do poder de polícia, ocorre quando a Administração Pública se vale de meios indiretos para que o particular exerça seu direito individual em benefício do interesse público.
13. ( ) O policial militar, ao solicitar a um grupo de pessoas que se encontram num local ermo, que apresentem documentos e se sujeitem à revista, tomando as cautelas adequadas, age de acordo com o poder disciplinar.
14. ( ) A concessão de licenças de localização e funcionamento de estabelecimentos comerciais é uma consequência do poder disciplinar do Estado.
15. ( ) O ministro de Estado, utilizando-se do poder normativo previsto na CF, pode conceder indulto e comutar penas, desde que por delegação expressa do Presidente da República.
16. ( ) A multa aplicada a um contribuinte que não declara à receita de federal seu rendimento anual tem fundamento no poder hierárquico.
17. ( ) O poder de polícia tanto pode ser discricionário, como vinculado, ressaltando-se que ele é vinculado na maior parte dos casos.
18. ( ) A Administração Pública organiza-se de forma escalonada. Quando determinado órgão detém a possibilidade de avocação de processos administrativos, encontra-se diante do poder hierárquico.
19. ( ) A revisão hierárquica é possível, desde que o ato já tenha se tornado definitivo para a Administração ou criado direito subjetivo para o particular.
20. ( ) As delegações, quando possíveis, não podem ser recusadas pelo inferior, como também não podem ser subdelegadas sem expressa autorização do delegante.
21. ( ) Os poderes administrativos são instrumentais.
22. ( ) Apesar do princípio da motivação, essa é prescindível nos atos administrativos discricionários.
23. ( ) A delegação é fruto do poder hierárquico.
24. ( ) Em relação à forma, o ato administrativo pode ser vinculado ou discricionário.
25. ( ) O poder de polícia, como atributo do Estado, tem função reguladora dos direitos individuais e coletivos para garantir a estes absoluta predominância sobre aqueles.

26. ( ) Os poderes regulamentar e de polícia podem ser livremente delegados.
27. ( ) A avocação é uma consequência do poder hierárquico.
28. ( ) Os poderes administrativos são exclusivos da Administração Direta Federal.
29. ( ) As matérias de competência privativa de um órgão público não podem ser objeto de delegação.
30. ( ) Somente os órgãos da Administração Direta possuem o poder de polícia.
31. ( ) Diversamente do poder vinculado, dispõe a Administração do poder discricionário com maior liberdade de ação.
32. ( ) As matérias de competência exclusiva de um órgão público não podem ser objeto de delegação.
33. ( ) Os poderes administrativos são estruturais e orgânicos, compondo a estrutura do Estado.
34. ( ) No exercício do poder discricionário, a Administração Pública não sofre de limitações legais.
35. ( ) Há hierarquia entre os órgãos independentes dos três poderes estatais.
36. ( ) Os poderes administrativos integram a organização constitucional.
37. ( ) As entidades autárquicas não possuem poder de polícia.
38. ( ) Devido ao princípio da legalidade, só há poder discricionário se existir ausência da lei.
39. ( ) No exercício de suas atribuições, as autarquias são submetidas à hierarquia em face dos órgãos da Administração Direta.
40. ( ) De acordo com a melhor doutrina, o poder disciplinar possui natureza vinculada.
41. ( ) O poder de polícia atua sobre atividades particulares que afetam ou possam afetar os interesses públicos.
42. ( ) Os poderes administrativos nascem com a Administração e se apresentam diversificados segundo as exigências do serviço público, o interesse da coletividade e os objetivos a que se dirigem.
43. ( ) O poder de polícia poderá ser amplamente realizado por entidades privadas.
44. ( ) Por força do poder hierárquico, todas as ordens superiores devem ser obedecidas pelo agente subordinado.
45. ( ) A delegação de competência é irrevogável.
46. ( ) Em relação ao objeto, o ato administrativo é sempre discricionário.
47. ( ) É defeso aos órgãos dos poderes Legislativo e Judiciário o exercício do poder de polícia.
48. ( ) A avocação de competência é irrevogável.
49. ( ) Os atos normativos não podem ser objeto de delegação.
50. ( ) O fundamento do poder de polícia é o princípio da supremacia do interesse público.

IV. Questões Objetivas.

1. O Município de Fortaleza, CE, aplicou pena de declaração de inidoneidade para licitar ou contratar com a Administração Pública em face de uma empreiteira, que realizava uma obra pública, por ter descumprimento contratual. No caso narrado, o Município de Fortaleza exerceu seu poder:
    a) de polícia;
    b) disciplinar;
    c) normativo;
    d) hierárquico;
    e) regulamentar.

2. Após o devido processo legal, a Secretaria de Administração de um determinado Município da baixada fluminense aplicou pena de suspensão a um fiscal de rendas. No caso narrado, a secretaria municipal exerceu seu poder:
    a) normativo;
    b) discricionário;
    c) disciplinar;
    d) regulamentar;
    e) de polícia.

3. O Município de Salvador, BA, demitiu, após o devido processo administrativo disciplinar, o servidor público OXY em razão do abandono do cargo. No caso narrado, o Município de Salvador exerceu seu poder:
    a) de polícia;
    b) regulamentar;
    c) punitivo;
    d) disciplinar;
    e) hierárquico.

4. Suponha que órgão municipal de vigilância sanitária tenha interditado um estabelecimento particular de saúde por falta de condições básicas de saúde. Neste caso, órgão municipal exerceu seu poder:
    a) disciplinar;
    b) de polícia judiciária;
    c) regulamentar;
    d) de polícia administrativa;
    e) normativo.

5. O art. 130, § 2º, da Lei nº 8.112/1990, prevê que, "quando houver conveniência para o serviço, a penalidade de suspensão poderá ser convertida em multa, na base de 50% (cinquenta por cento) por dia de vencimento ou remuneração, ficando o servidor obrigado a permanecer em serviço". Este dispositivo legal revela o poder administrativo:
   a) normativo;
   b) de polícia;
   c) vinculado;
   d) regulamentar;
   e) discricionário.

6. Analise a veracidade das frases.
   I. O controle judicial dos poderes administrativos não se afigura tão somente nos atos de natureza vinculada, podendo recair sobre aqueles discricionários.
   II. A faculdade conferida ao administrador de extrapolar os limites legais ou agir em desacordo com o ordenamento jurídico decorre do poder disciplinar.
   III. Assim como a polícia judiciária, a polícia administrativa também pode ser repressiva.
   IV. Caracteriza-se como inconstitucional o ato administrativo regulamentar que tenha investido *citra legem*, podendo ser objeto de ação direta de inconstitucionalidade.
   Estão corretas:
   a) I e II;
   b) II e III;
   c) II e IV;
   d) I e III;
   e) III e IV.

7. O poder de polícia expressa-se por meio de:
   a) medidas preventivas, somente;
   b) medidas repressivas, somente;
   c) medidas repressivas, somente por autorização judicial;
   d) medidas preventivas ou repressivas;
   e) medidas acautelatórias, quando autorizadas judicialmente.

8. Analise a veracidade das frases.
   I. O poder de polícia é exercido mediante prerrogativas e sujeições.
   II. O Poder Regulamentar aplica-se para regular qualquer matéria em que ocorra omissão legislativa.
   III. A discricionariedade administrativa ocorre em situações em que a lei encontra-se insatisfatória para os anseios populares.
   IV. O poder regulamentar, no âmbito da Administração Pública, é privativo do chefe do Poder Executivo.

   Estão corretas:
   a) I e II;
   b) I e III;
   c) I e IV;
   d) II e III;
   e) III e IV.

9. O Decreto nº 14.876/1991 editado pelo governador do Estado de Pernambuco consolida a Legislação Tributária do Estado, principalmente, as que dizem respeito ao Imposto sobre Operações Relativas à Circulação de Mercadorias e sobre Prestações de Serviços de Transporte Interestadual e Intermunicipal e de Comunicação – ICMS. O referido decreto deve ser classificado como:
   a) autônomo;
   b) regulamentar;
   c) de polícia;
   d) executivo;
   e) *praeter legem*.

10. Marque a alternativa correta.
    a) A penalidade por infração disciplinar somente poderá ser aplicada se o superior hierárquico imediato tiver competência para fazê-lo.
    b) O Congresso Nacional tem competência para sustar atos normativos do Executivo Federal que exorbitem o poder regulamentar.
    c) As multas administrativas, advindas do poder de polícia, podem ser executadas pela própria Administração em caso de inadimplência voluntária do infrator.
    d) Por meio do poder de polícia, exige-se do particular exclusivamente uma abstenção, um *non facere*.
    e) É consequência do poder de polícia do Estado a aplicação de sanções aos concessionários de serviços públicos, pela inadequação do serviço.

11. A respeito dos objetivos do poder hierárquico, analise a veracidade das frases.
    I. Distribuir diferentes funções conforme a gradação da autoridade de cada órgão e agente público.
    II. Punir as infrações cometidas no âmbito interno da Administração, relacionadas com o serviço.
    III. Submeter a ação do administrado ao enunciado das normas jurídico-administrativas.
    IV. Dar ordens legais e específicas aos subordinados para a prática de atos administrativos.
    Estão corretas:
    a) I e III;
    b) III e IV;
    c) II e IV;
    d) I e IV;
    e) II e III.

12. É traço característico do poder disciplinar administrativo:
    a) identificar-se com o poder punitivo do Estado;
    b) ter o mesmo fundamento do poder punitivo do Estado;
    c) estar vinculado à prévia definição da lei sobre a infração funcional e à sanção respectiva;
    d) ser marcado, normalmente, pela discricionariedade;
    e) dispensar a motivação da punição disciplinar.

13. Assinale a proposição correta.
    a) Não pode haver delegação de poderes no âmbito da Administração Pública.
    b) Não pode o superior hierárquico avocar a prática de atos de competência de inferior hierárquico.
    c) O poder disciplinar pode ser discricionário.
    d) A punição administrativa afasta a criminal, pois não pode haver dupla punição pela mesma falta.
    e) É livre o exercício do poder de polícia pelo setor privado.

14. Assinale a opção falsa sobre poder regulamentar.
    a) Para alguns, está contido no poder normativo.
    b) É realizado por decreto.
    c) Seu titular é o chefe do Poder Executivo.
    d) Nunca deriva da lei.
    e) Produz um ato normativo secundário.

15. A faculdade jurídica que se reconhece à Administração de restringir o uso e gozo dos bens e direitos individuais, inclusive os de propriedade, em benefício do bem-estar público recebe o nome técnico de:
    a) poder de polícia;
    b) poder disciplinar;
    c) poder arbitrário;
    d) poder vinculado;
    e) poder discricionário.

16. Analise a veracidade das frases.
    I. Na prática, o agente público, ao realizar um ato administrativo vinculado, fica inteiramente preso ao enunciado da lei, em todas as suas especificações.
    II. O poder hierárquico tem por objetivo ordenar, coordenar, controlar e corrigir as atividades administrativas, no âmbito interno da Administração Pública.
    III. Avocar é chamar a si funções originariamente atribuídas a um subordinado.
    Está(ão) correta(s):
    a) I;
    b) II e III;
    c) I e III;
    d) I e II;
    e) todas.

17. Marque a alternativa falsa.
    a) A motivação da punição disciplinar é sempre imprescindível para a validade da pena.
    b) Ao motivar a imposição da pena, o administrador não se está despojando da discricionariedade que lhe é conferida em matéria disciplinar.
    c) O poder hierárquico tem por objetivo ordenar, coordenar, controlar e corrigir as atividades administrativas, no âmbito interno da Administração Pública.
    d) Se para a prática de um ato vinculado a autoridade pública está adstrita à lei em todos os seus elementos formadores, para praticar um ato discricionário é livre, no âmbito em que a lei lhe concede essa faculdade.
    e) A revisão hierárquica só é possível quando o ato torna-se definitivo para a Administração Pública.

18. É a relação de subordinação existente entre os vários órgãos e agentes do Executivo, com a distribuição de funções e a gradação da autoridade de cada um:
    a) vinculação;
    b) poder disciplinar;
    c) hierarquia;
    d) discricionariedade;
    e) responsabilidade administrativa.

19. O poder de polícia delegado é:
    a) pleno em seu exercício;
    b) limitado aos termos da delegação;
    c) ilimitado em seu exercício;
    d) amplo e irrestrito;
    e) discricionário e ilimitado.

20. O poder de polícia administrativa tem os seguintes atributos:
    a) discricionariedade, ou vinculação, autoexecutoriedade e coercibilidade;
    b) vinculação, autoexecutoriedade e coercibilidade;
    c) discricionariedade, autoexecutoriedade e imperatividade;
    d) vinculação, autoexecutoriedade e imperatividade;
    e) discricionariedade, ou vinculação, punibilidade e limitação.

21. Analise a veracidade das frases.
    I. Uma das características do poder disciplinar é a sua discricionariedade.
    II. Ao motivar a imposição da pena, o administrador não se está despojando da discricionariedade que lhe é conferida em matéria disciplinar.
    III. Os atributos do poder de polícia são: discricionariedade ou vinculação, autoexecutoriedade e coercibilidade.
    Está(ão) correta(s):
    a) todas;
    b) nenhuma;
    c) I e II;
    d) II e III;
    e) I e III.

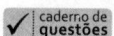

22. **Assinale a alternativa correta.**
    a) Poder discricionário é o que o Direito concede à Administração para a prática de atos administrativos com liberdade de escolha de sua conveniência, oportunidade e conteúdo.
    b) Não obstante ser relativa a discricionariedade, ela não encontra restrições quanto à competência, à forma e à finalidade do ato administrativo envolvido.
    c) É também fundamental no poder disciplinar da Administração o princípio da pena específica, que afirma a inexistência de infração sem prévia lei que a defina e puna. Não pode o Administrador, considerado o caso concreto, aplicar a sanção que julgar cabível, oportuna e conveniente, dentre o rol de penalidades enumeradas em lei ou regulamento para a generalidade de infrações administrativas. Para cada infração tem de existir uma pena específica, própria, delimitada.
    d) O poder de polícia só é exercido pelos órgãos da Administração Direta.
    e) Há hierarquia entre as entidades da Administração Pública Indireta.

23. **Se você fosse assessor jurídico do prefeito da cidade do Rio de Janeiro e ele lhe indagasse se, com base no poder de polícia, caberia a ele mandar embargar uma obra clandestina em construção no bairro da Barra da Tijuca. O que você responderia?**
    a) Que o poder de polícia é de competência do governador do Estado, porque é a ele que cabe a direção superior das polícias civil e militar.
    b) Que o fundamento para o embargo da obra encontra-se no poder regulamentar.
    c) Que sim, porque o poder de polícia é atributo dos Administradores dos poderes executivos dos três níveis da Federação.
    d) Que não, porque o embargo de uma obra depende de um processo judicial prévio, embora sumário, uma vez que está em jogo a defesa de propriedade privada.
    e) Que sim, desde que houvesse autorização específica da Câmara Municipal para a prática do ato.

24. **Em matéria de poderes da Administração, marque a alternativa falsa.**
    a) Poder hierárquico e poder disciplinar são expressões sinônimas.
    b) O poder regulamentar faz-se por ato do Poder Executivo.
    c) O poder regulamentar corresponde à faculdade de que dispõem os chefes do Poder Executivo de explicitarem as leis para sua correta execução ou de expedirem decretos autônomos, sobre matéria não regulada por lei.

d) O Poder Legislativo federal tem competência para sustar o ato normativo do Poder Executivo que exorbite do Poder regulamentar.
e) A Polícia Federal exerce função de polícia administrativa e, também, judiciária.

25. São traços característicos da atividade de polícia da Administração Pública, exceto:
    a) provir da Administração Pública;
    b) ser imposta coercitivamente pela Administração;
    c) sempre representar manifestação vinculada da Administração;
    d) ter como atributo a coercitividade;
    e) ser, em regra geral, autoexecutório.

26. A aplicação de uma penalidade administrativa a um servidor, pela prática de infração administrativa prevista em lei, configura manifestação do poder:
    a) disciplinar;
    b) hierárquico;
    c) de polícia;
    d) punitivo;
    e) arbitrário.

27. O poder vinculado da Administração Pública é:
    a) o que dispõe o Executivo para distribuir e escalonar as funções de seus órgãos, estabelecendo a relação de subordinação;
    b) o que o Direito concede à Administração Pública para prática de atos administrativos com liberdade de escolha de sua conveniência, oportunidade e conteúdo;
    c) aquele que o Direito positivo confere à Administração Pública para prática de ato de sua competência, determinando os elementos e requisitos necessários à sua formalização;
    d) aquele que, embora vinculando o Poder Executivo aos limites e parâmetros da lei, admite que os chefes do Executivo (Presidente da República, governadores e prefeitos) editem regulamentos para a correta execução da norma elaborada pelo Poder Legislativo;
    e) nenhuma das respostas anteriores está correta.

28. **Em relação ao poder de polícia, assinale a alternativa correta.**
    a) É caracterizado pela autoexecutoriedade, com exclusão, por exemplo, das multas, que só podem ser executadas por via judicial.
    b) Possui os atributos de discricionariedade e coercibilidade, mas não o de autoexecutoriedade.
    c) A autoexecutoriedade não se aplica aos casos de embargo e demolição de edificação irregular, sendo indispensável a via cominatória.
    d) Dispõe de coercibilidade, o que não autoriza, todavia, o emprego de força física quando houver oposição do infrator.
    e) É sempre discricionário.

29. **A discricionariedade é relativa e parcial, porque quanto à competência, à forma e à finalidade do ato, a autoridade está subordinada ao que a lei dispõe.**
    a) Se as duas afirmativas forem verdadeiras e a 2ª justificar a 1ª.
    b) Se as duas afirmativas forem verdadeiras e a 2ª não justificar a 1ª.
    c) Se a 1ª afirmativa for verdadeira e a 2ª falsa.
    d) Se a 1ª afirmativa for falsa e a 2ª verdadeira.
    e) Nenhuma das respostas anteriores está correta.

30. **O poder de polícia, fato gerador de taxas, é uma atividade administrativa que limita ou disciplina, em nome do interesse público:**
    a) direitos sociais;
    b) direitos políticos;
    c) propriedade;
    d) direitos e liberdades individuais;
    e) direitos individuais, sociais ou coletivos.

31. **No que concerne aos poderes administrativos, assinale a alternativa falsa.**
    a) A atividade discricionária sujeita-se a condicionamento interno, exercido pelo ordenamento jurídico, e externo, imposto pelas exigências do bem comum e da moralidade da instituição administrativa.
    b) A discricionariedade, a autoexecutoriedade e a coercibilidade são atributos peculiares e específicos do exercício do poder de polícia.
    c) O poder disciplinar é caracterizado pela discricionariedade, no sentido de que não está vinculado a prévia definição da lei sobre a infração funcional e a respectiva sanção.
    d) O poder disciplinar tem por objetivo ordenar, coordenar, controlar e corrigir as atividades administrativas no âmbito interno da Administração Pública.
    e) O poder regulamentar é inerente ao Chefe do Executivo e, por isso, indelegável a qualquer subordinado.

32. São manifestações do poder de polícia:
    a) a servidão administrativa, a demissão do servidor público e a autorização de uso de bem público;
    b) a multa de trânsito, o decreto regulamentar e a licença para construir;
    c) a anulação, a revogação e a convalidação de atos administrativos;
    d) a interdição de indústria poluidora, a limitação administrativa à propriedade e a cassação de licença para dirigir;
    e) o tombamento, a desapropriação e a instauração de processo disciplinar.

33. Em razão do exercício regular do poder de polícia, a Administração pode:
    a) desapropriar terras improdutivas;
    b) exigir pagamento pela concessão de alvará para funcionamento de casa comercial;
    c) cobrar emolumentos pela expedição de certidão;
    d) afastar servidor que possa influir na apuração dos fatos no processo administrativo;
    e) ordenar a prisão de servidor em flagrante delito de desacato.

34. Poder administrativo, do qual decorre a faculdade da avocação e o controle, pela via recursal, é o:
    a) disciplinar;
    b) discricionário;
    c) hierárquico;
    d) regulamentar;
    e) vinculado.

35. A atividade da Administração Pública que, limitando ou disciplinando direitos, interesses ou liberdades individuais, regula a prática de ato ou abstenção de fato, em razão do interesse público, nos limites da lei e com observância do devido processo legal, constitui mais propriamente o exercício do poder:
    a) de domínio;
    b) de polícia;
    c) disciplinar;
    d) hierárquico;
    e) regulamentar.

36. Assinale a alternativa abaixo que não é atribuição da Administração Pública decorrente do poder hierárquico.
    a) Editar atos regulamentares.
    b) Aplicar sanções disciplinares.
    c) Avocar e/ou delegar atribuições.
    d) Controlar as atividades dos órgãos subordinados.
    e) Anular atos ilegais praticados por órgãos inferiores.

37. A faculdade de punir internamente as infrações funcionais dos servidores configura um dos poderes inerentes à Administração Pública chamado poder:
    a) de polícia;
    b) hierárquico;
    c) regulamentar;
    d) discricionário;
    e) disciplinar.

38. Assinale a alternativa abaixo que não apresenta um poder que encerra prerrogativa de autoridade.
    a) Normativo.
    b) Disciplinar.
    c) Vinculado.
    d) Hierárquico.
    e) De polícia.

39. A destituição do ocupante de cargo em comissão ocorre em decorrência do poder:
    a) hierárquico;
    b) disciplinar;
    c) de polícia;
    d) normativo;
    e) discricionário.

40. Resolução do Secretário da Segurança Pública do Estado do Paraná proibindo a venda de bebidas alcoólicas no dia das eleições é ato administrativo pelo qual a Administração manifesta seu poder:
    a) hierárquico;
    b) regulamentar;
    c) de polícia;
    d) disciplinar;
    e) vinculado.

41. Assinale a alternativa correta.
   a) O poder regulamentar é a faculdade de que dispõem os chefes dos poderes da República de expedir decretos autônomos sobre matérias de suas competências ainda não inteiramente disciplinadas por lei.
   b) O poder hierárquico não transforma o subalterno em autômato executor de ordens superiores, sendo lícita a recusa em cumprir a determinação que se mostra manifestamente ilegal ou inadequada quanto aos seus aspectos de conveniência e oportunidade.
   c) No Direito Administrativo, não se aplica ao poder disciplinar o princípio da pena específica que domina inteiramente o Direito Penal, podendo o administrador, ao constatar o cometimento da falta, aplicar a sanção que julgar cabível, oportuna e conveniente, dentre as que estiverem enumeradas em lei ou regulamento para a generalidade das infrações administrativas.
   d) Dentre os privilégios assegurados à Administração Pública quando em juízo, merece destaque o do duplo grau de jurisdição, que se constitui em uma forma de controle do mérito administrativo de todas as decisões proferidas contra o ente público, em face do interesse maior em discussão.
   e) O poder de polícia possui sempre natureza discricionária.

42. A delegação de atribuições, feita pela chefia de órgão público a determinado serviço, constitui uma decorrência do poder:
   a) regulamentar;
   b) disciplinar;
   c) hierárquico;
   d) de polícia;
   e) vinculado.

43. Quanto ao poder de polícia, assinale a alternativa incorreta.
   a) No Direito Público, poder de polícia não é o mesmo que poder da polícia.
   b) As licença e autorização são atos administrativos derivados do poder de polícia.
   c) Direitos do cidadão constituem o gênero de que as liberdades públicas constituem a espécie.
   d) É exemplo de prerrogativa individual o fato do cidadão diplomado em curso superior ter o direito de ser recolhido a quartel ou a prisão especial.
   e) O poder de polícia possui natureza interna e externa.

44. Analisando as alternativas abaixo, assinale a alternativa que apresenta as assertivas corretas.
   I. O poder vinculado é aquele derivado de delegação de autoridade administrativa e hierarquicamente superior, e se vincula às ordens desta autoridade.

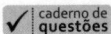

II. O poder regulamentar é aquele atribuído aos chefes de poder para a interpretação de lei ou no âmbito de suas competências e pode ser delegado por Decreto.

III. O poder discricionário é aquele que o Direito concede à Administração para a prática de atos administrativos com liberalidade de escolha quanto a conveniência, oportunidade e conteúdo.

IV. A presunção de legitimidade que milita em favor dos atos administrativos autoriza a sua imediata execução ou operatividade, mesmo que arguidos vícios ou defeitos que os levem à invalidade.

V. Pelo princípio da impessoalidade, não são imputáveis ao funcionário os atos que pratica, mas ao órgão ou entidade que representa, e se reconhece validade ao ato praticado por funcionário irregularmente investido na função.

Estão corretas:
a) I, II e III;
b) II, III e IV;
c) III, IV e V;
d) I e IV;
e) II e V.

45. Entre os setores abaixo de atuação da polícia administrativa, assinale o único cuja competência para a respectiva execução é privativa de uma única das esferas da Federação.
a) Polícia urbanística.
b) Polícia das profissões.
c) Polícia florestal.
d) Polícia fiscal.
e) Polícia dos costumes.

46. A Administração Pública do Município de Campinas, São Paulo, determinou que os feirantes, ocupantes de área pública onde seria realizada uma obra pública, deveriam ser transferidos para outro local que lhes fora destinado. A Administração fixou prazo para que se procedesse à transferência, em que findo o prazo sem a devida desocupação foi expedida ordem para que a Polícia Militar providenciasse a desocupação da área pública. Os feirantes resistiram, usando paus e pedras, às tentativas de desocupação. A polícia usou de força para cumprir as ordens recebidas. Após o confronto, cinco feirantes foram mortos e vários sofreram lesões corporais graves provocadas por tiros disparados pela polícia. Em face dessa situação hipotética, assinale a opção correta.

a) A atitude da polícia militar deve ser considerada lícita, pois a coercibilidade é um dos atributos do poder de polícia.
b) A atitude da polícia seria considerada lícita apenas se estivessem os policiais dando cumprimento a ordem judicial.
c) A coercibilidade é atributo do poder de polícia. Para ser lícita, a atuação do Estado deveria, porém, ter obedecido ao princípio da razoabilidade ou da proporcionalidade que, no caso, foi violado.
d) O uso da força pela polícia será sempre considerado como violador de direitos e garantias individuais.
e) A atitude da polícia militar deve ser considerada lícita, devido ao princípio da executoriedade.

47. **A demissão do servidor público efetivo é uma decorrência do poder:**
    a) discricionário;
    b) de polícia;
    c) hierárquico;
    d) disciplinar;
    e) regulamentar.

48. **A respeito dos regulamentos, assinale a alternativa correta.**
    a) Através do regulamento, o Poder Executivo possui a faculdade de ampliar, restringir ou modificar direitos ou obrigações, desde que respeite o direito adquirido, o ato jurídico perfeito e a coisa julgada.
    b) Não é possível, no atual ordenamento jurídico brasileiro, a edição de decretos autônomos.
    c) O Chefe do Poder Executivo poderá expedir decreto *praeter legem*.
    d) O decreto regulamentar pode ser objeto de ação direta de inconstitucionalidade.
    e) A faculdade de edição de regulamento é indelegável.

49. **Examine as assertivas abaixo relativas ao conteúdo do poder regulamentar:**
    I. Possibilidade de os chefes dos Executivos suprirem as lacunas e omissões do ordenamento jurídico.
    II. Possibilidade de criação de deveres e obrigações para os administrados, quanto ao fluxo do processo administrativo.
    III. Possibilidade de a Administração baixar decreto, para a execução da lei.
    IV. Possibilidade de os chefes dos Executivos fixarem deveres e sanções disciplinares para os servidores públicos.
    V. A impossibilidade absoluta de edição de decreto-autônomo.

O número de assertivas corretas é:
a) uma;
b) duas;
c) três;
d) quatro;
e) cinco.

50. De acordo com a legislação vigorante (Lei nº 9.784/1999), é excluída a delegação de competência na seguinte hipótese:
a) edição de atos de caráter normativo;
b) aplicação de sanção disciplinar;
c) investidura em cargo público;
d) celebração de contrato de gestão;
e) matéria relativa à competência territorial.

51. Os regulamentos administrativos apresentam as seguintes características, exceto:
a) originalidade;
b) generalidade;
c) secundário;
d) universalidade;
e) abstração.

52. A respeito do poder disciplinar da Administração e penal do Estado, assinale a alternativa falsa.
a) As punições administrativas devem ter caráter medicinal e reeducativo, exceto no caso de dispensa ou demissão em que, pelo menos por presunção, argui-se a irrecuperabilidade do servidor faltoso.
b) Quanto maior for a correspondência entre a transgressão administrativa ocorrida e apurada e a pena imposta, maiores são as probabilidades de recobrar a regularidade no serviço público afetado.
c) As penas devem, com regularidade, critério e equidade, corresponder, em qualidade e quantidade, à gravidade da falta administrativa cometida.
d) O poder penal, geral e contido na soberania do Estado é exercido pelo Poder Judiciário, regido pelo processo penal, enquanto que o poder disciplinar, de caráter particular, é, por sua vez, atividade administrativa, disciplinado pelo Direito Administrativo, segundo normas do processo administrativo.
e) São autônomas a repressão penal e administrativa, que se exercem distintamente, razão pela qual não cabe a coexistência de duas sanções, penal e administrativa, diante da regra do *non bis in idem*.

53. Como um dos poderes da Administração, o poder disciplinar exercido pelos órgãos do Poder Judiciário caracteriza-se como:
    a) atividade administrativa e jurisdicional, regida pelo Direito Administrativo, segundo normas do Processo Administrativo e Judiciário;
    b) atividade jurisdicional, regida pelo Direito Administrativo, segundo normas do Processo Judiciário;
    c) atividade administrativa, regida pelo Direito Administrativo, segundo normas do Processo Administrativo;
    d) atividade administrativa, regida pelo Direito Administrativo, segundo normas do Processo Administrativo e Judiciário;
    e) atividade jurisdicional, regida pelo Direito Administrativo, segundo normas do Processo Administrativo.

54. Analise a veracidade das frases.
    I. Há poder vinculado quando autoridade, ante determinada circunstância, é obrigada a tomar decisão determinada, não havendo opção de escolha.
    II. Poder discricionário é o poder punitivo do Estado.
    III. O poder hierárquico existe na relação entre os órgãos e entidades da Administração Direta e Indireta.
    Está(ão) correta(s):
    a) nenhuma;
    b) I;
    c) II;
    d) I e II;
    e) II e III.

55. Assinale a alternativa abaixo, que não apresenta um exercício do poder de polícia.
    a) Autorização para o uso de arma de fogo.
    b) Licença para construir.
    c) Desapropriação para fins de utilidade pública.
    d) Instituição de taxa.
    e) Interdição de atividades privadas.

56. Poder Administrativo, do qual decorre o controle, pela via recursal, é o:
    a) punitivo;
    b) disciplinar;
    c) de polícia;
    d) vinculado;
    e) hierárquico.

57. Analise a veracidade das frases.
    I. O poder de polícia exprime, em sua origem clássica, o implemento de dever geral de não perturbar, que se superpõe como limite à liberdade individual.
    II. Em seu conceito clássico, o poder de polícia é simples processo de contenção de excessos do individualismo.
    III. No equilíbrio entre princípios da liberdade e da autoridade, o poder de polícia se coloca como uma das faculdades discricionárias do Poder Público, visando à proteção da ordem, da paz e do bem-estar social.
    Está(ão) correta(s):
    a) I e II;
    b) II e III;
    c) I e III;
    d) todas;
    e) II.

58. No exercício do poder regulamentar:
    a) o administrador poderá expedir decreto *praeter legem*, regulamentando por inteiro a matéria não constante da lei regulamentada.
    b) o Direito brasileiro admite, excepcionalmente, o chamado decreto autônomo.
    c) cabe ao decreto, especificando os comandos da lei regulamentada, criar novos direitos e obrigações, desde que respeite o direito adquirido, o ato jurídico perfeito e a coisa julgada.
    d) cabe o controle judicial do mérito administrativo do decreto expedido em matéria deixada à discricionariedade do administrador.
    e) o decreto, observando o princípio da supremacia do interesse público, pode prever a perda da propriedade privada por infrações cometidas por particular.

59. Assinale a alternativa correta.
    a) A expressão poder de polícia abrange somente os atos praticados pelo Poder Executivo.
    b) O poder de polícia é a faculdade de que dispõe a Administração, para condicionar e restringir o uso e gozo de bens, atividades e direitos de particulares contrastante com os interesses sociais, possuindo sempre a natureza discricionária.
    c) Não estão sujeitas ao poder de polícia as atividades próprias das profissões liberais.
    d) São atributos peculiares ao poder de polícia a discricionariedade, a supralegalidade e a coercibilidade.
    e) Os atos praticados em decorrência do poder de polícia serão sempre exigíveis, mas nem sempre autoexecutáveis.

60. Em razão do exercício regular do poder de polícia, a Administração pode:
    a) estabelecer a concessão de serviço público;
    b) exigir pagamento pela concessão de alvará de licença;
    c) instituir imposto;
    d) aplicar pena disciplinar;
    e) conceder a permissão de serviço público.

61. A advertência sofrida por um servidor público é fruto do poder:
    a) hierárquico;
    b) normativo;
    c) disciplinar;
    d) de polícia;
    e) vinculado.

62. Analise a veracidade das frases.
    I. Os conselhos de classe profissional são imbuídos de poder de polícia por delegação da União.
    II. A polícia administrativa apresenta caráter exclusivamente preventivo.
    III. O tombamento e limitação administrativa são exemplos da incidência do exercício do poder de polícia sobre a propriedade privada.
    IV. De acordo com o STJ, há exercício do poder de polícia na concessão da licença para construir.
    Estão corretas:
    a) I, III e IV;
    b) I, II e III;
    c) I e IV;
    d) III e IV;
    e) II e IV.

63. Assinale a alternativa abaixo que apresenta um elemento do ato administrativo em que incide o poder discricionário.
    a) Competência.
    b) Objeto.
    c) Forma.
    d) Sujeito.
    e) Finalidade.

64. Assinale, entre os atos abaixo, aquele decorrente do poder vinculado da Administração Pública.
    a) Exoneração de servidor para o exercício de cargo de provimento em comissão.
    b) Requisição administrativa.
    c) Autorização para o uso temporário de área pública.
    d) Prorrogação do prazo de validade de concurso público.
    e) Aposentadoria compulsória pelo implemento de idade.

65. A respeito do poder de polícia, analise a veracidade das frases.
    I. Uma das características presentes em todas as manifestações do poder de polícia é a exigibilidade.
    II. Uma das características presentes em todas as manifestações do poder de polícia é a coercibilidade.
    III. Uma das características presentes em todas as manifestações do poder de polícia é a executoriedade.
    Está(ão) correta(s):
    a) I e II;
    b) I e III;
    c) II e III;
    d) I;
    e) III.

66. O poder administrativo, pelo qual se disciplinam e restringem determinadas liberdades individuais, exercitadas até por particulares, é o:
    a) punitivo;
    b) de polícia;
    c) disciplinar;
    d) regulamentar;
    e) discricionário.

67. Assinale a alternativa falsa.
    a) A discricionariedade, a autoexecutoriedade e a coercibilidade são atributos peculiares e específicos do exercício do poder de polícia.
    b) A exigibilidade está presente em todos os atos de polícia.
    c) A natureza do poder disciplinar é a discricionariedade, podendo, em alguns casos, ser vinculada.
    d) A suspensão preventiva, que pode sofrer o servidor público efetivo acusado em processo administrativo, decorre da aplicação do poder disciplinar.
    e) O poder regulamentar é inerente ao Chefe do Executivo.

68. É manifestação do poder de polícia:
    a) demissão de servidor público estável;
    b) servidão administrativa;
    c) concessão administrativa;
    d) revogação;
    e) convalidação.

69. O poder administrativo, do qual decorre a faculdade da avocação, é o:
    a) disciplinar;
    b) hierárquico;
    c) de polícia;
    d) vinculado;
    e) punitivo.

70. A instituição do tributo denominado taxa pode ser uma decorrência do poder:
    a) de polícia;
    b) vinculado;
    c) punitivo;
    d) hierárquico;
    e) disciplinar.

71. A atividade da Administração Pública, que consiste na disciplina das liberdades, decorre do exercício do poder:
    a) punitivo;
    b) normativo;
    c) regulamentar;
    d) hierárquico;
    e) de polícia.

72. Assinale a alternativa abaixo que apresenta uma hipótese de poder de polícia vinculado.
    a) Desapropriação para fins de utilidade pública.
    b) Autorização para uso de bem público.
    c) Interdição de atividade comercial.
    d) Autorização para porte de arma.
    e) Licença para construir imóvel particular.

73. A proibição do exercício de uma profissão por parte de um Conselho Federal profissional decorre do seguinte poder:
    a) de polícia;
    b) disciplinar;
    c) hierárquico;
    d) executivo;
    e) regulamentar.

74. O ato administrativo punitivo de caráter interno é considerado discricionário em razão da ausência de:
    a) valoração fática dos motivos;
    b) vinculação legal das sanções;
    c) poder regulamentar da autoridade;
    d) apreciação jurídica da finalidade;
    e) hierarquia administrativa dos órgãos.

75. De acordo com a Emenda nº 32/2001, o Presidente da República poderá dispor por meio de decreto autônomo sobre:
    a) organização da Administração Federal;
    b) extinção de emprego público;
    c) criação de órgãos públicos;
    d) fixação de remuneração;
    e) criação de cargos públicos.

76. Assinale, entre os atos abaixo, aquele que não pode ser classificado como oriundo do Poder Discricionário.
    a) Permissão para a realização de serviço público.
    b) Autorização para uso de bem público.
    c) Desapropriação de imóvel para construção de escola pública.
    d) Permissão para condução de veículo.
    e) Atos de polícia.

77. A atuação dos Conselhos de fiscalização profissional, como o Conselho Federal de Medicina, caracteriza o exercício do poder:
    a) hierárquico;
    b) disciplinar;
    c) de polícia;
    d) discricionrio;
    e) regulamentar.

78. Analise a veracidade das frases.
   I. A jurisprudência do Supremo Tribunal Federal tem reconhecido a existência de infração continuada quando, no exercício do poder de polícia, a Administração Pública constata, em uma mesma oportunidade, em única autuação, a ocorrência de infrações múltiplas da mesma espécie.
   II. A licença para funcionamento de farmácia ou drogaria constitui ato de natureza vinculada e de polícia.
   III. O poder disciplinar é uma decorrência do poder hierárquico.

   Está(ão) correta(s):
   a) I e II;
   b) II e III;
   c) todas;
   d) I;
   e) II.

79. Em relação ao poder de polícia administrativa, assinale a opção correta.
   a) O ato de polícia é sempre um ato discricionário.
   b) Somente ocorre em caráter preventivo.
   c) O âmbito de sua abrangência está limitado à área de segurança pública.
   d) Submete-se ao princípio da razoabilidade.
   e) Não admite a exigibilidade.

80. Desde que admitida em lei, competência administrativa poderá ser delegada e avocada. Contudo, nos termos da Lei Federal nº 9.784, de 29 de janeiro de 1999, não poderão ser objeto de delegação a edição de atos de:
   a) caráter normativo e de caráter punitivo, a decisão de recurso administrativo e as matérias de competência exclusiva ou privativa do órgão ou autoridade;
   b) caráter punitivo e de caráter negocial, a decisão em processo administrativo e as matérias de competência exclusiva do órgão ou autoridade;
   c) caráter normativo, a decisão de processo administrativo disciplinar e as matérias de competência exclusiva ou privativa do órgão ou autoridade;
   d) caráter normativo e de caráter negocial, a decisão em recurso administrativo e as matérias de competência exclusiva do órgão ou autoridade;
   e) caráter normativo, a decisão em recurso administrativo e as matérias de competência exclusiva do órgão ou autoridade.

81. Assinale a alternativa abaixo que apresenta uma característica presente em todas as atividades emanadas do poder de polícia.
    a) Vinculação.
    b) Discricionariedade.
    c) Fomento.
    d) Executoriedade.
    e) Exigibilidade.

82. Marque a alternativa abaixo que apresenta a verdadeira correlação entre as colunas infrarrelacionadas.
    (1) Poder Hierárquico.
    (2) Poder de Polícia.
    (3) Poder Vinculado.
    (4) Poder Discricionário.
    (5) Poder Disciplinar.
    ( ) Avocação.
    ( ) Apreensão de mercadoria imprópria para a comercialização.
    ( ) Exoneração de servidor ocupante de cargo exonerável *ad nutum*.
    ( ) Invalidação por agente administrativo superior de ato praticado por subordinado.
    ( ) Deferimento de pedido de aposentadoria voluntária de servidor público.
    ( ) Distribuição e escalonamento das funções públicas no interior de um órgão público.
    ( ) Regulação da prática de ato ou a abstenção de fato realizado por particular.
    a) 1; 2; 4; 1; 3; 1; 2.
    b) 4; 1; 5; 2; 4; 2; 5.
    c) 1; 1; 4; 3; 3; 4; 2.
    d) 4; 2; 5; 4; 4; 5; 1.
    e) 2; 3; 5; 1; 3; 1; 2.

83. Nos termos da Constituição da República, sustar a lei delegada que exorbita dos poderes da delegação compete ao:
    a) Poder Judiciário;
    b) Supremo Tribunal Federal;
    c) Congresso Nacional;
    d) Tribunal de Contas da União;
    e) Presidente da República.

84. Marque a alternativa abaixo que apresenta a verdadeira correlação entre as colunas infrarrelacionadas.
    (1) Poder vinculado.
    (2) Poder discricionário.
    ( ) Licença para construção.
    ( ) Permissão para uso de bem público.
    ( ) Poder Disciplinar.
    ( ) Admissão em curso superior pertencente à Universidade Pública.
    ( ) Demissão de servidor público estável por abandono do cargo.
    a) 1; 2; 2; 1; 2.
    b) 1; 2; 2; 1; 1.
    c) 2; 1; 2; 1; 2.
    d) 2; 1; 2; 1; 1.
    e) 1; 2; 1; 1; 2.

85. Analise a veracidade das frases.
    I. Tem por objetivo o poder hierárquico ordenar, coordenar, controlar e corrigir as atividades administrativas, no âmbito interno da Administração Pública.
    II. O poder disciplinar está vinculado à prévia definição da lei sobre a infração funcional e a respectiva sanção.
    III. Apesar de ser privativo do Presidente da República, no âmbito federal, o poder regulamentar pode ser por ele delegado.
    Está(ão) correta(s):
    a) I;
    b) II;
    c) I e II;
    d) II e III;
    e) I e III.

86. O poder discricionário conferido à Administração Pública conjuga os seguintes elementos:
    a) objeto e competência;
    b) legalidade e legitimidade;.
    c) legalidade e publicidade;
    d) competência e legitimidade;
    e) conveniência e oportunidade.

87. A natureza regulamentar da Administração Pública é:
    a) secundária;
    b) indireta;
    c) inovadora;
    d) primária;
    e) originária.

88. O poder de polícia autoriza a Administração Pública a restringir o uso e gozo da liberdade e da propriedade do indivíduo em prol da coletividade. Dentre as suas características, podem ser destacadas:
    a) exigibilidade e disponibilidade;
    b) ab-rogação e tipicidade;
    c) substitutividade e originalidade;
    d) primariedade e subsidiariedade;
    e) coercibilidade e executoriedade.

89. Analise a veracidade das frases.
    I. Poder hierárquico é a faculdade de punir internamente as infrações funcionais dos servidores.
    II. Em nosso sistema constitucional, a delegação, fruto do poder hierárquico, atinge amplitude total, admitindo-se delegação de atribuições de um Poder a outro.
    III. No âmbito administrativo, a delegação não pode ser recusada pelo inferior hierárquico.
    Está(ão) correta(s):
    a) I;
    b) II;
    c) III;
    d) I e II;
    e) II e III.

90. O poder administrativo, do qual decorre o respeito às ordens superiores, é o:
    a) disciplinar;
    b) punitivo;
    c) de polícia;
    d) discricionário;
    e) hierárquico.

91. Analise a veracidade das frases.
    I. Poder hierárquico e poder disciplinar são expressões sinônimas.
    II. O poder regulamentar se faz por ato do Poder Executivo.
    III. O Poder Legislativo federal tem competência para sustar o ato normativo do Poder Executivo que exorbite do poder regulamentar.

    Está(ão) correta(s):
    a) I e II;
    b) II e III;
    c) I e III;
    d) II;
    e) III.

92. Assinale o ato administrativo abaixo que apresenta um exercício do poder de polícia.
    a) Instauração de processo disciplinar.
    b) Revogação de ato administrativo.
    c) Anulação de ato administrativo.
    d) Suspensão de servidor público por falta disciplinar.
    e) Interdição de indústria poluidora.

93. Quando atua na área do ilícito puramente administrativo, tem-se o poder de polícia:
    a) judicial;
    b) administrativo;
    c) legislativo;
    d) jurisdicional;
    e) executivo.

94. Assinale a alternativa abaixo que apresenta uma consequência do exercício do poder hierárquico.
    a) Pedido de reconsideração.
    b) Recurso administrativo impróprio.
    c) Multa aplicada por infração de trânsito.
    d) Recurso administrativo próprio.
    e) Requisição administrativa.

95. Analise a veracidade das frases.
    I. O controle administrativo dos preços de serviços bancários caracteriza a manifestação do poder disciplinar.
    II. Pelo atributo da exigibilidade no exercício do poder de polícia, a Administração se vale de meios indiretos de coerção.
    III. O poder de polícia pode ser vinculado ou discricionário.
    Está(ão) correta(s):
    a) I;
    b) II;
    c) I e II;
    d) II e III;
    e) I e III.

96. O recurso administrativo próprio caracteriza a manifestação do exercício do poder:
    a) de polícia;
    b) regulamentar;
    c) hierárquico;
    d) discricionário;
    e) punitivo.

97. Assinale o ato administrativo infra que não apresenta um exercício do poder de polícia.
    a) Tombamento.
    b) Convalidação de ato administrativo.
    c) Cassação de licença para dirigir.
    d) Ocupação temporária.
    e) Limitação administrativa.

98. Os poderes administrativos apresentam a seguinte característica em comum:
    a) originalidade;
    b) instrumentalidade;
    c) independência;
    d) facultatividade;
    e) judicante.

99. Quando atua na área do ilícito puramente penal, tem-se o poder de polícia:
   a) judiciário;
   b) legislativo;
   c) administrativo;
   d) preventivo;
   e) concomitante.

100. Assinale o ato administrativo abaixo que apresenta um exercício do poder de polícia.
   a) Decreto regulamentar.
   b) Permissão de serviço público.
   c) Penalidade por infração de trânsito.
   d) Desapropriação.
   e) Instauração de processo administrativo disciplinar.

Capítulo 5

Ato Administrativo: Definição, Elementos, Atributos, Classificações, Espécies e Extinção

I. **Complete a Lacuna.**

1. O fato correspondente à descrição contida na norma legal, produzindo efeitos no campo do Direito Administrativo, denomina-se .... (Fato Administrativo/Fato da Administração).

2. .... (Ato Administrativo/Ato Jurídico) é toda manifestação unilateral de vontade da Administração Pública que, agindo nessa qualidade, tenha por fim imediato adquirir, resguardar, transferir, modificar, extinguir e declarar, ou impor obrigações aos administrados ou a si própria.

3. São requisitos de validade do ato administrativo: competência, ... (conteúdo/objeto), forma, motivo e .... (finalidade/imperatividade).

4. São atributos, entre outros, do ato administrativo: .... (presunção de legalidade/presunção de legitimidade), imperatividade e autoexecutoriedade.

5. O objeto do ato administrativo é um requisito .... (discricionário/vinculado/discricionário ou vinculado).

6. A competência do ato administrativo é um requisito .... (discricionário/vinculado).

7. O motivo do ato administrativo é um requisito .... (discricionário/vinculado/discricionário ou vinculado).

8. .... (Autoexecutoriedade/Presunção de legitimidade) é um atributo que não está presente em todos os atos administrativos.

9. .... (Legalidade/Tipicidade) é o atributo pelo qual o ato administrativo deve corresponder a figuras previamente definidas em lei como aptas a produzir determinados resultados.

10. A aplicação de uma multa a um contribuinte é um exemplo de ato de .... (gestão/império).
11. A licença e autorização são, respectivamente, ato .... (discricionário/vinculado) e ato .... (discricionário/vinculado).
12. .... (Ato normativo/Regulamento) é o ato administrativo, posto em vigência por decreto, para especificar os mandamentos da lei.
13. Os atos punitivos são .... (externos/internos/externos ou internos).
14. A lei ordinária é um exemplo de ato .... (simples/complexo/composto).
15. A tipicidade .... (está/não está) presente em todos os atos unilaterais.
16. A presunção de legitimidade .... (está/não está) presente em todos os atos.
17. A ordem de serviço é um ato .... (enunciativo/negocial/normativo/ordinatório/punitivo).
18. Os atos normativos são .... (atos administrativos/atos da Administração).
19. A demissão é um ato .... (enunciativo/negocial/normativo/ordinatório/punitivo).
20. A admissão é um ato .... (enunciativo/negocial/normativo/ordinatório/punitivo).
21. Os atos políticos são .... (atos administrativos/atos da Administração).
22. A licença é um ato .... (enunciativo/negocial/normativo/ordinatório/punitivo).
23. A multa é um ato .... (enunciativo/negocial/normativo/ordinatório/punitivo).
24. O decreto é um ato .... (enunciativo/negocial/normativo/ordinatório/punitivo).
25. A apostila é um ato .... (enunciativo/negocial/normativo/ordinatório/punitivo).
26. O atestado é um ato .... (enunciativo/negocial/normativo/ordinatório/punitivo).
27. O ato administrativo sujeita-se ao regime jurídico .... (administrativo/da Administração).
28. O .... (mérito/motivo) diz respeito à conveniência e à oportunidade.
29. O decreto autônomo .... (é/não é) admitido no Direito brasileiro.
30. Em regra geral, o ato administrativo discricionário .... (necessita/não necessita) de motivação.
31. A .... (anulação/revogação) é o desfazimento do ato administrativo por razões de imoralidade ou ilegalidade.
32. A revogação do ato administrativo gera efeito .... (*ex nunc*/*ex tunc*).

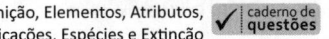

33. Os atos que geram direitos adquiridos .... (podem/não podem) ser revogados.
34. O excesso de motivação gera vício em relação à(ao) .... (finalidade/motivo).
35. A usurpação de função é um vício quanto à .... (capacidade/competência).
36. A suspeição gera uma presunção .... (absoluta/relativa) de incapacidade.
37. A anulação feita pela própria Administração .... (depende/independe) de provocação do interessado.
38. O atributo, que consiste no meio de indireto de exigência do ato administrativo, denomina-se .... (executoriedade/exigibilidade).
39. O vício de(o) .... (finalidade/motivo) se verifica quando o agente pratica o ato visando a fim diverso daquele previsto, explícita ou implicitamente, na regra de competência.
40. O direito da Administração de anular os atos administrativos de que decorram efeitos favoráveis para os destinatários decai em .... (cinco/dez) anos, contados da data em que foram praticados, salvo comprovada má-fé.
41. A anulação do ato administrativo gera efeito .... (*ex nunc/ex tunc*).
42. Ocorrendo a inadequação entre os motivos e os efeitos, haverá um vício em relação à(ao) .... (finalidade/objeto).
43. A .... (anulação/revogação) é o desfazimento do ato administrativo por razões de mérito administrativo.
44. A revogação do ato administrativo será realizada .... (somente pela Administração Pública/somente pelo Poder Judiciário/pela Administração Pública e Poder Judiciário).
45. Quando o vício seja sanável, caracteriza-se hipótese de nulidade .... (absoluta/relativa).
46. Os atos que integram um procedimento administrativo .... (podem/não podem) ser revogados.
47. A .... (função de fato/usurpação de função) ocorre quando a pessoa que pratica o ato está irregularmente investida no cargo, emprego ou função, apresentando aparência de legalidade.
48. A convalidação é realizada pela(o) .... (Administração Pública/Poder Judiciário).
49. O .... (desvio/excesso) de poder ocorre quando o agente público excede os limites de sua competência, constituindo uma das espécies de abuso de poder.
50. A anulação do ato administrativo será realizada .... (somente pela Administração Pública/somente pelo Poder Judiciário/pela Administração Pública e Poder Judiciário).

II. **Complete a Segunda Coluna de acordo com a Primeira.**
   (1) **Ato Normativo.**
   (2) **Ato Ordinatório.**
   (3) **Ato Negocial.**
   (4) **Ato Enunciativo.**
   (5) **Ato Punitivo.**
   (6) **Contrato Administrativo.**

1. ( ) Certidão.
2. ( ) Renúncia.
3. ( ) Permissão de uso de bem público.
4. ( ) Multa.
5. ( ) Aprovação.
6. ( ) Deliberação.
7. ( ) Apostila.
8. ( ) Licença.
9. ( ) Regulamento.
10. ( ) Advertência.
11. ( ) Admissão.
12. ( ) Circular.
13. ( ) Portaria.
14. ( ) Homologação.
15. ( ) Resolução.
16. ( ) Atestado.
17. ( ) Demissão.
18. ( ) Autorização.
19. ( ) Interdição de Atividade.
20. ( ) Decreto.
21. ( ) Instrução.
22. ( ) Ordem de Serviço.
23. ( ) Protocolo Administrativo.
24. ( ) Dispensa.
25. ( ) Parecer.
26. ( ) Visto.
27. ( ) Aviso.
28. ( ) Concessão.

III. Marque V, se a assertiva for verdadeira, ou F, se a assertiva for falsa.

1. ( ) Quando se tratar de ato que confere direitos solicitados pelo administrado (como na licença e autorização) ou de ato apenas enunciativo, a imperatividade existe.
2. ( ) Tipicidade é o atributo pelo qual o ato administrativo deve corresponder a figuras definidas previamente pela lei como aptas a produzir determinados resultados.
3. ( ) A competência pode ser objeto de delegação ou de avocação, desde que não se trate de competência conferida a determinado órgão ou agente, com exclusividade, pela lei.
4. ( ) O mérito é o aspecto do ato administrativo relativo à conveniência e oportunidade, só existindo nos atos vinculados.
5. ( ) A presunção de legalidade abrange dois aspectos: a presunção de verdade e presunção de legitimidade.
6. ( ) A autorização administrativa baseia-se no poder de polícia do Estado sobre a atividade privada.
7. ( ) A autorização é o ato administrativo unilateral e vinculado pelo qual a Administração faculta àquele que preencha os requisitos legais o exercício de uma atividade.
8. ( ) A autorização é ato constitutivo e a licença é ato declaratório de direito preexistente.
9. ( ) A imperatividade e a autoexecutoriedade são elementos acidentais do ato administrativo.
10. ( ) O tombamento é um exemplo de ato dotado de imperatividade.
11. ( ) Permissão é o contrato administrativo pelo qual a Administração confere ao particular a execução remunerada de serviço público ou de obra pública, ou lhe cede o uso de bem público, para que o explore por sua conta e risco, pelo prazo e nas condições regulamentares e contratuais, sendo conferida apenas às pessoas físicas.
12. ( ) Em regra geral, os atos administrativos devem ser motivados.
13. ( ) A concessão e a permissão para a exploração de serviços públicos por meio de uso de bens públicos serão formalizadas pelo chefe do Executivo por meio de decreto.
14. ( ) Nenhum ato administrativo produzirá efeitos antes de sua publicação.
15. ( ) Todo ato praticado no exercício da função administrativa é ato administrativo.
16. ( ) A tipicidade impede que a Administração pratique atos dotados de imperatividade e executoriedade, vinculando unilateralmente o particular, sem que haja previsão legal.

17. (   ) Enquanto o objeto é o efeito jurídico imediato que o ato produz, a finalidade é o efeito mediato.
18. (   ) Motivação é a exposição dos motivos.
19. (   ) A discricionariedade é sempre total, atingindo todos os elementos do ato administrativo.
20. (   ) É factível que a Administração Pública, por ato próprio, de natureza administrativa, opte por um regime jurídico não autorizado em lei.
21. (   ) O procedimento administrativo pode ser revogado.
22. (   ) Não podem ser revogados os atos que geram direitos adquiridos.
23. (   ) Tratando-se de competência exclusiva, não é possível a ratificação.
24. (   ) Se o ato for praticado com vício de incompetência, inadmite-se a convalidação.
25. (   ) Não se admite a ratificação do ato administrativo ilegal, quando o vício de incompetência for em razão da matéria.
26. (   ) Um edital de licitação emanado da Anatel constitui ato administrativo normativo, portanto, não é sujeito a revogação.
27. (   ) Enquanto os atos administrativos são passíveis de anulação e revogação, de acordo com a ordem jurídica, os fatos da Administração gozam de presunção de legitimidade e se enquadram nos ditames da discricionariedade.
28. (   ) A convalidação, admitida pela doutrina majoritária e pelo direito positivo brasileiro, pode atingir qualquer modalidade de vício.
29. (   ) A confirmação é utilizada para qualificar a decisão da Administração que implica renúncia ao poder de anular o ato ilegal.
30. (   ) A confirmação, diferente da convalidação, não corrige o vício do ato.
31. (   ) Em caso de vício de competência, deverá a Administração Pública revogar o ato administrativo.
32. (   ) Convalidação, conversão e reforma são expressões sinônimas que significam a extinção de um ato administrativo por razões de mérito administrativo.
33. (   ) A revogação é ato exclusivo da Administração Pública.
34. (   ) Em caso de ilegalidade superveniente, poderá o Poder Legislativo anular os atos administrativos.
35. (   ) Em se tratando de competência exclusiva, não é possível a anulação.
36. (   ) Em caso de motivação insuficiente, o ato administrativo deve ser anulado por vício relativo ao motivo.
37. (   ) Em caso de inexistência de motivo, o ato administrativo deve ser anulado por vício relativo ao motivo.
38. (   ) Em caso de falsidade de motivo, o ato administrativo deve ser anulado por vício relativo ao motivo.
39. (   ) Em caso de motivação contraditória, o ato administrativo deve ser anulado por vício relativo ao motivo.

40. (   ) Em caso de excesso de motivação, o ato administrativo deve ser anulado por vício relativo ao motivo.
41. (   ) Motivo é o pressuposto de fato e de direito que serve de fundamento ao ato e, quando falso, importa a invalidade do ato, que pode ser declarada pelo Poder Judiciário com base na teoria dos motivos determinantes.
42. (   ) Embora a revogação seja ato administrativo discricionário da Administração, são insuscetíveis de revogação, entre outros, os atos vinculados, os que exaurirem os seus efeitos, os que gerarem direitos adquiridos e os chamados meros atos administrativos, como certidões e atestados.
43. (   ) Inerente aos atos administrativos, a presunção de legitimidade caracteriza-se por ser um atributo absoluto, isto é, que não admite prova em contrário.
44. (   ) A nulidade do ato administrativo pode ser reconhecida pela própria Administração e pelo Poder Judiciário.
45. (   ) No Brasil é adotado o sistema anglo-americano de unidade de jurisdição para o controle jurisdicional da Administração Pública.
46. (   ) Segundo a "teoria dos motivos determinantes", os motivos apresentados pelo agente público para justificar o ato administrativo vinculam sua atividade e o condicionam à sua própria validade.
47. (   ) O princípio da presunção de validade, que estabelece uma presunção absoluta (*juris et de jure*), não admite que seja afastada a "fé pública" de um ato praticado pelo agente público competente.
48. (   ) Os atos administrativos são dotados de imperatividade; assim, os atos negociais e mesmo os atos unilaterais da Administração, podem atingir esferas jurídicas do particular independente de intervenção Judicial.
49. (   ) A autorização para exploração de jazida é exemplo de ato declaratório, já que expressa aquiescência da Administração para o particular desenvolver determinada atividade.
50. (   ) Atos compostos são aqueles cuja vontade final exige a intervenção de agentes ou órgãos diversos e apresenta conteúdo próprio em cada uma das manifestações.

IV. **Questões Objetivas.**

1. **As multas administrativas, a destruição de coisas e a demissão são exemplos de atos administrativos:**
    a) ordinatórios;
    b) negociais;
    c) punitivos;
    d) enunciativos;
    e) internos.

2. **Atos ordinatórios são:**
   a) os que visam à disciplinar o funcionamento da Administração e a conduta funcional de seus agentes;
   b) aqueles em que a Administração se limita a certificar ou a atestar um fato, ou emitir uma opinião sobre determinado assunto;
   c) os que contêm uma sanção imposta pela Administração àqueles que infringem disposições legais, regulamentares ou ordinatórias dos bens ou serviços públicos;
   d) todas as respostas anteriores estão corretas;
   e) os disciplinares.

3. **Faça a correlação correta.**
   (1) Ato Perfeito.
   (2) Ato Imperfeito.
   (3) Ato Pendente.
   (4) Ato Consumado.
   ( ) É aquele que já exauriu os seus efeitos.
   ( ) É o que não está apto a produzir efeitos jurídicos, porque não completou o seu ciclo de formação.
   ( ) É o que está sujeito a condição ou termo para que comece a produzir efeitos.
   ( ) É aquele que está em condições de produzir efeitos jurídicos.
   a) 1; 3; 4; 2.
   b) 4; 2; 3; 1.
   c) 1; 2; 3; 4.
   d) 4; 3; 2; 1.
   e) 2; 3; 1; 4.

4. **Mediante fraude, um determinado cidadão obteve licença para construir um prédio de três andares. Assim, o ato licenciador deverá ser:**
   a) anulado, sem que por perdas e danos responda a Administração Pública;
   b) anulado, com pagamento de perdas e danos caso o cidadão tenha iniciado as obras;
   c) anulado, com pagamento de perdas e danos, mesmo que o cidadão não tenha iniciado as obras;
   d) revogado por inoportuno e inconveniente;
   e) cassado por irregularidade.

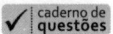

5. Marque a alternativa falsa.
   a) O ato composto distingue-se do ato complexo porque esse só se forma com a conjugação de vontades de órgãos diversos, ao passo que aquele é formado pela vontade única de um órgão, sendo apenas ratificado por outra autoridade.
   b) No ato complexo, as vontades são homogêneas, resultam de vários órgãos de uma mesma entidade ou de entidades públicas distintas, que se unem em uma só vontade para formar o ato, há identidade de conteúdo e de fins.
   c) O essencial, no ato complexo, é o concurso de vontades de órgãos diferentes, para a formação de um único ato.
   d) O ato simples sempre resulta da manifestação de vontade de um órgão unipessoal.
   e) O ato complexo é realizado pela manifestação de vontade de dois ou mais órgãos públicos.

6. Analise a veracidade das frases.
   I. A competência administrativa resulta da lei e por ela é delimitada.
   II. O motivo do ato administrativo poderá ser vinculado ou discricionário.
   III. Pode um ato administrativo ser verbal.
   IV. Para a prática do ato administrativo, a competência é uma das condições de sua validade.
   Estão corretas:
   a) I e II;
   b) II e III;
   c) I, III e IV;
   d) II, III e IV.
   e) todas.

7. Candidato a curso superior presta exame vestibular, é aprovado, preenche todos os requisitos exigidos e requer matrícula no primeiro ano da Faculdade de Medicina da Universidade Federal de Minas Gerais, o que será objeto de obrigatório despacho do diretor da faculdade. O referido ato administrativo de admissão classifica-se como:
   a) discricionário;
   b) vinculado;
   c) composto;
   d) bilateral;
   e) simples.

8. **Sobre a extensão do controle judicial dos atos administrativos, marque a alternativa correta.**
   a) O Poder Judiciário tem controle total sobre os atos administrativos discricionários.
   b) O Poder Judiciário não pode examinar os atos administrativos discricionários, pois tal lhe é vedado pelo princípio de separação e independência dos Poderes.
   c) No exercício do controle jurisdicional, não pode ser analisado o objeto do ato administrativo discricionário.
   d) A apreciação do Poder Judiciário restringe-se ao exame do mérito do ato administrativo; vale dizer, a sua justiça, utilidade, equidade, razoabilidade e moralidade.
   e) Não pode o Poder Judiciário, em regra geral, questionar o mérito do ato administrativo discricionário.

9. **O desfazimento do ato administrativo face à conveniência ou oportunidade da própria Administração tem o nome de:**
   a) preclusão;
   b) revogação;
   c) prescrição;
   d) caducidade;
   e) cassação.

10. **A desapropriação é um ato:**
    a) de gestão;
    b) de expediente;
    c) interno;
    d) de império;
    e) normativo.

11. **A Administração Pública pode anular os próprios atos, quando eivados de vícios que os tornam ilegais, porque deles não se originam direitos.**
    a) Correta a assertiva.
    b) Incorreta a assertiva, porque os atos administrativos não são anuláveis.
    c) Incorreta a assertiva, porque os atos administrativos só podem ser anulados por decisão judicial.
    d) Incorreta a assertiva, porque os atos administrativos gozam da presunção de legalidade e de validade plena.
    e) Incorreta a assertiva, porque a Administração só pode revogar mas não anular os seus atos.

12. **Sobre ato administrativo, assinale a alternativa falsa.**
    a) O ato administrativo é regido pelo regime jurídico de direito público.
    b) A prática de atos administrativos cabe, em princípio e normalmente, aos órgãos executivos, mas as autoridades judiciárias e as mesas legislativas também os praticam.
    c) É necessário que a Administração Pública atue.
    d) Não é passível de controle judicial.
    e) Possui, entre outros, os atributos da imperatividade e tipicidade.

13. **A respeito dos atos administrativos vinculados, marque a alternativa correta.**
    a) Podem ser revogados pela Administração Pública mesmo quando inoportunos ou inconvenientes.
    b) São passíveis de anulação pela própria Administração, entre outros casos, por ilicitude de objeto, desvio de poder e falta de motivo ou competência.
    c) Só podem ser anulados pelo Poder Judiciário.
    d) Podem ser anulados pelo Poder Judiciário, sendo possível a convalidação na hipótese de vício de finalidade.
    e) Podem ser revogados pela Administração Pública quando ilegais ou ilegítimos.

14. **Marque a alternativa falsa.**
    a) Uma das modalidades de extinção é a cassação do ato que, embora legítimo na sua origem e formação, torna-se ilegal na sua execução.
    b) O conceito de ilegalidade ou ilegitimidade, para fins de anulação do ato administrativo, não se restringe somente à violação frontal da lei, mas também ao abuso de poder ou à delegação dos princípios gerais do Direito.
    c) Os atos punitivos não podem sofrer controle jurisdicional.
    d) A ausência de motivação conduz, em regra geral, à anulação do ato administrativo.
    e) A revogação opera da data que ocorreu em diante.

15. **São atributos do ato administrativo:**
    a) presunção de legitimidade e imperatividade;
    b) imperatividade e finalidade;
    c) autoexecutoriedade e motivação;
    d) autoexecutoriedade, tipicidade, imperatividade e presunção de legitimidade;
    e) competência, objeto, forma, motivo e finalidade.

16. **Autoexecutoriedade é o traço peculiar ao ato, pelo qual:**
    a) a Administração considera imediatamente a situação do agente público;
    b) a Administração concretiza imediatamente as decisões tomadas, sem recorrer, para isso, ao Judiciário, solicitando-lhe título hábil para tanto;
    c) a Administração age imediatamente e arbitrariamente;
    d) a Administração age discricionariamente;
    e) a lei regula por inteiro os efeitos produzidos pelo ato.

17. **Analise a veracidade das frases.**
    I. A Administração pode anular seus próprios atos, quando eivados de vícios que os tornem ilegais, porque deles não se originam direitos, ou revogá-los, por motivo de conveniência ou oportunidade, respeitados os direitos adquiridos.
    II. A Administração tem o dever de anular os atos ilegais, sob pena de cair por terra o princípio da legalidade, no entanto, poderá deixar de fazê-lo, em circunstâncias determinadas, quando o prejuízo resultante da anulação puder ser maior do que o decorrente da manutenção do ato ilegal; nesse caso, é o interesse público que norteará a decisão.
    III. Em regra, a anulação possui efeito *ex tunc*, enquanto a revogação, *ex nunc*.

    Está(ão) correta(s):
    a) I e II;
    b) II e III;
    c) I e III;
    d) todas;
    e) nenhuma.

18. **Mérito é o aspecto do ato administrativo que diz respeito:**
    a) à legalidade;
    b) à legitimidade;
    c) à oportunidade e à conveniência;
    d) ao interesse público e ao interesse social;
    e) à moralidade.

19. **Marque a alternativa falsa.**
    a) O excesso de poder junto com o desvio de poder, que é vício quanto à finalidade, constitui espécie do gênero abuso de poder.
    b) A função de fato ocorre quando a pessoa que pratica o ato está irregularmente investida no cargo, emprego ou função.

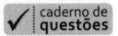

c) Os vícios quanto ao motivo podem ocorrer pela inexistência ou falsidade do mesmo.
d) Ocorre desvio de poder ou desvio de finalidade quando se verifica que o agente pratica o ato visando a fim diverso daquele previsto, explícita ou implicitamente, na regra de competência.
e) A desapropriação feita para prejudicar determinada pessoa caracteriza excesso de poder porque o ato não foi praticado para atender a um interesse público.

20. Marque a alternativa falsa.
    a) Para prática do ato administrativo, a forma é uma das condições de validade.
    b) Entende-se por competência administrativa o poder atribuído ao agente da Administração para o desempenho específico de suas funções.
    c) A competência não resulta da lei.
    d) Nenhum ato pode ser realizado, validamente, sem que o agente disponha de poder legal para praticá-lo.
    e) Os atos administrativos possuem como atributos a presunção de legitimidade, a autoexecutoriedade e a imperatividade.

21. Assinale a alternativa incorreta.
    a) A anulação dos atos administrativos tem por finalidade suprimir ato administrativo legítimo e eficaz, por não convir à Administração a sua existência.
    b) Os efeitos da anulação dos atos administrativos retroagem às origens, invalidando as consequências passadas, presentes e futuras.
    c) A declaração de invalidade desfaz todo e qualquer vínculo entre as partes e, ainda, torna inválidos os atos praticados em decorrência do ato nulo.
    d) A prescrição não impede a revogação do ato administrativo.
    e) É admissível a convalidação do ato administrativo na hipótese de vício de competência.

22. A decisão de um órgão colegiado é um ato administrativo:
    a) simples singular;
    b) simples plural;
    c) complexo;
    d) composto;
    e) complexo simples.

23. **Analise a veracidade das frases.**
    I. **O ato administrativo consumado não pode ser objeto de anulação.**
    II. **O ato administrativo vinculado, quando praticado por agente a quem a lei não atribui competência para tanto, pode ser revogado pela própria Administração, com base em critérios de conveniência e oportunidade.**
    III. **O direito da Administração de anular os atos administrativos de que decorram efeitos favoráveis para os destinatários decai em cinco anos, contados da data em que foram praticados, salvo comprovada má-fé.**
    IV. **O abuso de poder pode ser definido, em sentido amplo, como o vício do ato administrativo que ocorre quando o agente público exorbita em suas atribuições, ou pratica o ato com finalidade diversa da que decorre implícita ou explicitamente da lei.**

    Estão corretas:
    a) III e IV;
    b) I e IV;
    c) II e III;
    d) II, III e IV;
    e) I, III e IV.

24. **Marque a alternativa falsa.**
    a) Requisito necessário ao ato administrativo é a finalidade, ou seja, o objetivo de interesse público a atingir.
    b) O ato administrativo tem por objeto a criação, modificação ou comprovação de situações jurídicas concernentes a pessoas, coisas ou atividades sujeitas à ação do Poder Público.
    c) A liberdade da forma do ato administrativo é regra, e não exceção.
    d) Motivo é a situação de direito ou de fato que determina ou autoriza a realização do ato administrativo.
    e) Competência é um dos requisitos de validade do ato administrativo.

25. **Marque a alternativa incorreta.**
    a) A presunção de legitimidade autoriza a imediata execução ou operatividade dos atos administrativos, mesmo que arguidos de vícios ou defeitos que os levem à invalidade.
    b) Uma das consequências da presunção de legitimidade é a transferência do ônus da prova da invalidade do ato administrativo para quem o invoca.
    c) Enquanto não sobrevier o pronunciamento de nulidade, os atos administrativos são tidos por válidos e operantes.
    d) A prova do defeito do ato administrativo ficará sempre a cargo da Administração Pública.
    e) A presunção de legitimidade é relativa, e não absoluta.

26. A respeito do tema invalidação dos atos administrativos, assinale a resposta certa.
a) O Poder Judiciário pode anular e revogar os atos administrativos da Administração Pública.
b) O Poder Judiciário não pode anular nem revogar os atos administrativos da Administração Pública.
c) O Poder Judiciário só pode anular os atos administrativos da Administração Pública.
d) O Poder Judiciário só pode revogar os atos administrativos da Administração Pública.
e) O mérito administrativo é causa de anulação do ato administrativo pelo Poder Judiciário.

27. A revogação de um ato administrativo, quando total, como se chama?
a) Ab-rogação.
b) Derrogação.
c) Invalidação.
d) Repristinação.
e) Recepção.

28. Sobre imperatividade, assinale a alternativa correta.
a) Está presente em todos os atos administrativos.
b) Decorre da existência do ato administrativo, dependendo da declaração de validade do ato.
c) Os atos, que consubstanciam uma ordem administrativa, nascem sempre com imperatividade.
d) Encontra-se presente nos atos de gestão.
e) É um atributo inerente aos atos vinculados.

29. Sobre discricionariedade e vinculação, assinale a alternativa falsa.
a) A atuação da Administração é discricionária quando a Administração, diante do caso concreto, tem a possibilidade de apreciá-lo segundo critérios de oportunidade e conveniência e escolher uma dentre duas ou mais soluções, todas válidas para o Direito.
b) A fonte da discricionariedade é a lei.
c) Nos atos vinculados, as imposições legais absorvem, quase que por completo, a liberdade do administrador, uma vez que sua ação fica adstrita aos pressupostos estabelecidos pela norma legal, para a validade da atividade administrativa.

d) Tratando-se de atos vinculados, não se impõe à Administração o dever de motivá-lo.

e) A teoria dos motivos determinantes estabelece que o ato administrativo discricionário que vier a ser motivado ficará vinculado a este.

30. **O ato administrativo discricionário, pelas características especiais de que se reveste:**
    a) poderá ser motivado a critério da autoridade competente;
    b) nunca deve ser motivado;
    c) necessita, em regra, ser motivado;
    d) só é motivado nos Estados totalitários;
    e) só será motivado se atingir terceiros.

31. **Os atos administrativos deverão ser motivados, com indicação dos fatos e dos fundamentos jurídicos, salvo:**
    a) quando decidam recursos administrativos;
    b) quando importem anulação, revogação, suspensão ou convalidação de ato administrativo;
    c) quando gerarem exoneração de ocupante de cargo efetivo;
    d) quando imponham ou agravem deveres, encargos ou sanções;
    e) quando aplicam jurisprudência firmada sobre a questão controversa.

32. **Determinada pessoa solicita à Secretaria de Governo do Município do Rio de Janeiro autorização para interdição de uma rua para a realização de uma festa junina, o que lhe é negado. Destarte, impetra mandado de segurança, mas não obtém êxito, sendo-lhe denegado o pedido, porque se trata de ato:**
    a) vinculado;
    b) complexo;
    c) discricionário;
    d) bilateral;
    e) ilegal.

33. **Assinale a alternativa correta.**
    a) É pacífico o entendimento doutrinário na inexistência de ato administrativo discricionário, visto que o interesse das partes não pode preponderar diante de uma ilegalidade.
    b) No exercício de sua função típica, havendo relevante interesse público, poderá o Poder Judiciário revogar o ato administrativo.

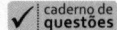

c) Dentre os itens do ato administrativo discricionário, o Poder Judiciário deve se eximir de analisar a finalidade perquirida pelo administrador público.
d) A anulação do ato administrativo produz efeito *ex nunc*, caso se demonstre motivos de interesse público.
e) Em decisão na qual se evidencie não acarretarem lesão ao interesse público nem prejuízo a terceiros, os atos que apresentarem defeitos sanáveis poderão ser convalidados pela própria Administração.

34. Atos administrativos internos são:
a) os destinados a produzir efeitos no recesso das repartições públicas e por isso mesmo incidem, normalmente, sobre os órgãos e agentes da Administração que os expediu;
b) todos aqueles que alcançam os administrados, os contratantes e, em certos casos, os próprios servidores, sobre os seus direitos, obrigações, negócios ou conduta para a Administração;
c) todos aqueles que a Administração pratica usando de sua supremacia sobre o administrado ou servidor;
d) sempre discricionários, atingindo apenas os servidores públicos;
e) espécies de ordem de serviço, possuindo natureza normativa.

35. Diretor de um departamento estadual baixa portaria determinando que os servidores subordinados usem gravata no exercício da função, medida que se classifica como ato administrativo:
a) individual;
b) externo;
c) interno;
d) de expediente;
e) negocial.

36. No que diz respeito ao controle jurisdicional dos atos administrativos, assinale a alternativa correta.
a) Estão excluídos os atos discricionários.
b) Nos atos discricionários, o juiz pode examinar apenas o aspecto da competência do agente.
c) O juiz pode livremente adentrar o mérito.
d) Alcança todos os aspectos da legalidade, excluída a valoração quanto à sua oportunidade.
e) A discricionariedade administrativa decorre da arbitrariedade do ato.

37. Atos administrativos individuais são:
    a) os destinados a produzir efeitos no recesso das repartições públicas;
    b) todos aqueles que se dirigem a destinatários certos, criando-lhes situação jurídica particular;
    c) aqueles expedidos sem destinatários determinados, com finalidade normativa, alcançando todos os sujeitos que se encontrem na mesma situação de fato abrangida por seus preceitos;
    d) os destinados a uma única pessoa, natural ou jurídica;
    e) classificados como simples-singulares.

38. O Poder Judiciário, quando desenvolve atividade de controle dos atos administrativos, deve considerar a:
    a) legalidade do ato, podendo anular por motivo de conveniência e oportunidade;
    b) presunção absoluta de legitimidade do agente administrativo;
    c) presunção de autoexecutoriedade dos atos administrativos, sendo impossível a anulação dos atos administrativos;
    d) proibição, em regra geral, de controle do mérito dos atos administrativos;
    e) proibição de controle da legitimidade do ato administrativo.

39. O parecer, a portaria e o regulamento são, respectivamente:
    a) ato enunciativo, ato normativo e ato normativo;
    b) ato normativo, ato enunciativo e ato ordinatório;
    c) ato ordinatório, ato normativo e ato enunciativo;
    d) ato enunciativo, ato ordinatório e ato normativo;
    e) ato ordinatório, ato enunciativo e ato normativo.

40. Com relação à extinção dos atos administrativos, assinale a alternativa correta.
    a) A competência para revogar ato administrativo, praticado por qualquer poder, será do Poder Judiciário ou da própria Administração Pública.
    b) No momento da revogação, a Administração Pública não precisa respeitar o direito adquirido.
    c) A revogação do ato administrativo vai retroagir à data em que o ato foi praticado.
    d) A caducidade do ato administrativo é a forma de extinção do ato porque sobreveio norma jurídica que tornou inadmissível a situação antes permitida pelo direito e outorgada pelo ato precedente.
    e) A Administração Pública não pode, de ofício, revogar atos administrativos.

41. As certidões, os atestados e as apostilas são espécies do ato administrativo:
   a) punitivo;
   b) complexo;
   c) normativo;
   d) ordinatório;
   e) enunciativo.

42. No intuito de punir servidor relapso, o responsável por certo órgão determinou a remoção desse servidor, a bem do serviço público, para delegacia do mesmo órgão, localizada em outra unidade da Federação. Em face da teoria do desvio de poder, esse ato deverá ser considerado:
   a) válido, haja vista essa teoria não ter sido admitida no sistema jurídico brasileiro;
   b) válido, em face da necessidade de punir administrativamente o servidor faltoso;
   c) válido, porque se verifica desvio de poder apenas quando o ato é praticado no intuito de realizar interesse privado incompatível com o interesse público;
   d) inválido, uma vez que o desvio de poder ocorre não apenas quando o ato é praticado com intuito de realizar interesse privado, mas igualmente quando se busca interesse público diverso daquele para o qual o ato foi criado ou concebido;
   e) inválido, em face da ilegalidade do ato, pois somente é possível a remoção de servidor a pedido.

43. Marque a alternativa falsa.
   a) Regulamentos autônomos são atos em que o órgão da Administração recebe da lei poder regulamentar para tratar matérias em que ocorra a omissão do legislador.
   b) Um dos requisitos de validade de um ato administrativo é que ele haja sido produzido pelo órgão ou agente de uma pessoa jurídica integrada na Administração, exercendo poderes públicos conferidos pela lei.
   c) A Administração Pública atua nos termos previstos pela lei.
   d) No ato administrativo discricionário, a Administração está livre dentro dos limites permitidos pela realização de certo fim visado por lei.
   e) O ato administrativo diz-se eficaz quando esteja apto para produzir os seus efeitos jurídicos próprios.

44. A investidura de uma pessoa em um cargo público é um exemplo de:
    a) ato composto;
    b) ato simples;
    c) ato complexo;
    d) ato enunciativo;
    e) ato permissionário.

45. A Administração Pública tem poder de anular seus atos, quando praticados com violação de normas ou princípios que integram o ordenamento jurídico. Pode a Administração também revogá-los, quando a prática desse ato for contrária à realização do interesse público. Assim, quando o ato revelar-se inconveniente ou inoportuno, ele poderá ser revogado. Em face de circunstâncias especiais, alguns atos não admitem, no entanto, a sua revogação. Poderão ser revogados os:
    a) atos vinculados;
    b) atos exauridos;
    c) atos praticados em decorrência do exercício do poder de polícia;
    d) atos individuais que geram direitos adquiridos;
    e) atos simples integrantes de um procedimento administrativo.

46. Analise a veracidade das frases.
    I. O revestimento exteriorizador do ato administrativo constitui requisito vinculado.
    II. A competência constitui requisito vinculado.
    III. O motivo é a situação de direito ou de fato que determina ou autoriza a realização do ato administrativo.
    IV. A finalidade constitui requisito vinculado.
    Quantas assertivas estão corretas?
    a) Nenhuma.
    b) Uma.
    c) Duas.
    d) Três.
    e) Quatro.

47. Assinale a alternativa correta.
    a) Em regra geral, o ato administrativo pode ser motivado após sua edição.
    b) O administrador público pode praticar ato administrativo que contrarie jurisprudência do Tribunal de Justiça local, firmada em sentido contrário, desde que o faça de forma motivada, com indicação dos fatos e dos fundamentos jurídicos.

c) A Administração possui a prerrogativa de ocupar provisoriamente bens móveis e imóveis vinculados ao objeto do contrato. Trata-se do exercício de poder regulamentar.
d) A autoexecutoriedade é atributo presente em qualquer ato administrativo.
e) Segundo a doutrina, integra o conceito de motivo, como elemento do ato administrativo, a motivação do ato, assim considerada a exposição dos fatos e do direito que serviram de fundamento para a respectiva prática do ato.

48. A figura pela qual o órgão do Poder Público transfere para outrem a exploração e execução de determinado serviço, que ele cria ou tem a seu cargo, é a:
    a) servidão administrativa;
    b) concessão real de uso;
    c) admissão;
    d) permissão de serviço público;
    e) licença.

49. A presunção de legalidade dos atos administrativos, como princípio informativo do Direito Administrativo, induz à consequência de que:
    a) os atos administrativos são sempre legais;
    b) os atos administrativos porventura ilegais são considerados inexistentes;
    c) os atos administrativos são considerados válidos e eficazes, enquanto não forem declarados nulos;
    d) os atos ilegais podem ser sempre convalidados;
    e) o administrador público só pode agir de conformidade com a lei.

50. O ato administrativo, que viola o princípio constitucional da impessoalidade, é inválido em virtude da violação do elemento:
    a) finalidade;
    b) sujeito;
    c) objeto;
    d) motivo;
    e) competência.

51. Marque a alternativa correta.
    a) A distinção entre fato e ato encontra-se em que esse é imputável ao homem; e o outro decorre de acontecimentos naturais, que independem do homem ou que dele dependem apenas indiretamente.

b) O afastamento preventivo do servidor, que responde a um processo administrativo disciplinar, possui a natureza de ato punitivo.
c) A declaração do Estado ou de quem o represente, que produz efeitos jurídicos imediatos, com observância da lei, sob o regime jurídico de Direito Público e sujeita a controle pelo Poder Judiciário, denomina-se fato da Administração.
d) A nulidade do ato administrativo pode ser decretada pelo Poder Judiciário a pedido ou de ofício.
e) O ato administrativo prescinde de motivação como regra geral.

52. **Quando se trata de ato que confere direitos solicitados pelo administrado:**
    a) a imperatividade inexiste;
    b) a autoexecutoriedade inexiste;
    c) a presunção de veracidade inexiste;
    d) a tipicidade inexiste;
    e) a presunção de legalidade inexiste.

53. **Mostra-se suscetível de cassação:**
    a) o ato inválido, porque expedido com violação ao princípio da moralidade;
    b) o ato válido e eficaz, porém inconveniente ou inoportuno para os interesses da Administração;
    c) o ato inválido, porque maculado por desvio de finalidade desde sua origem e formação;
    d) o ato inválido, porque expedido por autoridade incompetente;
    e) o ato válido e eficaz, expedido em benefício de particular que descumpre condições estabelecidas para a fruição de seus efeitos.

54. **Marque a alternativa falsa.**
    a) A tipicidade impede que a Administração pratique atos dotados de imperatividade e executoriedade, vinculando unilateralmente o particular, sem que haja previsão legal.
    b) A tipicidade existe em relação a todos os atos unilaterais.
    c) A competência pode ser objeto de delegação ou de avocação, desde que não se trate de competência conferida a determinado órgão ou agente, com exclusividade, pela lei.
    d) Enquanto o objeto é o efeito jurídico mediato que o ato produz a finalidade é o efeito imediato.
    e) Motivação é a exposição dos motivos.

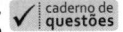

55. Analise a veracidade das frases.
    I. A discricionariedade é total, já que nos atos discricionários os elementos são sempre munidos dessas características.
    II. O motivo será, entre outros casos, discricionário quando a lei define o motivo utilizando noções vagas, vocábulos plurissignificativos, que deixam à Administração a possibilidade de apreciação segundo critérios de oportunidade e conveniência administrativa.
    III. Com relação ao objeto, o ato será vinculado quando a lei estabelecer apenas um objeto como possível para atingir determinado fim.
    Está(ão) correta(s):
    a) II e III;
    b) I e II;
    c) I e III;
    d) nenhuma;
    e) todas.

56. Sobre a extinção do ato administrativo, marque a alternativa falsa.
    a) Ao empossar, mediante aprovação em concurso público, pessoas naturais, a Administração contrai responsabilidades junto aos empossados, só podendo desfazer o ato de posse mediante a aplicação do princípio da ampla defesa, não cabendo a simples anulação do concurso, sem procedimento administrativo.
    b) Não é possível a anulação do ato administrativo, por via do pedido de reconsideração.
    c) Caso a Administração realize um ato de licença sem motivação, ficará o mesmo sob o crivo da anulação.
    d) O princípio de que a Administração pode anular (ou revogar) os seus próprios atos, quando eivados de irregularidades, não inclui o desfazimento de situações constituídas com aparência de legalidade, sem observância do devido processo legal e ampla defesa.
    e) Em regra, o Poder Judiciário não pode apreciar o mérito administrativo.

57. Há uma declaração de vontade da Administração, voltada para a obtenção de determinados efeitos jurídicos definidos em lei, como no tombamento e na demissão:
    a) no ato administrativo propriamente dito;
    b) no mero ato administrativo;
    c) no ato composto;
    d) no ato pluripessoal;
    e) no ato complexo.

58. O ato administrativo de remoção de ofício de servidor público estável, adotado como represália ao comportamento desidioso do servidor, padece de vício em relação ao seu seguinte elemento:
    a) motivo;
    b) competência;
    c) objeto;
    d) forma;
    e) finalidade.

59. São elementos vinculados do ato administrativo discricionário:
    a) competência, objeto e forma;
    b) competência, motivo e finalidade;
    c) objeto, forma e finalidade;
    d) competência, forma e finalidade;
    e) objeto, motivo e finalidade.

60. Ato administrativo unilateral, discricionário e precário pelo qual a Administração faculta ao particular o uso privativo de bem público, ou o desempenho de atividade material, ou a prática de ato que, sem esse consentimento, seria legalmente proibido:
    a) licença;
    b) autorização;
    c) permissão;
    d) concessão;
    e) admissão.

61. Qualquer cidadão pode propor ação anulatória de ato lesivo à moralidade administrativa. O ato administrativo que consubstancia específica lesão à moralidade administrativa é, doutrinária e jurisprudencialmente, o praticado em benefício próprio ou de terceiros e, assim, eivado de vício legalmente conceituado como:
    a) vício de forma;
    b) ilegalidade do objeto;
    c) inexistência dos motivos;
    d) desvio de finalidade;
    e) excesso de Poder.

62. Marque a alternativa correta.
   a) A anulação significa a eliminação total ou parcial de um ato administrativo, por considerações de mérito.
   b) Com a Constituição de 1988 consagrando o princípio da moralidade e ampliando o do acesso ao Poder Judiciário, a regra geral é a obrigatoriedade da motivação, para que a atuação ética do administrador fique demonstrada pela exposição dos motivos do ato e para garantir o próprio acesso ao Judiciário.
   c) O desfazimento dos atos administrativos inconvenientes, inoportunos ou ilegítimos se faz pela anulabilidade do ato administrativo.
   d) O Poder Judiciário tem controle total sobre os atos administrativos discricionários.
   e) Os atos administrativos vinculados são passíveis de anulação pela própria Administração se for praticado com vício de incompetência, hipótese em que não poderá ser convalidado.

63. Quando a dispensa de licitação depender de homologação da autoridade superior para a produção de efeitos, haverá um ato:
   a) colegiado;
   b) simples;
   c) complexo;
   d) plural;
   e) composto.

64. Os regulamentos administrativos apresentam as seguintes características, exceto:
   a) normatividade;
   b) universalidade;
   c) generalidade;
   d) abstração;
   e) novidade.

65. Analise a veracidade das frases.
   I. Os atos normativos, como o regulamento e as resoluções, são exemplos de atos gerais.
   II. O ato normativo é irrevogável e insuscetível de controle jurisdicional.
   III. Segundo a doutrina majoritária, o ato normativo tem precedência hierárquica sobre o ato individual.

Está(ão) correta(s):
a) todas;
b) I e II;
c) II e III;
d) I e III;
e) nenhuma.

66. A teoria dos atos administrativos permite concluir que:
    a) a edição de ato administrativo vinculado prescinde de motivação;
    b) os atos complexos caracterizam-se pela manifestação de vontade emanada da maioria ou da totalidade dos componentes de órgão administrativo colegiado;
    c) a executoriedade do ato administrativo admite a possibilidade de sua execução coercitiva pela própria Administração para a imediata produção de efeitos;
    d) através da revogação, a Administração Pública visa a retirar os efeitos do ato administrativo praticado total (ab-rogação) ou parcialmente (derrogação) em desconformidade com o ordenamento jurídico;
    e) o ato administrativo, ainda que arbitrário, há de ser realizado por agente competente, investido de poder de fato para praticá-lo.

67. A emissão de parecer por um servidor público federal encomendado por um particular, apesar de contrário ao entendimento de quem o profere, constitui um ato inválido em virtude de vício em relação ao(à):
    a) sujeito;
    b) objeto;
    c) interesse público;
    d) motivo;
    e) forma.

68. Analise a veracidade das frases.
    I. Há cinco requisitos necessários à formação do ato administrativo: competência, forma, finalidade, objeto e motivo.
    II. Atos discricionários são os que a Administração pode praticar com liberdade de ação para criar normas de caráter legislativo.
    III. As certidões são atos administrativos enunciativos.
    IV. A exoneração do ocupante de cargo em comissão é um exemplo de ato discricionário.

Quantas assertivas estão corretas?
a) Nenhuma.
b) Uma.
c) Duas.
d) Três.
e) Quatro.

69. Marque a alternativa que apresenta atos vinculados.
a) Autorização, permissão e concessão.
b) Licença, permissão e concessão.
c) Autorização, dispensa e homologação.
d) Licença, homologação e admissão.
e) Concessão, certidão e dispensa.

70. Sobre a convalidação, assinale a alternativa falsa.
a) Quanto ao sujeito, se o ato for praticado com vício de incompetência, admite-se a convalidação, que recebe o nome de ratificação.
b) Quanto ao motivo e à finalidade, não é possível a convalidação.
c) A convalidação pode ocorrer por ato judicial.
d) O objeto ilegal não pode ser objeto de convalidação, mas sendo possível a conversão.
e) Em relação à forma, a convalidação é possível se ela não for essencial à validade.

71. Em relação à invalidação dos atos administrativos pode-se dizer que:
I. no caso de ilegalidade do ato, a própria Administração pode anulá-lo.
II. ocorrendo revogação de ato administrativo, são válidos os efeitos por ele produzidos até o momento de sua revogação.
III. o Poder Judiciário pode revogar atos praticados pelo Poder Executivo.
IV. o ato discricionário nunca poderá ser anulado por falta de motivação.
São corretas:
a) apenas as afirmativas I e II;
b) apenas as afirmativas I e III;
c) apenas a afirmativa III;
d) todas as afirmativas;
e) apenas a afirmativa II.

72. **Assinale, entre os atos abaixo, aquele que pode ser classificado como ato legislativo exclusivamente no sentido formal.**
    a) Medida provisória que concede licença-prêmio aos servidores públicos da receita federal.
    b) Decreto que institui o regulamento aduaneiro.
    c) Lei Municipal que dispõe sobre o Código Tributário do Município do Rio de Janeiro.
    d) Lei delegada promulgada sem a ratificação do Congresso Nacional.
    e) Lei municipal que concede o título de cidadão honorário a um determinado cidadão.

73. **Assinale a alternativa incorreta.**
    a) Os atos de império são todos aqueles que a Administração pratica usando de sua supremacia sobre o administrado ou servidor e lhes impõe obrigatório atendimento.
    b) Os atos de gestão são os que a Administração pratica sem usar de sua supremacia sobre os destinatários.
    c) Os atos de expediente são atos de rotina interna, sem caráter vinculante e sem forma especial.
    d) Os atos administrativos gerais são aqueles expedidos com destinatários determinados sem finalidade normativa.
    e) Tratando-se de atos administrativos, impõe-se à Administração, em regra geral, o dever de motivá-los.

74. **Admitindo-se o critério de classificação dos atos administrativos entre discricionários e vinculados, assinale a alternativa que contém somente atos vinculados.**
    a) Autorização para porte de arma e admissão.
    b) Licença para construir e autorização para porte de arma.
    c) Homologação e licença para construir.
    d) Admissão e aprovação.
    e) Autorização para porte de arma e aprovação.

75. **Assinale a alternativa abaixo que apresenta um vício em relação ao objeto.**
    a) Nomeação para um cargo inexistente.
    b) Resolução editada pelo Presidente da República.
    c) Irracionalidade do procedimento, acompanhada da edição do ato.
    d) Camuflagem dos fatos.
    e) Usurpação de função.

76. Um ato administrativo estará caracterizando desvio de poder, por faltar-lhe o elemento relativo à finalidade de interesse público, quando quem o praticou violou o princípio básico da:
    a) economicidade;
    b) eficiência;
    c) impessoalidade;
    d) legalidade;
    e) moralidade.

77. Assinale, entre os atos abaixo, aquele que pode ser classificado como ato administrativo exclusivamente no sentido formal.
    a) Medida provisória que organiza a carreira da fiscalização fazendária.
    b) Decreto que exonera Ministro de Estado.
    c) Decreto com efeito concreto.
    d) Sentença Judicial que condena o Estado ao pagamento de indenização.
    e) Resolução da Câmara dos Deputados que dispõe a sua polícia interna.

78. Assinale a alternativa abaixo que apresenta a resposta correta a respeito do tema convalidação do ato administrativo.
    a) A confirmação, que possui o mesmo significado da convalidação, tem por objetivo corrigir o vício sanável do ato administrativo, somente sendo possível quando não causar prejuízo a terceiros.
    b) Havendo interesse público, a convalidação pode atingir os vícios em decorrência do motivo ou da finalidade.
    c) Quanto ao sujeito, se o ato for praticado com vício de incompetência, admite-se a convalidação.
    d) Nos casos expressos em lei, desde que fundamentada a decisão, o objeto ilegal pode ser objeto de convalidação.
    e) A convalidação é um dos exemplos do exercício do poder vinculado da Administração Pública.

79. São atributos dos atos administrativos, que os distinguem dos atos jurídicos privados, emprestando-lhes características próprias:
    a) finalidade e presunção absoluta de legitimidade;
    b) competência e forma genérica;
    c) tipicidade e imperatividade;
    d) exigibilidade e capacidade;
    e) executoriedade e discricionariedade.

80. **Faça a correlação correta.**
   ( ) É o ato administrativo discricionário pelo qual a Administração extingue um ato válido, por razões de oportunidade e conveniência.
   ( ) É o ato que qualifica a decisão da Administração, implicando a renúncia ao poder de anular o ato ilegal.
   ( ) É o ato administrativo pelo qual supre-se o vício existente em um ato ilegal, com efeitos retroativos à data em que este foi praticado.
   ( ) É a extinção do ato administrativo ilegal ou imoral.
   (1) **Anulação.**
   (2) **Convalidação.**
   (3) **Confirmação.**
   (4) **Revogação.**
   a) 4; 3; 2; 1.
   b) 3; 1; 2; 4.
   c) 4; 2; 3; 1.
   d) 3; 4; 1; 2.
   e) 4; 1; 2; 3.

81. **Os atos administrativos que se destinam a dar andamento aos processos e papéis que tramitam pelas repartições públicas, preparando-os para a decisão da autoridade administrativa, são atos:**
   a) de império;
   b) de gestão;
   c) de expediente;
   d) internos;
   e) vinculados.

82. **Assinale a alternativa abaixo que apresenta um ato enunciativo.**
   a) Parecer.
   b) Ordem de serviço.
   c) Resolução.
   d) Regimento.
   e) Admissão.

83. **Sobre ato negocial, marque a alternativa correta.**
   a) Aprovação é o ato administrativo unilateral e vinculado pelo qual a Administração faculta àquele que preencha os requisitos legais o exercício de uma atividade controlada pelo Poder Público.
   b) Permissão é ato administrativo unilateral, discricionário e precário pelo qual a Administração faculta ao particular o uso privativo de bem público, ou o desempenho de atividade material, ou a prática de ato que, sem esse consentimento, seriam legalmente proibidos.

c) Licença é o ato unilateral e vinculado pelo qual a Administração Pública reconhece a legalidade de um ato jurídico.

d) Concessão é o ato discricionário pelo qual a Administração delega ao particular o exercício de um serviço público.

e) Admissão é o ato unilateral e vinculado pelo qual a Administração reconhece ao particular que preencha os requisitos legais o direito à prestação de um serviço público.

84. **Sobre o regramento do ato administrativo, marque a alternativa correta.**
   a) O ato discricionário escapa do controle efetuado pelo Poder Judiciário.
   b) A discricionariedade administrativa decorre da ausência de legislação que discipline o ato.
   c) Todo ato administrativo negocial é discricionário.
   d) À Administração Pública não é permitido revogar o ato vinculado.
   e) Todo ato administrativo negocial é vinculado.

85. **A respeito da teoria dos atos administrativos, marque a alternativa falsa.**
   a) Os atos administrativos são dotados de presunção de legalidade e veracidade.
   b) Imperatividade é o atributo pelo qual os atos administrativos se impõem a terceiros, independentemente de sua concordância.
   c) Os atos administrativos só são dotados de autoexecutoriedade nas hipóteses previstas expressamente em lei.
   d) A presunção de legitimidade não impede que o cidadão proponha a anulação.
   e) A motivação de um ato administrativo é obrigatória como regra geral.

86. **Assinale a letra que contenha a ordem que expresse a correlação correta.**
   (1) Ato vinculado.
   (2) Ato discricionário.
   ( ) Sanção presidencial a projeto de lei.
   ( ) Concessão de aposentadoria voluntária ao servidor público.
   ( ) Demissão em virtude de inassiduidade habitual.
   ( ) Exoneração de servidor em estágio probatório.
   ( ) Revogação da declaração de desapropriação.
   a) 2; 1; 2; 2; 2.
   b) 2; 2; 2; 2; 2.
   c) 2; 1; 1; 1; 2.
   d) 1; 2; 2; 1; 1.
   e) 1; 2; 1; 2; 2.

87. Sobre a classificação dos atos administrativos, marque a alternativa correta.
    a) A nomeação do procurador-geral da República, ato praticado pelo Presidente da República com aprovação do Senado Federal, conforme preceitua a Constituição da República, é classificada como ato administrativo composto.
    b) A aposentadoria de um servidor público estatutário é classificada como ato administrativo extintivo.
    c) A nomeação de um aprovado para o cargo público efetivo é classificada como ato administrativo interno.
    d) A execução de uma multa fiscal é classificada como ato administrativo autoexecutório.
    e) Os pareceres técnicos são classificados como atos administrativos negociais.

88. Marque a alternativa correta.
    a) A permissão é o ato administrativo vinculado pelo qual o Poder Público faculta ao particular o desempenho de atividades ou a realização de fatos materiais antes vedados.
    b) O ato perfeito é aquele que já completou o seu ciclo de formação, estando apto a produzir os seus efeitos.
    c) A renúncia é o ato administrativo que exime o particular do cumprimento de determinada obrigação até então exigida por lei.
    d) Os atos punitivos são os que contêm necessariamente uma sanção disciplinar imposta pela Administração àqueles que infringem disposições legais, regulamentares ou ordinatórias.
    e) A concessão é o ato administrativo discricionário e precário pelo qual o Poder Público faculta ao particular a execução de serviços de interesse coletivo, ou o uso especial de bens públicos, a título gratuito ou remunerado, nas condições estabelecidas pela Administração.

89. Faça a correlação correta.
    (   )   Excesso de poder.
    (   )   Falsidade do motivo.
    (   )   Motivação insuficiente.
    (   )   Motivação contraditória.
    (   )   Inexistência de motivo.
    (1)   Vício em relação à competência.
    (2)   Vício em relação ao objeto.
    (3)   Vício em relação à finalidade.
    (4)   Vício em relação à forma.
    (5)   Vício em relação ao motivo.

a) 1; 2; 3; 4; 5.
b) 3; 2; 4; 1; 5.
c) 1; 2; 3; 5; 4.
d) 1; 5; 3; 3; 5.
e) 1; 3; 5; 5; 3.

90. Relacione a primeira coluna com a segunda coluna e marque a alternativa correta
    (1) Ato vinculado.
    (2) Ato discricionário.
    ( ) Concessão da renovação da licença para tratar de interesse particular.
    ( ) Concessão da renovação da licença para tratamento de pessoa doente na família.
    ( ) Concessão da licença para acompanhar o cônjuge.
    ( ) Aplicação da penalidade disciplinar em caso de comprovado abandono no cargo público.
    ( ) Afastamento para o exercício de mandato eletivo federal.
    a) 1; 1; 2; 2; 1.
    b) 2; 1; 1; 1; 1.
    c) 1; 2; 2; 2; 2.
    d) 2; 1; 2; 2; 1.
    e) 2; 2; 1; 2; 1.

91. Sob o ponto de vista doutrinário e considerando o fim imediato a que se destinam e o objetivo que encerram, certidões, licenças, circulares e regulamentos são espécies de atos administrativos, classificados, respectivamente, como:
    a) ordinários, negociais, enunciativos e normativos;
    b) enunciativos, ordinatórios, normativos e ordinatórios;
    c) enunciativos, negociais, normativos e ordinatórios;
    d) enunciativos, negociais, ordinatórios e normativos;
    e) negociais, ordinatórios, normativos e negociais.

92. Analise a veracidade das frases.
    I. O Poder Judiciário pode anular os atos administrativos, mas apenas mediante provocação do interessado.
    II. A anulação do ato administrativo gera efeito *ex nunc*, invalidando os atos presentes e futuros.
    III. Os atos vinculados, discricionários e consumados podem ser revogados pela Administração, desde que não violem direitos adquiridos.

IV. A anulação pode ser feita pela Administração Pública, com base no princípio da autotutela.

V. A anulação do ato administrativo baseia-se no mérito administrativo.

Marque a alternativa correta.
a) São corretas III e IV.
b) São corretas II e IV.
c) São corretas I e V.
d) São corretas I e IV.
e) São corretas II, III e V.

93. A decadência do ato administrativo nulo ocorrerá, em regra geral, no prazo de:
    a) cinco anos;
    b) dez anos;
    c) quinze anos;
    d) vinte anos;
    e) trinta anos.

94. Um ato administrativo legal pode ser declarado imoral pelo Poder Judiciário, a despeito de sua flagrante conformidade com a lei?
    a) Não, uma vez que os critérios morais são de caráter estritamente subjetivo, escapando ao exame do Poder Judiciário.
    b) Sim, pois a moralidade do ato é pressuposto necessário à validade da conduta do administrador público.
    c) Não, porque não é dado ao julgador qualquer outra interpretação que não a literal ou gramatical do ato.
    d) Não, pois o controle jurisdicional se restringe ao exame da legalidade do ato;
    e) Sim, embora não possa o julgador, a despeito da configuração da imoralidade, declarar o ato inválido, medida esta de competência exclusiva da Administração.

95. Rodrigo Moraes, servidor público efetivo, ocupante do cargo de engenheiro da Prefeitura do Município de Itirapina, emite parecer, formalmente correto, liberando o uso ao público de imóvel localizado na rua São João da Boa Vista de propriedade de Maria Mello, sua namorada. Sabe-se que o imóvel era inapropriado para o uso, sendo que a proprietária pediu o parecer favorável, apesar do engenheiro ter total convicção do Estado precário do bem.
Nesse caso, o ato administrativo:
    a) é lícito, visto que o parecer está formalmente correto;
    b) é ilícito, apresentando vício em relação ao objeto;

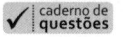

c) é ilícito, apresentando vício em relação à finalidade;
d) é ilícito, apresentando vício em relação ao motivo;
e) é lícito, desde que tenha sido visado pela autoridade superior.

96. **De acordo com a doutrina, convalidação, também denominada de saneamento, é o ato administrativo pelo qual é suprido o vício existente em um ato ilegal, com efeitos retroativos à data em que este foi praticado. A respeito do tema, assinale a alternativa falsa.**
    a) Em regra geral, a convalidação é realizada pela Administração, mas eventualmente poderá ser feita pelo administrado, quando a edição do ato dependa da manifestação de sua vontade e a exigência não foi observada.
    b) Normalmente, a convalidação possui a natureza discricionária, mas, pode ter, em alguns casos, a natureza vinculada.
    c) Quanto ao sujeito, se o ato for praticado com vício de incompetência, admite-se a convalidação, que nesse caso recebe o nome de ratificação.
    d) Mesmo tratando-se de competência exclusiva, é possível a ratificação.
    e) O ato administrativo extingue-se por cumprimento dos seus efeitos; pelo desaparecimento do sujeito ou objeto e pela retirada, que se verifica por várias maneiras.

97. **A aposentadoria de um servidor público, que, decretada e publicada, somente se aperfeiçoa com o registro dos respectivos proventos no Tribunal de Contas competente, tem a natureza de ato administrativo que se classifica como:**
    a) constitutivo;
    b) simples;
    c) complexo;
    d) composto.;
    e) declaratório.

98. **Não constitui ato administrativo no sentido material:**
    a) a deliberação do Tribunal de Contas aplicando multa a responsável por bens públicos;
    b) a medida provisória editada para aumento da alíquota do Imposto de Renda de Pessoas Físicas;
    c) a nomeação, após aprovação do Senado, por voto secreto, de diretor do Banco Central;
    d) ato declaratório de desapropriação;
    e) requisição administrativa.

99. **Marque a alternativa falsa.**
   a) Ocorre a extinção do ato administrativo por caducidade quando o ato perde seus efeitos jurídicos em razão de norma jurídica superveniente que impede a permanência da situação anteriormente consentida.
   b) A súmula do Supremo Tribunal Federal prevê que a Administração pode anular seus próprios atos, quando eivados de vícios que os tornem ilegais, porque deles não se originam direitos; ou revogá-los, por motivo de conveniência ou oportunidade, respeitados os direitos adquiridos, e ressalvada, em todos os casos, a apreciação judicial.
   c) É juridicamente admissível, com fundamento no princípio da razoabilidade, a invalidação de atos administrativos praticados no exercício do poder discricionário.
   d) Se houver contradição do ato com as resultantes dos atos, haverá vício em relação ao objeto.
   e) A doutrina contemporânea admite a figura do ato inexistente.

100. **Suponha que um Auditor-Fiscal da Receita do Estado de Santa Catarina tenha realizado um determinado lançamento de um crédito tributário prescrito, neste caso o ato administrativo apresenta um vício em relação à(ao):**
   a) competência;
   b) finalidade;
   c) forma;
   d) objeto;
   e) motivo.

Da Licitação, do Contrato Administrativo e do Pregão

Capítulo 6

I. **Complete a Lacuna.**

1. A Licitação é um .... (ato administrativo/procedimento administrativo) destinado à seleção de quem eventualmente contratará com a Administração Pública, mediante a escolha da melhor proposta.
2. A Administração Pública, ao realizar licitação, deve respeitar o princípio da .... (boa-fé/probidade administrativa).
3. De acordo com o princípio da .... (impessoalidade/vinculação ao instrumento convocatório), a Administração não pode descumprir as normas e condições do edital, ao qual se acha estritamente vinculada.
4. O significado do princípio do(a) .... (julgamento objetivo/moralidade) encontra-se na ideia de que o julgamento das propostas deve ser feito em conformidade com os critérios fixados no edital.
5. Pelo princípio .... (da adjudicação compulsória/da impessoalidade), entende-se que a Administração não pode, concluído o procedimento, atribuir o objeto da licitação a outrem que não o vencedor.
6. A alienação de bens imóveis da Administração Pública, subordinada à existência de interesse público devidamente justificado, será precedida de avaliação e .... (afetação/desafetação).
7. .... (Concorrência/Tomada de preço/Convite) é a modalidade de licitação entre quaisquer interessados que, na fase inicial de habilitação preliminar, comprovem possuir os requisitos mínimos de qualificação exigidos no edital para execução de seu objeto.
8. Duas são as características básicas da concorrência: ampla publicidade e .... (universalidade/particularidade).

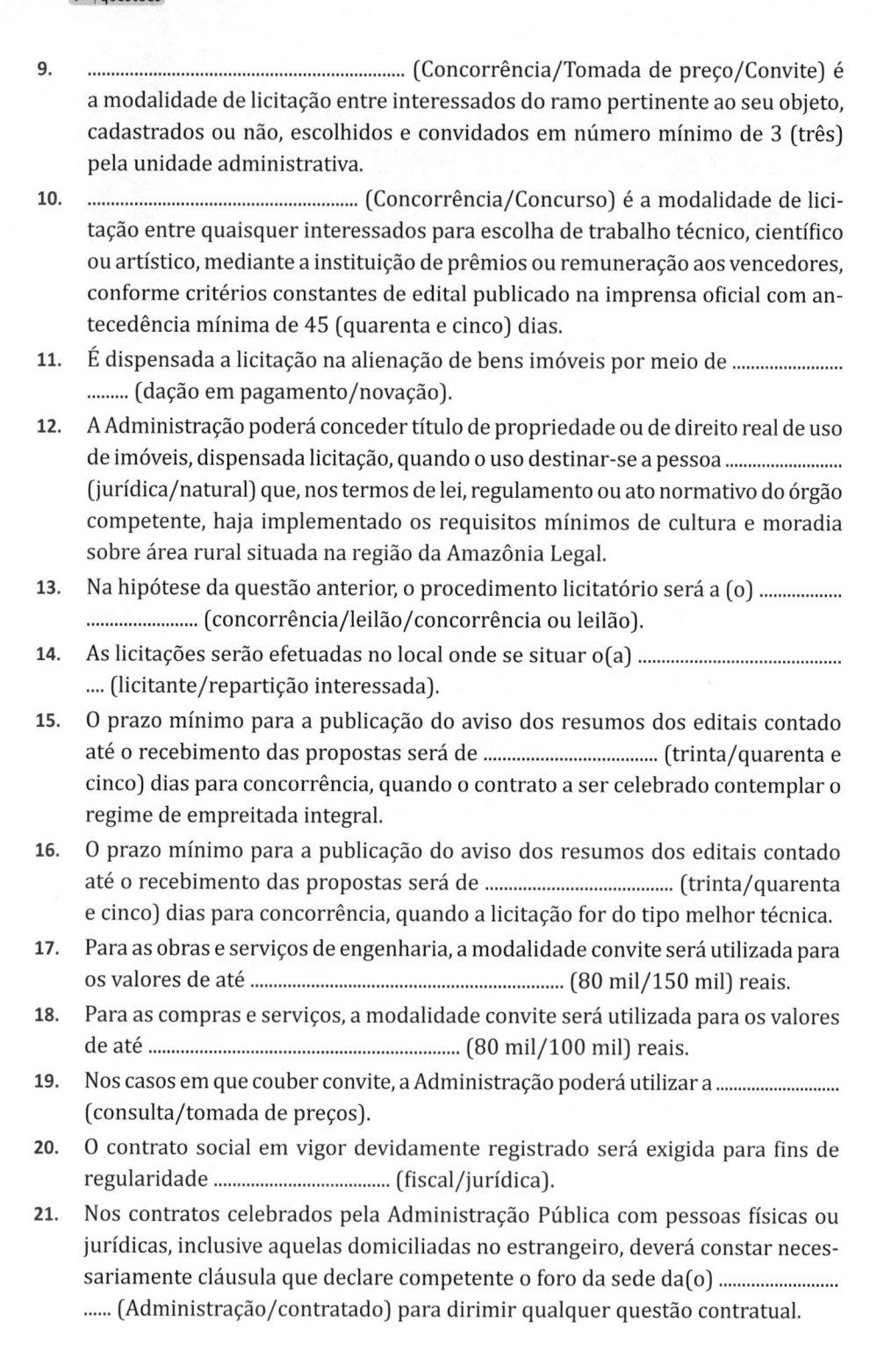

9. .... (Concorrência/Tomada de preço/Convite) é a modalidade de licitação entre interessados do ramo pertinente ao seu objeto, cadastrados ou não, escolhidos e convidados em número mínimo de 3 (três) pela unidade administrativa.

10. .... (Concorrência/Concurso) é a modalidade de licitação entre quaisquer interessados para escolha de trabalho técnico, científico ou artístico, mediante a instituição de prêmios ou remuneração aos vencedores, conforme critérios constantes de edital publicado na imprensa oficial com antecedência mínima de 45 (quarenta e cinco) dias.

11. É dispensada a licitação na alienação de bens imóveis por meio de .... (dação em pagamento/novação).

12. A Administração poderá conceder título de propriedade ou de direito real de uso de imóveis, dispensada licitação, quando o uso destinar-se a pessoa .... (jurídica/natural) que, nos termos de lei, regulamento ou ato normativo do órgão competente, haja implementado os requisitos mínimos de cultura e moradia sobre área rural situada na região da Amazônia Legal.

13. Na hipótese da questão anterior, o procedimento licitatório será a(o) .... (concorrência/leilão/concorrência ou leilão).

14. As licitações serão efetuadas no local onde se situar o(a) .... (licitante/repartição interessada).

15. O prazo mínimo para a publicação do aviso dos resumos dos editais contado até o recebimento das propostas será de .... (trinta/quarenta e cinco) dias para concorrência, quando o contrato a ser celebrado contemplar o regime de empreitada integral.

16. O prazo mínimo para a publicação do aviso dos resumos dos editais contado até o recebimento das propostas será de .... (trinta/quarenta e cinco) dias para concorrência, quando a licitação for do tipo melhor técnica.

17. Para as obras e serviços de engenharia, a modalidade convite será utilizada para os valores de até .... (80 mil/150 mil) reais.

18. Para as compras e serviços, a modalidade convite será utilizada para os valores de até .... (80 mil/100 mil) reais.

19. Nos casos em que couber convite, a Administração poderá utilizar a .... (consulta/tomada de preços).

20. O contrato social em vigor devidamente registrado será exigida para fins de regularidade .... (fiscal/jurídica).

21. Nos contratos celebrados pela Administração Pública com pessoas físicas ou jurídicas, inclusive aquelas domiciliadas no estrangeiro, deverá constar necessariamente cláusula que declare competente o foro da sede da(o) .... (Administração/contratado) para dirimir qualquer questão contratual.

22. A critério da(o) .... (Administração/contratado), em cada caso, e desde que prevista no instrumento convocatório, poderá ser exigida prestação de garantia nas contratações de obras, serviços e compras.
23. Caberá à(ao) .... (Administração/contratado) optar por uma das modalidades de garantia previstas em lei.
24. É .... (permitido/vedado) o contrato com prazo de vigência indeterminado.
25. A nulidade .... (exonera/não exonera) a Administração do dever de indenizar o contratado pelo que este houver executado até a data em que ela for declarada.
26. O instrumento de contrato é .... (facultativo/obrigatório) no caso de concorrência.
27. O instrumento de contrato é .... (facultativo/obrigatório) no caso de convite.
28. É .... (permitido/vedado) a qualquer licitante o conhecimento dos termos do contrato e do respectivo processo licitatório e, a qualquer interessado, a obtenção de cópia autenticada, mediante o pagamento dos emolumentos devidos.
29. .... (Fato da Administração/Fato do Príncipe) é toda ação ou omissão do Poder Público que, incidindo direta e especificamente sobre o contrato, retarda ou impede sua execução.
30. Decorridos .... (trinta/sessenta) dias da data da entrega das propostas, sem convocação para a contratação, ficam os licitantes liberados dos compromissos assumidos.
31. A Administração Pública responde .... (subsidiariamente/solidariamente) com o contratado pelos encargos previdenciários resultantes da execução do contrato.
32. A recusa injustificada do adjudicatário em assinar o contrato, aceitar ou retirar o instrumento equivalente, dentro do prazo estabelecido pela Administração, caracteriza o descumprimento .... (parcial/total) da obrigação assumida.
33. Nos contratos administrativos, a Administração .... (não possui/possui) imperatividade em relação ao contratado.
34. O contrato administrativo é do tipo .... (adesão/paritário).
35. Se houver a rescisão unilateral do contrato administrativo por interesse público, a Administração .... (deve/não deve) indenizar o contratado.
36. A .... (interferência imprevista/teoria da imprevisão) é a ocorrência material não cogitada pelas partes na celebração do contrato mas que surge na sua execução de modo surpreendente e excepcional, dificultando e onerando extraordinariamente o prosseguimento e a conclusão dos trabalhos.
37. O contrato administrativo .... (não pode/pode) ser verbal.

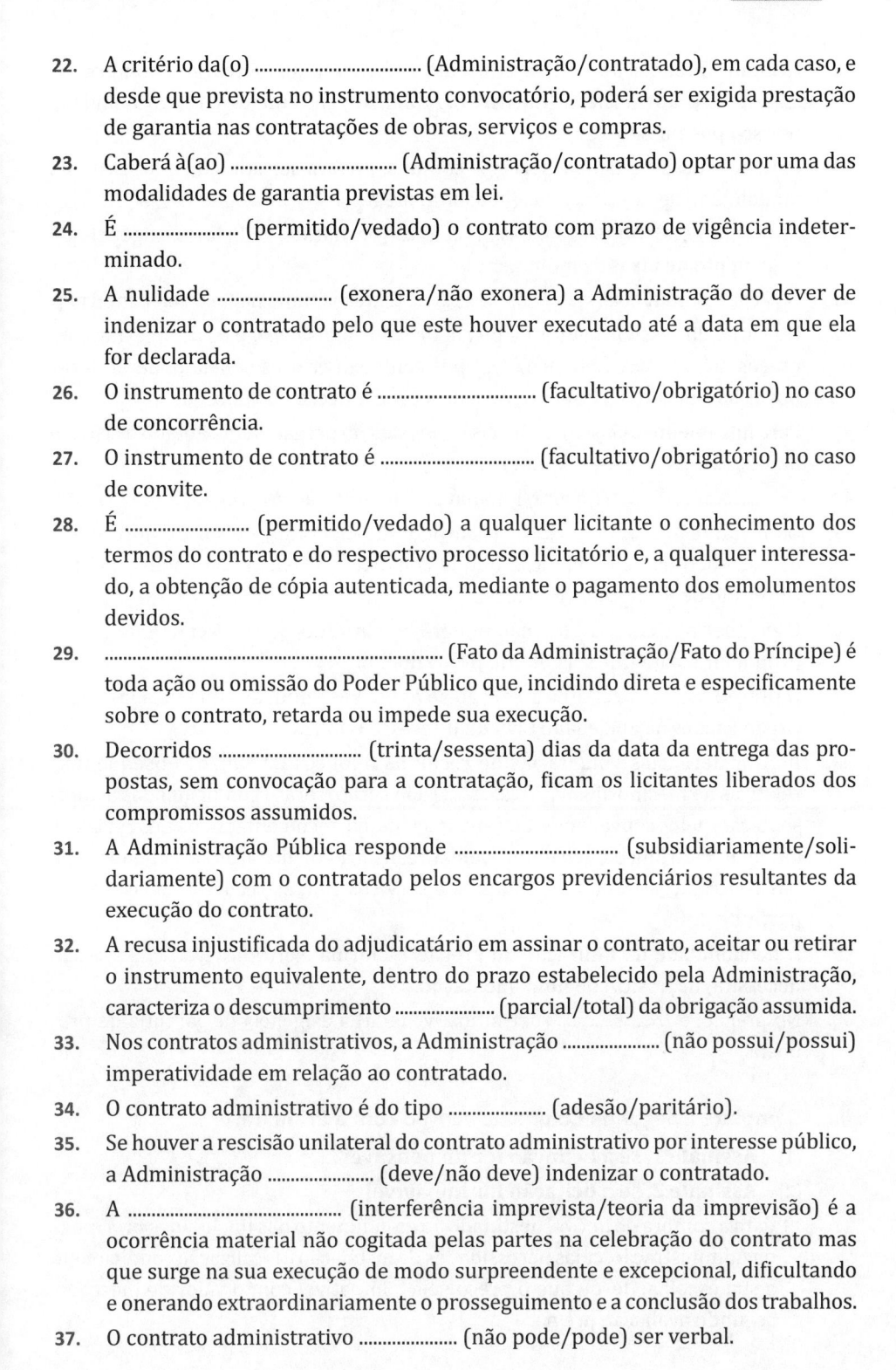

38. A inadimplência do contratado com referência aos encargos comerciais .... (não transfere/transfere) à Administração Pública a responsabilidade por seu pagamento.
39. Para aquisição de bens e serviços comuns, poderá ser adotada a licitação na modalidade de .... (consulta/pregão).
40. Em regra geral, no pregão, é .... (permitida/vedada) a exigência de pagamento de taxas e emolumentos.
41. O pregão possui fase(s).................................. (externa/interna/externa e interna).
42. No curso da sessão, o autor da oferta de valor mais baixo e os das ofertas com preços até .... (cinco/dez) por cento superiores àquela poderão fazer novos lances verbais e sucessivos, até a proclamação do vencedor.
43. Para julgamento e classificação das propostas no pregão, será adotado o critério de .... (menor/maior) preço.
44. .... (Haverá/Não haverá) habilitação no pregão.
45. Os licitantes .... (não poderão/poderão) deixar de apresentar os documentos de habilitação que já constem do Sistema de Cadastramento Unificado de Fornecedores – Sicaf.
46. O pregoeiro .... (não poderá/poderá) negociar diretamente com o proponente para que seja obtido preço melhor.
47. O pregão .... (aplica-se/não se aplica) às entidades qualificadas como Organizações da Sociedade Civil de Interesse Público,
48. As transferências voluntárias de recursos públicos da União subsequentes, relativas ao mesmo ajuste, ... (não serão/serão) condicionadas à apresentação, pelos convenentes ou consorciados, da documentação ou dos registros em meio eletrônico que comprovem a realização de licitação nas alienações e nas contratações de obras, compras e serviços com os recursos repassados a partir de 2005.
49. A inviabilidade da utilização do pregão na forma eletrônica .... (não necessita/necessita) de fundamentação.
50. No pregão, é .... (permitida/vedada) a exigência de garantia de proposta.

II. **Complete a Segunda Coluna de acordo com a Primeira.**
   (1) **Assinale 1, se a licitação for dispensável**
   (2) **Assinale 2, se a licitação for inexigível**
1. (   ) Para a compra de imóvel destinado ao atendimento das finalidades precípuas da Administração, cujas necessidades de instalação e localização condicionem a sua escolha, desde que o preço seja compatível com o valor de mercado, segundo avaliação prévia.

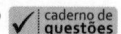

2. ( ) Para a contratação de serviços técnicos, de natureza singular, com profissionais ou empresas de notória especialização.
3. ( ) Na contratação de associação de portadores de deficiência física, sem fins lucrativos e de comprovada idoneidade, por órgãos ou entidades da Administração Pública, para a prestação de serviços ou fornecimento de mão de obra, desde que o preço contratado seja compatível com o praticado no mercado.
4. ( ) Quando a União tiver que intervir no domínio econômico para regular preços ou normalizar o abastecimento.
5. ( ) Para contratação de profissional de qualquer setor artístico, diretamente ou através de empresário exclusivo, desde que consagrado pela crítica especializada ou pela opinião pública.
6. ( ) Para a aquisição ou restauração de obras de arte e objetos históricos, de autenticidade certificada, desde que compatíveis ou inerentes às finalidades do órgão ou entidade.
7. ( ) Na contratação do fornecimento ou suprimento de energia elétrica com concessionário, permissionário ou autorizado, segundo as normas da lei específica.
8. ( ) Para aquisição de materiais, equipamentos, ou gêneros que só possam ser fornecidos por produtor, empresa ou representante comercial exclusivo, vedada a preferência de marca, devendo a comprovação de exclusividade ser feita através de atestado fornecido pelo órgão de registro do comércio do local em que se realizaria a licitação ou a obra ou o serviço, pelo Sindicato, Federação ou Confederação Patronal, ou, ainda, pelas entidades equivalentes.
9. ( ) Nas compras de hortifrutigranjeiros, pão e outros gêneros perecíveis, no tempo necessário para a realização dos processos licitatórios correspondentes, realizadas diretamente com base no preço do dia.
10. ( ) Quando não acudirem interessados à licitação anterior e esta, justificadamente, não puder ser repetida sem prejuízo para a Administração, mantidas, neste caso, todas as condições preestabelecidas.
11. ( ) Contratação da coleta, processamento e comercialização de resíduos sólidos urbanos recicláveis ou reutilizáveis, em áreas com sistema de coleta seletiva de lixo, efetuados por associações ou cooperativas formadas exclusivamente por pessoas físicas de baixa renda reconhecidas pelo Poder Público como catadores de materiais recicláveis, com o uso de equipamentos compatíveis com as normas técnicas, ambientais e de saúde pública.

III. Marque V, se a assertiva for verdadeira, ou F, se a assertiva for falsa.

1. ( ) As empresas públicas e as sociedades de economia mista não são obrigadas a licitar.
2. ( ) Em caso de inviabilidade de competição, a licitação deverá ser dispensada.

3. (   ) A Administração poderá conceder direito real de uso de bens imóveis, dispensada licitação, quando o uso se destina a outro órgão ou entidade da Administração Pública.
4. (   ) O prazo mínimo até o recebimento das propostas ou da realização do evento será de trinta dias para o concurso.
5. (   ) A Administração, bem como os licitantes, estão vinculados aos termos do edital.
6. (   ) Pode um edital estadual de licitação proibir que pessoas jurídicas sediadas em outra unidade federativa participem de licitação.
7. (   ) É possível a criação de uma nova modalidade licitatória por meio de ato administrativo.
8. (   ) Para os fins da Lei nº 8.666/1993, os órgãos e entidades da Administração Pública que realizem frequentemente licitações manterão registros cadastrais para efeito de habilitação, na forma regulamentar, válidos por, no máximo, três meses.
9. (   ) O registro cadastral deverá ser amplamente divulgado e deverá estar permanentemente aberto aos interessados.
10. (   ) Para fins de tomada de preços, é facultado às unidades administrativas utilizarem-se de registros cadastrais de outros órgãos ou entidades da Administração Pública.
11. (   ) A autoridade competente para a aprovação do procedimento somente poderá revogar a licitação por razões de interesse público decorrente de fato superveniente devidamente comprovado, pertinente e suficiente para justificar tal conduta.
12. (   ) Na fase de classificação de uma concorrência, a Administração faz o julgamento das propostas, classificando-as pela ordem de preferência, segundo os critérios objetivos constantes do edital.
13. (   ) As obras e os serviços destinados aos mesmos fins terão projetos padronizados por tipos, categorias ou classes, inclusive quando o projeto-padrão não atender às condições peculiares do local ou às exigências específicas do empreendimento.
14. (   ) Nenhuma compra será feita sem a adequada caracterização de seu objeto e indicação dos recursos orçamentários para seu pagamento, sob pena de nulidade do ato.
15. (   ) Os casos de dispensa estão taxativamente elencados na lei.
16. (   ) Os casos de inexigibilidade estão taxativamente enumerados na lei.
17. (   ) Na fase de habilitação, não se pode exigir do licitante documentação relativa a regularidade fiscal.
18. (   ) Na modalidade carta-convite, exige-se a publicação do edital.
19. (   ) A lei de licitações é classificada como nacional.

20. (   ) Para fins de licitação, a execução direta é a feita pelos órgãos e entidades da Administração, pelos próprios meios.
21. (   ) A rescisão unilateral do contrato administrativo por parte da Administração Pública pode ocorrer nos casos previstos em lei, nunca gerando o dever de indenizar.
22. (   ) A pena de multa, nos contratos administrativos, não pode ser cumulada com outra penalidade.
23. (   ) Fato da Administração é um ato de autoridade, não diretamente relacionado com o contrato, mas que repercute indiretamente sobre ele; nesse caso, a Administração também responde pelo restabelecimento do equilíbrio rompido.
24. (   ) A interferência imprevista é todo acontecimento externo ao contrato, estranho à vontade das partes, imprevisível e inevitável, que causa um desequilíbrio econômico muito grande, tornando a execução do contrato onerosa para o contratato.
25. (   ) Álea econômica dá lugar à aplicação da teoria da imprevisão.
26. (   ) Além do instrumento do contrato administrativo, obrigatório nos casos em que exigem concorrência, tomada de preços e convite, os ajustes administrativos podem ser formalizados mediante outros documentos hábeis, tais como carta-contrato, nota de empenho de despesa, autorização de compra e ordem de serviço.
27. (   ) Os contratos decorrentes de dispensa ou de inexigibilidade de licitação devem atender aos termos do ato que os autorizou e da respectiva proposta.
28. (   ) Entre outras cláusulas, é necessário ao contrato administrativo o crédito pelo qual correrá a despesa, com a indicação da classificação funcional programática e da categoria econômica.
29. (   ) Caberá à Administração Pública impor a modalidade de garantia que deve ser fornecida pelo contratado.
30. (   ) Para obras, serviços e fornecimentos de grande vulto envolvendo alta complexidade técnica e riscos financeiros consideráveis, demonstrados através de parecer tecnicamente aprovado pela autoridade competente, o limite de garantia previsto na lei poderá ser elevado para até vinte e cinco por cento do valor do contrato.
31. (   ) A duração do contrato administrativo será de no máximo um ano.
32. (   ) É permitido, quando houver urgência, o contrato administrativo por prazo indeterminado.
33. (   ) Em caráter excepcional, devidamente justificado e mediante autorização da autoridade superior, o prazo do contrato administrativo poderá ser prorrogado pelo prazo de quatro anos.
34. (   ) A declaração de nulidade exonera a Administração do pagamento de qualquer espécie indenizatória.

35. (   ) A Administração Pública responde solidariamente com o contratado pelos encargos previdenciários resultantes da execução do contrato.
36. (   ) No pregão, é possível o estabelecimento do critério da técnica na classificação das propostas.
37. (   ) Pode ser utilizado o tipo de licitação menor preço e melhor técnica no pregão.
38. (   ) Para fins de pregão, as bolsas deverão estar organizadas sob a forma de sociedades empresariais.
39. (   ) A equipe de apoio ao pregão deverá ser integrada em sua maioria por servidores ocupantes de cargo efetivo ou emprego da Administração, preferencialmente pertencentes ao quadro permanente do órgão ou entidade promotora do evento.
40. (   ) No pregão eletrônico, é livremente permitida a exigência de pagamento de taxas e emolumentos.
41. (   ) No pregão, é vedada a exigência de garantia de proposta.
42. (   ) Para aquisição de bens e serviços comuns, poderá ser adotada a licitação na modalidade de pregão.
43. (   ) No pregão, o prazo fixado para a apresentação das propostas, contado a partir da publicação do aviso, não será inferior a cinco dias úteis.
44. (   ) Para a segunda fase do pregão, devem seguir, no mínimo, cinco ofertas.
45. (   ) O pregão eletrônico só poderá ser utilizado pela União.
46. (   ) Caso um licitante apresente recurso em decorrência da publicação de ato que a declare inabilitada para o certame, tal recurso terá efeito suspensivo.
47. (   ) O pregão é uma modalidade de licitação que possui a fase de classificação anterior à fase de habilitação.
48. (   ) A contratação de fornecimento de serviço de telefonia móvel com concessionário do Estado é hipótese de dispensa de licitação.
49. (   ) Depois da fase de adjudicação do objeto, é possível interpor recurso administrativo visando suspender a homologação da concorrência, por vício de ilegalidade procedimental.
50. (   ) Para a aquisição de bens e serviços de informática que atendam a determinadas peculiaridades técnicas, exige-se, em regra, licitação do tipo técnica e preço.

IV. **Questões Objetivas.**
1. **Qual a natureza da licitação?**
    a) Ato simples.
    b) Ato de império.
    c) Ato-condição.
    d) Ato meio.
    e) Procedimento administrativo.

2. "O julgamento das propostas há de ser feito de acordo com os critérios fixados no edital". Esta expressão configura o princípio:
   a) do sigilo das propostas;
   b) da adjudicação compulsória;
   c) do julgamento objetivo;
   d) da igualdade entre os licitantes;
   e) da impessoalidade.

3. O Estado realizou licitação para a execução de obra pública. Classificadas as propostas, após decididos todos os recursos cabíveis, a Comissão de licitação decidiu adjudicar o objeto da concorrência ao licitante que teve sua proposta classificada em segundo lugar, quanto ao preço, alegando que o licitante vencedor não tinha idoneidade técnica para realizar a obra. Pode-se considerar esta decisão como:
   a) errada, porque, ultrapassada a fase de habilitação, torna-se impossível, em regra geral, a Administração examinar a idoneidade dos proponentes;
   b) certa, porque é facultado à Administração preterir a proposta de melhor preço, quando provar a idoneidade do proponente;
   c) certa, porque a administração tem liberdade para escolher a proposta que melhor atenda ao interesse público;
   d) errada, porque a adjudicação sempre deve ser feita ao proponente que oferecer o menor preço;
   e) certa, porque a falta de idoneidade técnica desclassifica o licitante.

4. A modalidade de licitação que restringe a participação aos interessados previamente cadastrados é:
   a) leilão;
   b) convite;
   c) concurso;
   d) concorrência;
   e) tomada de preços.

5. A adjudicação direta, por valor não superior ao constante do registro oficial de preços, quando as propostas apresentadas, em licitação anterior, consignarem preços manifestamente superiores aos praticados no mercado ou forem incompatíveis com os fixados pelos órgãos estatais incumbidos de controlá-los, desde que os licitantes, convocados para apresentarem outras propostas, escoimadas desses excessos, não as apresentem, justifica o procedimento previsto na lei como de:

a) dispensa de nova licitação;
b) inexigibilidade de nova licitação;
c) anulação da licitação anterior;
d) revogação da licitação anterior;
e) derrogação da licitação anterior.

6. **Constitui inexigibilidade de licitação, nos termos da Lei nº 8.666/1993:**
   a) quando não acudirem interessados à licitação anterior;
   b) quando as propostas apresentadas em licitação anterior consignarem preços manifestamente superiores aos praticados no mercado;
   c) quando houver possibilidade de comprometimento da segurança nacional;
   d) a aquisição ou restauração de obras de arte;
   e) a contratação de serviços técnicos especializados de notória especialização.

7. **Nas licitações, sob a modalidade de concorrência, para obras de grande vulto, pode-se exigir do licitante a prova de possuir patrimônio líquido ou capital social num determinado valor, não excedente a um percentual de custo estimado de contratação, da ordem de:**
   a) 5%;
   b) 10%;
   c) 15%;
   d) 20%;
   e) 25%.

8. **Para a alienação de bens imóveis públicos, é dispensada a licitação no caso de:**
   a) investidura de bem desapropriado;
   b) bens de uso dominial;
   c) bens havidos por doação;
   d) bens havidos por permuta;
   e) bens de uso especial.

9. **O ato pelo qual se atribui ao vencedor o objeto da licitação, para fins de efetivação do contrato chama-se:**
   a) aclamação;
   b) adjudicação;
   c) afetação;
   d) admissão;
   e) anuência pública.

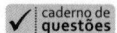

10. **A alienação de bem imóvel da Administração Direta do Estado do Rio de Janeiro dependerá de:**
   a) autorização legislativa, de avaliação prévia e licitação, dispensada esta no caso de investidura;
   b) autorização legislativa, de avaliação prévia e de licitação, dispensada esta no caso de doação;
   c) autorização legislativa e licitação, na modalidade de carta-convite, para os casos de dação em pagamento;
   d) licitação, na modalidade de tomada de preços, para venda para empresa particular;
   e) avaliação prévia, dispensada a licitação no caso de venda para empresa particular.

11. **A situação que configura hipótese de licitação dispensável é a:**
   a) compra de gêneros alimentícios perecíveis pelas forças armadas determinada pelo Ministério da Defesa;
   b) ocorrência de qualquer caso em que se verifique relevante interesse público que autorize a exceção ao dever de licitar;
   c) contratação de serviço técnico de auditoria financeira, de natureza singular, com profissionais ou empresas de notória especialização;
   d) contratação de profissional de qualquer setor artístico, diretamente ou através de empresário exclusivo, desde que consagrado pela crítica especializada ou pela opinião pública;
   e) compra ou locação de imóvel destinado ao atendimento das finalidades precípuas da Administração, cujas necessidades de instalação e localização condicionem a sua escolha, desde que o preço seja compatível com o valor de mercado, segundo avaliação prévia.

12. **A concorrência é a modalidade de licitação cabível, em regra geral, na compra de bens imóveis, nas concessões de obras públicas e nas licitações internacionais, qualquer que seja o valor do seu objeto.**
   a) Correta a assertiva.
   b) Incorreta a assertiva, por ser inexigível licitação nas concessões de serviço público.
   c) Incorreta a assertiva, por ser dispensável a licitação, nas operações de pequeno valor.
   d) Incorreta a assertiva, porque para a compra e locação de imóveis em geral é dispensável a licitação.
   e) Incorreta a assertiva, pelas razões constantes das alíneas B, C e D anteriores.

13. Analise a veracidade das frases:
    I. No caso de dispensa ou inexigibilidade, a licitação deverá ser na modalidade de consulta.
    II. Poderá o Poder Executivo, por meio de decreto, instituir nova modalidade licitatória.
    III. Compete a Administração Pública de forma discricionária decidir pela inexigibilidade ou dispensa da licitação.
    Está(ão) correta(s):
    a) todas;
    b) nenhuma;
    c) I e II;
    d) II e III;
    e) I e III.

14. Se, em uma concorrência, todos os licitantes forem inabilitados, a Administração:
    a) poderá imediatamente passar todos os licitantes à próxima fase da licitação, julgando suas propostas comerciais;
    b) poderá alterar as exigências do edital, que levaram às inabilitações, considerando todos os licitantes habilitados;
    c) terá de considerar a licitação como deserta e iniciar nova licitação;
    d) terá de considerar a licitação como fracassada e iniciar nova licitação;
    e) poderá conceder mais prazo para que todos os licitantes apresentem nova documentação.

15. A modalidade de licitação aplicável para a alienação de bens móveis é:
    a) leilão;
    b) convite;
    c) concurso;
    d) concorrência;
    e) tomada de preços.

16. Numa licitação, a fase de adjudicação é a:
    a) posterior ao julgamento das propostas, impedindo que se contrate com outrem que não o vencedor da licitação;
    b) subsequente ao edital e anterior ao julgamento das propostas;
    c) de homologação da licitação, com a celebração do contrato;
    d) de juntada das propostas para julgamento;
    e) de assinatura do contrato.

17. As agências podem adotar a seguinte modalidade de licitação:
    a) coleta de preços;
    b) classificação de ofertas;
    c) consulta;
    d) seleção de propostas;
    e) análise de preços.

18. Constitui hipótese de inexigibilidade de licitação:
    a) aquisições realizadas pela Administração, por ocasião de guerra, grave perturbação da ordem ou calamidade pública;
    b) em situações de emergência, quando caracterizada a urgência no atendimento de situações que possam acarretar prejuízo ou comprometer a segurança das pessoas, obras, serviços, equipamentos e outros bens, públicos ou particulares;
    c) quando a operação envolver concessionário de serviço público e o objeto do contrato for pertinente à concessão;
    d) quando houver fornecedor exclusivo, em face de ser único fabricante do bem pretendido;
    e) na contratação da coleta, processamento e comercialização de resíduos sólidos urbanos recicláveis ou reutilizáveis, em áreas com sistema de coleta seletiva de lixo, efetuados por associações ou cooperativas formadas exclusivamente por pessoas físicas de baixa renda reconhecidas pelo Poder Público como catadores de materiais recicláveis, com o uso de equipamentos compatíveis com as normas técnicas, ambientais e de saúde pública.

19. Sobre licitação, marque a alternativa falsa.
    a) Qualquer cidadão é parte legítima para impugnar edital de licitação por irregularidade na aplicação da Lei, devendo protocolar o pedido até 5 (cinco) dias úteis antes da data fixada para a abertura dos envelopes de habilitação, devendo a Administração julgar e responder à impugnação em até 3 (três) dias úteis.
    b) Entre outras, a documentação relativa à habilitação jurídica, conforme o caso, consistirá em ato constitutivo, estatuto ou contrato social em vigor, devidamente registrado, em se tratando de sociedades comerciais, e, no caso de sociedades por ações, acompanhado de documentos de eleição de seus administradores.
    c) Na concorrência para a venda de bens imóveis, a fase de habilitação limitar-se-á à comprovação do recolhimento de quantia correspondente a 5% (cinco por cento) da avaliação.

d) É inexigível a licitação quando houver inviabilidade de competição, em especial, nos casos de guerra ou grave perturbação da ordem.

e) Não poderá participar, direta ou indiretamente, da licitação o autor do projeto, básico ou executivo, pessoa física ou jurídica.

20. **A permuta de imóvel público por outro particular, para que neste funcione determinado hospital, será uma modalidade de contratação que (em que):**
    a) pode ser dispensada a licitação, nos casos previstos na lei;
    b) prescinde de licitação, em qualquer caso;
    c) é inexigível a licitação, nos casos previstos na lei;
    d) depende de prévia licitação, em qualquer caso;
    e) é discricionariamente dispensável ou inexigível a licitação.

21. **Entre os serviços técnicos especializados abaixo, assinale aquele que não é permitido para fins de contratação direta, mediante inexigibilidade de licitação, pelo Poder Público.**
    a) Auditoria tributária e financeira.
    b) Restauração de obras de arte.
    c) Publicidade e divulgação.
    d) Defesa de causas judiciais.
    e) Treinamento e aperfeiçoamento de pessoal.

22. **Marque a alternativa correta.**
    a) Configura-se como hipótese de dispensa de licitação a celebração de contratos de prestação de serviços com as organizações sociais, qualificadas no âmbito das respectivas esferas de governo, para atividades contempladas no contrato de gestão.
    b) As hipóteses de inexigibilidade de licitação estão exaustivamente arroladas no art. 25 da Lei nº 8.666/1993.
    c) A lei federal sobre licitação admite exclusivamente os seguintes tipos de licitação: menor preço e melhor técnica.
    d) A fundação governamental qualificada como agência executiva tem o valor limite para dispensa de licitação majorado em 50% (cinquenta por cento).
    e) O julgamento do concurso, modalidade de licitação, pode ser realizado por único servidor público.

23. **No Brasil, em virtude da Lei Federal nº 8.666/1993, é vedada a inexigibilidade de licitação para contratação de serviço de:**
    a) gerenciamento de obras;
    b) publicidade;
    c) auditoria;
    d) patrocínio de causas judiciais;
    e) treinamento de pessoal.

24. **Sobre a licitação, marque a alternativa falsa.**
    a) No caso de convite, a Comissão de Licitação, excepcionalmente, nas pequenas unidades administrativas e em face da exiguidade de pessoal disponível, poderá ser substituída por servidor formalmente designado pela autoridade competente.
    b) No caso de concurso, o julgamento será feito por uma comissão especial integrada por pessoas de reputação ilibada e reconhecido conhecimento da matéria em exame, todos servidores públicos.
    c) A investidura dos membros das Comissões Permanentes não excederá a 1 (um) ano, vedada a recondução da totalidade de seus membros para a mesma comissão no período subsequente.
    d) Os membros das Comissões de licitação responderão solidariamente por todos os atos praticados pela Comissão, salvo se posição individual divergente estiver devidamente fundamentada e registrada em ata lavrada na reunião em que tiver sido tomada a decisão.
    e) A habilitação preliminar, a inscrição em registro cadastral, a sua alteração ou cancelamento, e as propostas serão processadas e julgadas por comissão permanente ou especial de, no mínimo, 3 (três) membros.

25. **Nos projetos básicos e projetos executivos de obras e serviços não é considerado o seguinte requisito:**
    a) facilidade na execução, conservação e operação, sem prejuízo da durabilidade da obra ou do serviço;
    b) impacto ambiental;
    c) economia na execução, conservação e operação;
    d) segurança;
    e) estabilidade estrutural.

26. **É inexigível a licitação:**
    a) nos casos de guerra ou grave perturbação da ordem;
    b) quando a união tiver que intervir no domínio econômico para regular preços ou normalizar o abastecimento;

c) para contratação de profissional de qualquer setor artístico, diretamente ou através de empresário exclusivo, desde que consagrado pela crítica especializada ou pela opinião pública;
d) quando houver possibilidade de comprometimento da segurança nacional, nos casos estabelecidos em decreto do Presidente da República, ouvido o Conselho de Defesa Nacional;
e) quando não acudirem interessados à licitação anterior e esta, justificadamente, não puder ser repetida sem prejuízo para a Administração, mantidas, neste caso, todas as condições preestabelecidas.

27. **Sobre licitação e contrato administrativo, marque a alternativa falsa.**
    a) De acordo com a Lei nº 8.666/1993, o projeto básico é o conjunto de elementos necessários e suficientes, com nível de precisão adequado, para caracterizar a obra ou serviço, ou complexo de obras ou serviços objeto da licitação, elaborado com base nas indicações dos estudos técnicos preliminares, que assegurem a viabilidade técnica e o adequado tratamento do impacto ambiental do empreendimento, e que possibilite a avaliação do custo da obra e a definição dos métodos e do prazo de execução.
    b) É vedado incluir no objeto da licitação a obtenção de recursos financeiros para sua execução, qualquer que seja a sua origem, exceto nos casos de empreendimentos executados e explorados sob o regime de concessão, nos termos da legislação específica.
    c) É dispensável a licitação na hipótese de doação com encargo, devendo do instrumento do contrato constar os encargos, o prazo de seu cumprimento e cláusula de reversão
    d) Qualquer cidadão poderá requerer à Administração Pública os quantitativos das obras e preços unitários de determinada obra executada.
    e) A existência de preços registrados não obriga a Administração a firmar as contratações que deles poderão advir, ficando-lhe facultada a utilização de outros meios, respeitada a legislação relativa às licitações, sendo assegurado ao beneficiário do registro preferência em igualdade de condições.

28. **Analise a veracidade das frases.**
    I. **A licitação não será sigilosa, sendo públicos e acessíveis ao público os atos de seu procedimento, salvo quanto ao conteúdo das propostas, até a respectiva abertura.**
    II. **Ressalvados os casos de inexigibilidade de licitação, os contratos para a prestação de serviços técnicos profissionais especializados deverão, preferencialmente, ser celebrados mediante a realização de concurso, com estipulação prévia de prêmio ou remuneração.**

III. O prazo mínimo até o recebimento das propostas ou da realização do evento será trinta dias para concurso.
IV. Nos casos em que couber convite, a Administração poderá utilizar a tomada de preços e, em qualquer caso, a concorrência.

Estão corretas:
a) I, II e III;
b) II, III e IV;
c) I, III e IV;
d) I e IV;
e) I, II e IV.

29. Tratando-se das normas de licitação, correlacione corretamente.
   1. Hipótese de dispensa de licitação.
   2. Hipótese de inexigibilidade de licitação.
   ( ) Na contratação de remanescente de obra, serviço ou fornecimento, em consequência de rescisão contratual, desde que atendida a ordem de classificação da licitação anterior e aceitas as mesmas condições oferecidas pelo licitante vencedor, inclusive quanto ao preço, devidamente corrigido.
   ( ) Na contratação do fornecimento ou suprimento de energia elétrica com concessionário, permissionário ou autorizado, segundo as normas da legislação específica.
   ( ) Para a contratação de serviços técnicos, de natureza singular, com profissionais ou empresas de notória especialização, vedada a inexigibilidade para serviços de publicidade e divulgação.
   ( ) Para a celebração de contratos de prestação de serviços com as organizações sociais, qualificadas no âmbito das respectivas esferas de governo, para atividades contempladas no contrato de gestão.
   ( ) Para aquisição de bens destinados exclusivamente à pesquisa científica e tecnológica com recursos concedidos pela Capes, Finep, CNPq ou outras instituições de fomento à pesquisa credenciadas pela CNPq para esse fim específico.

   a) 1; 1; 2; 1; 1.
   b) 2; 2; 2; 1; 1.
   c) 1; 1; 1; 2; 2.
   d) 2; 1; 2; 1; 1.
   e) 1; 2; 2; 1; 2.

30. Analise a veracidade das frases.
    I. Sempre que o valor estimado para uma licitação ou para um conjunto de licitações simultâneas ou sucessivas for superior a 100 (cem) vezes o limite para dispensa de licitação, o processo licitatório será iniciado, obrigatoriamente, com uma audiência pública concedida pela autoridade responsável com antecedência mínima de 15 (quinze) dias úteis da data prevista para a publicação do edital, e divulgada, com a antecedência mínima de 10 (dez) dias úteis de sua realização, pelos mesmos meios previstos para a publicidade da licitação, à qual terão acesso e direito a todas as informações pertinentes e a se manifestar todos os interessados.
    II. O original do edital deverá ser datado, rubricado em todas as folhas e assinado pela autoridade que o expedir, permanecendo no processo de licitação, e dele extraindo-se cópias integrais ou resumidas, para sua divulgação e fornecimento aos interessados.
    III. É dispensável a elaboração de edital na modalidade tomada de preços.
    Está(ão) correta(s):
    a) nenhuma;
    b) I e II;
    c) I;
    d) II;
    e) I e III.

31. Na alienação, aforamento, concessão de direito real de uso, locação ou permissão de uso de bens imóveis construídos, destinados ou efetivamente utilizados no âmbito de programas habitacionais ou de regularização fundiária de interesse social desenvolvidos por órgãos ou entidades da Administração Pública, a licitação é:
    a) inexigível;
    b) dispensada;
    c) ineficaz;
    d) obrigatória;
    e) dispensável.

32. Segundo a Lei nº 8.666/1993, a Administração Pública deve obediência a uma série de princípios fundamentais, entre eles o princípio da vinculação ao instrumento convocatório. Assinale a alternativa abaixo que melhor o caracterize.
    a) A Administração e os licitantes ficam sempre adstritos aos termos do pedido ou do permitido no edital da licitação, quer quanto ao procedimento, quer quanto à documentação, às propostas, ao julgamento e ao contrato.
    b) A Administração Pública está vinculada às prescrições legais que a regem em todos os seus atos e fases.

c) O edital pode fixar deveres não especificados em lei.
d) À Administração Pública só é permitido fazer aquilo que a lei autoriza.
e) A Administração Pública deve respeitar o interesse público.

33. **É dispensável a licitação na seguinte hipótese:**
    a) nos casos de grave perturbação da ordem;
    b) nos casos de inviabilidade de competição;
    c) para contratação de profissional de qualquer setor artístico, diretamente ou através de empresário exclusivo, desde que consagrado pela crítica especializada ou pela opinião pública;
    d) para a contratação de serviços técnicos de notória especialização;
    e) para a contratação de serviços de publicidade e divulgação.

34. **A União abre licitação com objetivo de adquirir cinco computadores da marca Beta. Na fase de habilitação, a empresa Delta S. A. foi inabilitada do certame por falta de regularidade fiscal. Intimada da decisão no dia 25 de outubro, a empresa interpõe recurso no dia 27 de outubro, pleiteando a sua continuação no processo de seleção. Vale destacar a não ocorrência de nenhum feriado durante o período. Assim, a autoridade competente para a apreciação do recurso deverá:**
    a) conhecer do recurso, atribuir efeito suspensivo;
    b) não conhecer do recurso, em razão da interposição ter se dado fora do prazo;
    c) conhecer do recurso, atribuindo somente efeito devolutivo;
    d) não conhecer do recurso, devido à impossibilidade jurídica do pedido;
    e) conhecer do recurso, atribuindo efeito misto.

35. **Caio Gomes, que nunca ocupou cargo, emprego ou função pública, foi nomeado para um cargo de direção de uma empresa pública. Para fins da Lei nº 8.666/1993, Caio Gomes:**
    a) é considerado agente honorífico;
    b) é considerado servidor público, podendo sofrer as sanções administrativas previstas na lei;
    c) não é considerado servidor público, podendo por conseguinte sofrer apenas as sanções civis;
    d) não é considerado servidor público, não podendo ser punido por infrações previstas na lei;
    e) é considerado servidor público, mas não pode sofrer as sanções previstas na lei.

36. A alienação de bem imóvel de propriedade de empresa pública:
    a) dependerá de avaliação prévia e de licitação;
    b) não dependerá de qualquer procedimento licitatório;
    c) deverá ser precedida de autorização legislativa;
    d) exigirá sempre autorização judicial;
    e) exigirá lei específica.

37. Uma autarquia promoveu licitação à qual não acudiu qualquer interessado. Conforme justificado no respectivo processo, a repetição da licitação anterior poderia acarretar prejuízo para a Administração. Em tal hipótese:
    a) é dispensável a licitação, desde que mantidas todas as condições preestabelecidas;
    b) é indispensável nova licitação, apesar da justificativa;
    c) a obra ou serviço deverá ser suspenso;
    d) é dispensável a licitação, podendo ser alteradas as condições preestabelecidas;
    e) é nula a licitação.

38. Da decisão de ministro de Estado, ou secretário estadual ou municipal declarando a inidoneidade para licitar ou contratar com a Administração Pública cabe:
    a) recurso no prazo de 15 (quinze) dias corridos;
    b) pedido de reconsideração no prazo de 10 (dez) dias úteis da intimação do ato;
    c) recurso no prazo de 5 (cinco) dias úteis a contar da intimação do ato;
    d) representação no prazo de 5 (cinco) dias úteis da intimação do ato;
    e) recurso no prazo de 5 (cinco) dias a contar da intimação do ato.

39. Na modalidade de concorrência, quando o contrato a ser celebrado contemplar o regime de empreitada integral ou quando a licitação for do tipo "melhor técnica" ou "técnica e preço", o prazo mínimo, a contar do edital até o recebimento das propostas ou da realização do evento, será de:
    a) quinze dias;
    b) trinta dias;
    c) quarenta e cinco dias;
    d) sessenta dias;
    e) setenta e cinco dias.

40. Qual das alíneas abaixo, todas pertinentes à modalidade licitatória do leilão, mostra-se incompatível com a disciplina legal da matéria (Lei nº 8.666, de 21/6/1993, Lei de Licitações)?
    a) É impositiva não só a avaliação prévia de qualquer bem a ser leiloado, para fixação do preço mínimo de arrematação, como também a ampla divulgação do edital de leilão, principalmente no Município em que se realizará.
    b) Constitui modalidade licitatória adequada à venda de bens móveis inservíveis para a Administração ou de produtos legalmente apreendidos ou penhorados.
    c) Constitui modalidade licitatória adequada à alienação de bens imóveis da Administração Pública, cuja aquisição haja derivado de procedimentos judiciais ou de dação em pagamento.
    d) Os bens arrematados serão pagos à vista ou no percentual estabelecido no edital, não inferior a 5% (cinco por cento), e, após a assinatura da respectiva ata lavrada no local do leilão, imediatamente entregues ao arrematante, o qual se obrigará ao pagamento do restante no prazo estipulado no edital de convocação, sob pena de perder em favor da Administração o valor já recolhido.
    e) Deve ser sempre cometido a leiloeiro oficial, vedada, em qualquer hipótese, sua realização por funcionário designado pela Administração.

41. No campo das licitações, havendo igualdade de condições entre duas ou mais propostas, o critério de desempate é:
    a) a aquisição dos bens e serviços produzidos no país;
    b) o sorteio;
    c) a hasta pública;
    d) as preferências às empresas brasileiras de capital nacional;
    e) a realização de nova licitação.

42. Analise a veracidade das frases.
    I. A Administração pode estabelecer no edital que, em caso de pequena diferença de preço entre os concorrentes, poderá ser declarada vencedora a empresa do lugar.
    II. Ressalvados os casos especificados na legislação (licitação dispensada, dispensável ou inexigível), as obras, serviços, compras e alienações a cargo da Administração Pública serão contratados mediante processo de licitação pública.
    III. No caso de convite, em igualdade de condições, será dada preferência à proposta apresentada por empresa situada na sede da entidade pública promotora da licitação.

IV. Quando for permitido ao licitante estrangeiro cotar preço em moeda estrangeira, igualmente o poderá fazer o licitante brasileiro.

Está(ão) correta(s):
a) I e II.
b) III e IV.
c) II e IV.
d) I e III.
e) II e III.

43. O ato administrativo final, para cuja prática é indispensável a licitação, quando exigida, e que antecede, após a homologação do resultado do procedimento, a formalização de contrato administrativo, denomina-se:
    a) julgamento;
    b) adjudicação;
    c) liquidação;
    d) nota de empenho da despesa;
    e) habilitação.

44. Em relação ao procedimento licitatório pode-se afirmar que:
    a) pode ser anulado por interesse público ou revogado por motivo de ilegalidade;
    b) no caso de empate entre licitantes é possível considerar atos praticados em licitações anteriores;
    c) leilão é a modalidade de licitação utilizável para a venda de bens móveis e de bens imóveis, estes últimos quando adquiridos mediante procedimento judicial ou por dação em pagamento;
    d) é vedada a realização de tomada de preços nas licitações internacionais;
    e) nas hipóteses previstas em lei, poderá participar, direta ou indiretamente, da licitação ou da execução de obra ou serviço e do fornecimento de bens a eles necessários o autor do projeto, básico ou executivo.

45. Para alienação de bens públicos imóveis, que se constituam de áreas remanescentes de obras públicas inaproveitáveis isoladamente, é:
    a) inexigível licitação, por inviável a competição;
    b) sempre exigível licitação;
    c) dispensada licitação, sob condições previstas em lei;
    d) facultada a realização de convite;
    e) obrigatória a licitação.

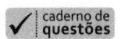

46. Nas concorrências, ultrapassada a fase de habilitação e abertas as propostas, não mais cabe desclassificá-las, por motivo relacionado com capacidade jurídica, capacidade técnica, idoneidade financeira e regularidade fiscal, inclusive em razão de fatos supervenientes ou só conhecidos após o julgamento.
    a) correta essa assertiva;
    b) incorreta essa assertiva, porque não mais cabe desclassificá-las, em caso nenhum (preclusão);
    c) incorreta, porque só cabe desclassificar, por motivo de falência;
    d) incorreta, porque só cabe desclassificar, por motivo de irregularidade fiscal;
    e) incorreta, porque só cabe desclassificar em razão de fatos supervenientes ou só conhecidos após o julgamento.

47. As licitações para a contratação de uma obra orçada em R$ 300.000,00 e de uma compra orçada em R$ 800.000,00 poderão ocorrer, respectivamente, sob as modalidades:
    a) convite e concorrência;
    b) convite e tomada de preços;
    c) concorrência e concorrência;
    d) tomada de preços e concorrência;
    e) concorrência e tomada de preços.

48. Assinale a opção correta.
    a) Qualquer cidadão é parte legítima para impugnar edital de licitação por irregularidade, devendo protocolar o pedido até dez dias úteis antes da data fixada para a abertura dos envelopes de habilitação, devendo a Administração julgar e responder a impugnação em até três dias úteis.
    b) Em concorrências e em outras modalidades de licitação, o licitante poderá impugnar termos do edital de licitação perante a Administração até o terceiro dia útil que anteceder a abertura dos envelopes de habilitação.
    c) A carta-convite é enviada diretamente aos interessados, após publicação, nos termos da lei, devendo, ainda, ser fixada sua cópia em local apropriado.
    d) Órgãos ou entidades da Administração poderão instituir comissões permanentes ou comissões especiais de licitação. Tais comissões serão integradas por, no mínimo, três membros, sendo que, destes, pelo menos dois deverão ser servidores qualificados, pertencentes aos quadros permanentes dos órgãos da Administração responsáveis pela licitação. Tratando-se de licitação na modalidade convite, a comissão de licitação, excepcionalmente, nas pequenas unidades administrativas e em face da exiguidade de pessoal disponível, poderá ser substituída pela autoridade competente, sem designação de qualquer servidor membro da comissão.
    e) A licitação será processada e julgada com observância de determinados procedimentos inseridos na lei pertinente.

49. **Assinale a alternativa incorreta.**
   a) A concorrência é a modalidade de licitação entre interessados devidamente cadastrados ou que atenderem a todas as condições exigidas para cadastramento até o terceiro dia anterior à data do recebimento das propostas, observada a necessária qualificação.
   b) A inexigibilidade da licitação é caracterizada pela inviabilidade de competição.
   c) O procedimento licitatório não é sigiloso, sendo públicos e acessíveis todos os atos, exceto quanto ao conteúdo das propostas até a sua respectiva abertura.
   d) A Administração não pode descumprir as normas e condições do edital, ao qual se acha estritamente vinculada.
   e) O procedimento da licitação será iniciado com a abertura de processo administrativo, devidamente autuado, protocolado e numerado, contendo a autorização respectiva, a indicação sucinta de seu objeto e do recurso próprio para a despesa.

50. **Qualquer cidadão é parte legítima para impugnar edital de licitação por irregularidade na aplicação da lei licitatória, devendo protocolar o pedido:**
   a) até 3 (três) dias úteis antes da data fixada para a abertura dos envelopes de habilitação;
   b) até 5 (cinco) dias úteis antes da data fixada para a abertura dos envelopes de habilitação;
   c) até 10 (dez) dias úteis antes da data fixada para a abertura dos envelopes de habilitação;
   d) até 3 (três) dias corridos antes da data fixada para a abertura dos envelopes de habilitação;
   e) até 5 (cinco) dias corridos antes da data fixada para a abertura dos envelopes de habilitação.

51. **Assinale a alternativa falsa.**
   a) O sistema de registro de preços será regulamentado por decreto, atendidas as peculiaridades regionais.
   b) A Administração poderá conceder direito real de uso de bens imóveis, dispensada licitação, quando o uso se destina a outro órgão ou entidade da Administração Pública.
   c) É vedada a instituição de nova modalidade de licitação não prevista em lei.

d) Na concorrência para a venda de bens imóveis, a fase de habilitação limitar-se-á à comprovação do recolhimento de quantia correspondente a 5% (cinco por cento) da avaliação.
e) Os casos de inexigibilidade estão taxativamente previstos em lei.

52. **O ato mediante o qual a Comissão Julgadora declara que determinado licitante não poderá prosseguir no certame por não haver comprovado regularidade fiscal constitui:**
    a) inabilitação;
    b) desclassificação;
    c) reprovação;
    d) derrogação;
    e) expulsão.

53. **No procedimento da licitação, não é cabível recurso administrativo, em sentido estrito, no prazo de cinco dias úteis, no caso de:**
    a) revogação de licitação;
    b) aplicação da pena de multa;
    c) indeferimento do pedido de inscrição em registro cadastral;
    d) impugnação do edital;
    e) habilitação de licitante.

54. **Marque a alternativa falsa.**
    a) O contrato administrativo é consensual, em regra, formal, oneroso e realizado *intuitu personae*.
    b) Tanto a Administração Direta como a Administração Indireta podem firmar contratos com peculiaridades administrativas que os sujeitem aos preceitos do Direito Público.
    c) O que tipifica e o distingue do contrato privado é a participação da Administração Pública com supremacia de poder para fixar as condições iniciais do ajuste.
    d) Em conformidade com o privilégio administrativo na relação contratual decorre para a Administração a faculdade de impor as chamadas cláusulas exorbitantes do Direito Comum.
    e) Contrato administrativo é o ajuste que a Administração Pública, agindo nessa qualidade, firma, somente, com particular para a consecução de objetivos de interesse público, nas condições estabelecidas pela própria Administração.

55. Analise a veracidade das frases.
    I. O regime jurídico de direito público caracteriza o contrato administrativo.
    II. É a participação da Administração, derrogando normas de Direito Privado e agindo *publicae utilitatis causa*, sob a égide do Direito Público, que tipifica o contrato administrativo.
    III. A Administração não pode realizar contratos sob normas predominantes do Direito Comum.
    Está(ão) correta(s):
    a) I e II;
    b) I;
    c) I e III;
    d) II e III;
    e) todas.

56. Marque a alternativa falsa.
    a) O instrumento de contrato é facultativo no caso de convite desde que a Administração possa substituí-lo por outros instrumentos hábeis, tais como carta-contrato, nota de empenho de despesa, autorização de compra ou ordem de execução de serviço.
    b) A minuta do futuro contrato integrará sempre o edital ou ato convocatório da licitação.
    c) Nos contratos celebrados pela Administração Pública com pessoas físicas ou jurídicas, inclusive aquelas domiciliadas no estrangeiro, deverá constar necessariamente cláusula que declare competente o foro da sede da Administração para dirimir qualquer questão contratual.
    d) O contrato de concessão é firmado no interesse do particular, desde que não contrarie o interesse público.
    e) A cláusula exorbitante não seria lícita num contrato privado, porque desigualaria as partes na execução do avençado, mas é absolutamente válida no contrato administrativo.

57. Marque a alternativa falsa.
    a) A declaração de nulidade do contrato administrativo opera retroativamente impedindo os efeitos jurídicos que ele, ordinariamente, deveria produzir, além de desconstituir os já produzidos.
    b) A nulidade não exonera a Administração do dever de indenizar o contratado pelo que este houver executado até a data em que ela for declarada e por outros prejuízos regularmente comprovados, contanto que não lhe seja imputável, promovendo-se a responsabilidade de quem lhe deu causa.

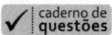

c) Todo contrato deve mencionar os nomes das partes e os de seus representantes, a finalidade, o ato que autorizou a sua lavratura, o número do processo da licitação, da dispensa ou da inexigibilidade, sujeição dos contratantes às normas legais e às cláusulas contratuais.
d) O poder de alteração e rescisão unilaterais do contrato administrativo é inerente à Administração, pelo que podem ser feitas ainda que não previstas expressamente em lei ou consignadas em cláusula contratual.
e) O instrumento de contrato é obrigatório nos caso de concorrência, de tomada de preços e de convite.

58. Analise a veracidade das frases.
    I. A modificação do contrato administrativo sempre dependerá da concordância do particular.
    II. O poder de rescisão unilateral do contrato administrativo é preceito de ordem pública, decorrente do princípio da continuidade do serviço público.
    III. É a variação do interesse público que autoriza a alteração do contrato e até mesmo a sua extinção, nos casos extremos, em que sua execução se torna inútil ou prejudicial à comunidade, ainda que sem culpa do contratado.
    Está(ão) correta(s):
    a) I e II;
    b) II e III;
    c) I e III;
    d) todas;
    e) nenhuma.

59. Marque a alternativa falsa. O regime jurídico dos contratos administrativos instituído pela Lei nº 8.666/1993 confere à Administração, em relação a eles, a prerrogativa de:
    a) modificá-los, unilateralmente, para melhor adequação às finalidades de interesse público, respeitados os direitos do contratado;
    b) rescindi-los, unilateralmente;
    c) fiscalizar-lhes a execução;
    d) aplicar sanções motivadas pela inexecução total ou parcial do ajuste;
    e) nos casos de serviços essenciais, ocupar definitivamente bens móveis, imóveis, pessoal e serviços vinculados ao objeto do contrato, na hipótese da necessidade de acautelar apuração administrativa de faltas contratuais pelo contratado, bem como na hipótese de rescisão do contrato administrativo.

60. Analise a veracidade das frases.

   I. As cláusulas econômico-financeiras e monetárias dos contratos administrativos não poderão ser alteradas sem prévia concordância do contratado.

   II. A duração dos contratos regidos pela Lei nº 8.666/1993 ficará, sempre, adstrita à vigência dos respectivos créditos orçamentários.

   III. Toda prorrogação de prazo deverá ser justificada por escrito e previamente autorizada pela autoridade competente para celebrar o contrato.

   IV. É vedado o contrato com prazo de vigência indeterminado.

   Está(ão) correta(s):

   a) I, II e III;
   b) II e III;
   c) I, III e IV;
   d) todas;
   e) nenhuma.

61. O Município de Feira de Santana, Bahia, contrata uma firma para o fornecimento de medicamentos básicos para o pronto-socorro local. Por entender ineficiente o serviço acordado, o Município resolve rescindir o contrato. Neste caso, o Poder Público:

   a) poderá contratar diretamente o participante que tenha obtido a segunda melhor classificação na licitação realizada desde que este observe as mesmas condições oferecidas pelo vencedor;
   b) terá que proceder a nova licitação por força do princípio da moralidade administrativa insculpido no art. 37 da Constituição Federal;
   c) poderá dispensar a licitação e contratar qualquer firma desde que obtenha previamente a autorização do Tribunal de Contas estadual;
   d) poderá aproveitar o licitante vencedor de outra unidade de saúde e adjudicar a ele o fornecimento de medicamentos do pronto-socorro;
   e) deverá pedir à Câmara Municipal autorização legislativa para qualificar todas as firmas que acorreram à licitação como fornecedores, em conjunto, dos medicamentos.

62. Marque a alternativa falsa.

   a) O regime jurídico administrativo caracteriza-se por prerrogativas, que conferem poderes à Administração, e sujeições, que são impostas como limites à atuação administrativa, necessários para garantir o respeito às finalidades públicas e aos direitos dos indivíduos.
   b) A finalidade do contrato administrativo há de ser sempre pública, sob pena de desvio de poder.

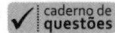

c) As cláusulas exorbitantes são aquelas que não são comuns ou que seriam ilícitas nos contratos entre particulares, por encerrarem prerrogativas ou privilégios de uma das partes em relação à outra.

d) Nos contratos administrativos, as cláusulas exorbitantes não podem existir implicitamente.

e) Será administrativo o contrato que tiver por objeto a utilização privativa de bem público de uso comum ou uso especial.

63. **Marque a alternativa que apresenta características do contrato administrativo.**
    a) Unilateralidade e gratuidade.
    b) Imutabilidade e *intuitu personae*.
    c) Presença de cláusulas exorbitantes e mutabilidade.
    d) Real e gratuito.
    e) Presença da Administração Pública e unilateralidade.

64. **É possível a alteração unilateral do contrato pela Administração Pública: quando houver modificação do projeto ou das especificações, para melhor adequação técnica aos seus objetivos; ou quando necessária a modificação do valor contratual em decorrência de acréscimo ou diminuição quantitativa de seu objeto.**
    Com base na assertiva acima, marque a alternativa correta.
    a) A assertiva é correta.
    b) A assertiva é incorreta, pois uma das características do contrato administrativo é a impossibilidade absoluta de alteração, devido ao princípio da supremacia do interesse público.
    c) A assertiva é incorreta, pois o contrato administrativo só pode ser alterado bilateralmente.
    d) A assertiva é incorreta, pois o contrato administrativo pode ser alterado unilateralmente pela Administração sempre que estiver presente o interesse público.
    e) A assertiva é incorreta, pois o valor contratual nunca pode ser alterado unilateralmente.

65. **Analise a veracidade das frases.**
    I. Ao poder de alteração unilateral, conferido à Administração, corresponde o direito do contratado de ter mantido o equilíbrio econômico-financeiro do contrato.
    II. A rescisão unilateral do contrato administrativo pode ocorrer: por motivo de inadimplemento; no caso de situações que caracterizam

desaparecimento do sujeito, sua insolvência ou comprometimento da execução do contrato; razões de interesse público ou caso fortuito ou força maior.

III. Em caso de extinção do contrato administrativo por motivo de interesse público, caso fortuito ou força maior, a Administração não fica obrigada a ressarcir o contratado dos prejuízos regularmente comprovados e nem a devolver a garantia, pagar as prestações devidas até a data da rescisão e o custo da desmobilização.

Está(ão) correta (s):
a) I e II;
b) II e III;
c) I e III;
d) nenhuma;
e) todas.

66. **Marque a alternativa correta.**
    a) Nos contratos administrativos, fica vedada, implicitamente, em qualquer hipótese, a acumulação de sanções administrativas.
    b) Nos contratos administrativos, enquanto a pena de suspensão não pode ultrapassar de três anos, a de declaração de inidoneidade não tem um limite preciso definido em lei.
    c) Fato da Administração é um ato de autoridade, não diretamente relacionado com o contrato, mas que repercute indiretamente sobre ele; nesse caso, a Administração também responde pelo restabelecimento do equilíbrio rompido.
    d) Fato do Príncipe é toda ação ou omissão do Poder Público que, incidindo direta e especificamente sobre o contrato, retarda, agrava ou impede a sua execução.
    e) Álea econômica é todo acontecimento externo ao contrato, estranho à vontade das partes, imprevisível e inevitável, que causa um desequilíbrio muito grande, tornando a execução do contrato onerosa para o contratado.

67. **Sobre contrato administrativo, assinale a alternativa falsa.**
    a) O contrato administrativo é o ajuste que a Administração Pública, agindo nessa qualidade, firma com particular ou outra entidade administrativa, para a consecução de objetivos de interesse público, nas condições estabelecidas pela própria Administração.
    b) Nos contratos administrativos, a Administração recebe uma série de prerrogativas que garantem a sua posição de supremacia sobre o particular.
    c) Nem todo contrato celebrado pela Administração Pública é contrato administrativo.

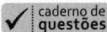

d) No contrato administrativo não é obrigatório estar presente a Administração Pública.
e) O contrato administrativo é, em regra geral, bilateral e oneroso.

68. **Chama-se Fato do Príncipe:**
   a) toda determinação estatal, positiva ou negativa, geral, imprevista e imprevisível que onera substancialmente a execução do contrato administrativo ou impede a conclusão;
   b) acontecimento imprevisível, inevitável, irresistível e alheio à vontade dos contratantes, que torna absolutamente impossível o cumprimento das obrigações contratuais;
   c) acontecimento natural imprevisível e estranho à vontade dos contratantes que, determinando a modificação das circunstâncias econômicas gerais impede a execução do contrato ou contribui de modo decisivo para torná-lo muito mais onerosa do que nos riscos normais;
   d) acontecimento humano e inevitável que impede a execução do contrato;
   e) acontecimento natural alheio à vontade das partes.

69. **Um determinado Município cearense contrata, após a devida licitação, com sociedade privada a execução de serviço de coleta de lixo domiciliar, em determinada área da cidade, mediante quantia certa a ser paga mensalmente pelo Município. Todavia, o Município torna-se inadimplente durante sessenta dias consecutivos. Assim, a sociedade privada:**
   a) poderá cessar as atividades devido à aplicação da *exceptio nom adimpleti contractus*;
   b) poderá cobrar os valores judicialmente, contudo deverá continuar prestando o serviço;
   c) poderá unilateralmente rescindir o contrato;
   d) poderá requerer a anulação do contrato;
   e) revogará o contrato, se assim desejar.

70. **Analise a veracidade das frases.**
   I. A recusa injustificada do adjudicatário em assinar o contrato, aceitar ou retirar o instrumento equivalente, dentro do prazo estabelecido pela Administração, caracteriza o descumprimento total da obrigação assumida, sujeitando-o às penalidades legalmente estabelecidas.
   II. A rescisão administrativa ou amigável deverá ser precedida de autorização escrita e fundamentada da autoridade competente.
   III. A rescisão do contrato poderá ser judicial.

Está(ão) correta(s):
a) todas;
b) I e II;
c) II e III;
d) I e III;
e) I.

71. Analise a veracidade das frases.
    I. Os contratos administrativos de que trata a Lei nº 8.666/1993 regulam-se pelas suas cláusulas e pelos preceitos de Direito Público, aplicando-se-lhes, solidariamente, os princípios da teoria geral dos contratos e as disposições de Direito Privado.
    II. Os contratos devem estabelecer com clareza e precisão as condições para sua execução, expressas em cláusulas que definam os direitos, obrigações e responsabilidades das partes, em conformidade com os termos da licitação e da proposta a que se vinculam.
    III. Os contratos decorrentes de dispensa ou de inexigibilidade de licitação devem atender aos termos do ato que os autorizou e da respectiva proposta.

    Está(ão) correta(s):
    a) I e II;
    b) II e III;
    c) I e III;
    d) nenhuma;
    e) todas.

72. No âmbito da execução do contrato administrativo, a Administração Pública somente responde, solidariamente, pela inadimplência do contratado, quanto a débitos de natureza:
    a) previdenciária;
    b) trabalhista;
    c) empresarial;
    d) tributária;
    e) civil.

73. Marque a opção que contém afirmativa correta, aplicável aos contratos administrativos de prestação de serviços à Administração Pública.
    a) Deverá constar do contrato cláusula que declare competente o foro da sede da contratada para dirimir qualquer questão contratual.
    b) A garantia oferecida, para assegurar a plena execução do contrato, não excederá a 35% do valor do contrato.
    c) O prazo contratual poderá ser determinado ou indeterminado, ficando ao arbítrio do órgão contratante estabelecê-lo.

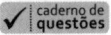

d) A Administração Pública poderá aplicar sanções motivadas pela inexecução total ou parcial do contrato.

e) A declaração de nulidade do contrato não opera retroativamente, produzindo seus efeitos a partir da data da declaração.

74. **Marque a alternativa falsa.**
    a) O instrumento de contrato é obrigatório nos caso de convite e leilão.
    b) A Administração rejeitará, no todo ou em parte, obra, serviço ou fornecimento executado em desacordo com o contrato.
    c) O contratado é responsável pelos encargos trabalhistas, previdenciários, fiscais e comerciais resultantes da execução do contrato.
    d) O contratado deverá manter preposto, aceito pela Administração, no local da obra ou serviço, para representá-lo na execução do contrato.
    e) A execução do contrato deverá ser acompanhada e fiscalizada por um representante da Administração especialmente designado.

75. **Sobre o tema execução dos contratos administrativos, marque a alternativa correta.**
    a) O contratado, na execução do contrato, sem prejuízo de suas responsabilidades contratuais e legais, poderá subcontratar partes da obra, serviço ou fornecimento, até o limite admitido, em cada caso, pela Administração.
    b) A Administração Pública responde subsidiariamente pelos encargos previdenciários resultantes da execução do contrato
    c) A Administração Pública possui responsabilidade solidária com o contratado pelos encargos trabalhistas, fiscais e comerciais resultantes da execução do contrato.
    d) O contratado deverá manter preposto, indicado pela Administração, no local da obra ou serviço, para representá-lo na execução do contrato.
    e) Havendo motivo justificado, o contrato administrativo pode ser por prazo indeterminado.

76. **Sobre o regime jurídico-administrativo dos contratos administrativos, marque a alternativa correta.**
    a) O contratado fica obrigado a aceitar, nas mesmas condições contratuais, os acréscimos ou supressões que se fizerem nas obras, serviços ou compras, até 25% (vinte e cinco por cento) do valor inicial atualizado do contrato, e, no caso particular de reforma de edifício ou de equipamento, até o limite de 50% (cinquenta por cento) para os seus acréscimos.
    b) Em nenhuma hipótese, o contrato administrativo poderá ser verbal.

c) No contrato administrativo deverá constar cláusula que declare competente o foro da sede da empresa contratada para dirimir qualquer questão judicial ocorrida na execução.
d) Nos contratos administrativos, caberá à Administração Pública contratante optar por uma das modalidades de garantia previstas em lei.
e) Os contratos administrativos serão, independentemente de seus valores, verbais.

77. **Uma empresa pública ficou sujeita à multa de mora pelo atraso injustificado na execução de um contrato. Sendo o valor da multa superior ao valor da garantia prestada, a empresa:**
    a) perderá a garantia e responderá pela diferença, a qual será descontada dos pagamentos eventualmente devidos pela Administração ou, ainda, quando for o caso, poderá ser cobrada judicialmente;
    b) perderá a garantia, mas não poderá ter a diferença descontada dos pagamentos eventualmente devidos pela Administração;
    c) responderá pela multa apenas até o limite do valor da garantia;
    d) perderá a garantia e responderá pela diferença, mediante oferecimento de nova garantia;
    e) sustará o contratado.

78. **O regime jurídico dos contratos administrativos garante o direito da Administração Pública em:**
    a) revogar o contrato;
    b) modificar unilateralmente o contrato;
    c) prorrogar o termo contratual pelo prazo de quarenta e oito meses;
    d) aplicar penalidade de suspensão ao contratado por até trinta e seis meses;
    e) desapropriar os bens do contratado, em caso de inexecução parcial.

79. **A fase preparatória do pregão observará o seguinte:**
    a) a autoridade competente justificará a necessidade de contratação e definirá o objeto do certame, as exigências de habilitação, os critérios de aceitação das propostas, as sanções por inadimplemento e as cláusulas do contrato, inclusive com fixação dos prazos para fornecimento;
    b) fixação do limite máximo e mínimo das propostas;
    c) nomeação e investidura da comissão de licitação formada por três servidores efetivos e estáveis;
    d) fixação dos limites para a classificação na fase externa;
    e) nomeação do pregoeiro e toda a equipe de apoio.

80. As fases do pregão são:
   a) preparatória e externa;
   b) formal e material;
   c) extrínseca e secundária;
   d) objetiva e subjetiva;
   e) geral e específica.

81. No curso da sessão de classificação das propostas do pregão, poderão fazer novos lances verbais e sucessivos, o autor da oferta de valor mais baixo e os das ofertas com preços até:
   a) cinco por cento superiores àquela;
   b) dez por cento superiores àquela;
   c) quinze por cento superiores àquela;
   d) vinte por cento superiores àquela;
   e) vinte e cinco por cento superiores àquela.

82. Na área da saúde, são considerados serviços comuns aqueles:
   a) necessários ao atendimento dos órgãos que integram o Sistema Único de Saúde, cujos padrões de desempenho e qualidade possam ser objetivamente definidos no edital, por meio de especificações usuais do mercado;
   b) cujos valores não excedem o da concorrência;
   c) definidos pelo Ministério da Saúde por meio de resolução;
   d) definidos pela Organização Mundial da Saúde;
   e) definidos pelo Conselho Mundial da Saúde.

83. Analise a veracidade das frases.
   I. A modalidade pregão pode ser substituída pela tomada de preços.
   II. A modalidade pregão pode ser substituída pelo leilão.
   III. A modalidade pregão pode ser substituída pela concorrência.
   Está(ão) correta(s):
   a) nenhuma;
   b) I;
   c) II;
   d) III;
   e) I e III.

84. Analise a veracidade das frases.
    I. A inviabilidade da utilização do pregão na forma eletrônica deverá ser devidamente justificada pelo dirigente ou autoridade competente.
    II. No dia, hora e local designados, será realizada sessão pública para recebimento das propostas do pregão, devendo o interessado, ou seu representante, identificar-se e, se for o caso, comprovar a existência dos necessários poderes para formulação de propostas e para a prática de todos os demais atos inerentes ao certame.
    III. Aberta a sessão do pregão, os interessados ou seus representantes, apresentarão declaração dando ciência de que cumprem plenamente os requisitos de habilitação e entregarão os envelopes contendo a indicação do objeto e do preço oferecidos, procedendo-se à sua imediata abertura e à verificação da conformidade das propostas com os requisitos estabelecidos no instrumento convocatório.
    Está(ão) correta(s):
    a) I e II;
    b) II e III;
    c) nenhuma;
    d) I e III;
    e) todas.

85. A modalidade do pregão, recentemente inserida no âmbito do procedimento licitatório, tem as seguintes características, exceto:
    a) pregão é a modalidade de licitação para aquisição de bens e serviços comuns, utilizada apenas pela União, qualquer que seja o valor estimado da contratação, em que a disputa pelo fornecimento é feita por meio de propostas e lances em sessão pública;
    b) é vedada a exigência de garantia de proposta;
    c) o prazo fixado para a apresentação das propostas, contado a partir da publicação do aviso, não será inferior a oito dias úteis;
    d) para julgamento e classificação das propostas, será adotado o critério de menor preço, observados os prazos máximos para fornecimento, as especificações técnicas e parâmetros mínimos de desempenho e qualidade definidos no edital;
    e) declarado o vencedor, qualquer licitante poderá manifestar imediata e motivadamente a intenção de recorrer, quando lhe será concedido o prazo de três dias para apresentação das razões do recurso, ficando os demais licitantes desde logo intimados para apresentar contra-razões em igual número de dias, que começarão a correr do término do prazo do recorrente, sendo-lhes assegurada vista imediata dos autos.

86. Assinale a alternativa falsa no que diz respeito às características do pregão.
    a) Sua adoção dependerá do valor da contratação.
    b) Há possibilidade de renovação dos lances por todos ou alguns dos licitantes até chegar a proposta mais vantajosa.
    c) Escolha do vencedor através de propostas escritas e lances verbais.
    d) Podem participar do certame quaisquer interessados.
    e) Visa à aquisição de bens ou serviços de natureza comum.

87. A Lei nº 9.472/1997 instituidora da Agência Nacional de Telecomunicações – Anatel prevê uma modalidade licitatória aplicável nos casos de aquisição de bens e serviços não compreendidos na modalidade pregão. Assinale a alternativa abaixo que apresenta esta modalidade.
    a) Consulta.
    b) Leilão.
    c) Convite.
    d) Tomada de Preços.
    e) Concorrência.

88. Analise a veracidade das frases.
    I. Os entes públicos e privados poderão formalizar termos de cooperação técnica com outros órgãos e entidades públicas ou privadas, incluindo o órgão repassador, para a realização do pregão, ficando o titular do ente público ou privado beneficiário do repasse como autoridade responsável pela licitação.
    II. A inviabilidade da utilização do pregão na forma eletrônica deverá ser devidamente justificada pelo dirigente ou autoridade competente responsável pela licitação.
    III. Os entes públicos e privados poderão utilizar seus próprios sistemas eletrônicos de pregão, ou de terceiros.
    IV. Não sendo viável a realização do pregão na forma eletrônica, deverá ser adotado o pregão presencial.
    O número de assertivas corretas é:
    a) zero;
    b) um;
    c) dois;
    d) três;
    e) quatro.

89. Analise a veracidade das frases.
    I. Os órgãos, entes e instituições convenentes, firmatários de contrato de gestão ou termo de parceria, ou consorciados deverão providenciar a transferência eletrônica de dados, relativos aos contratos firmados com recursos públicos repassados voluntariamente pela União para o Sistema Integrado de Administração de Serviços Gerais – Siasg, de acordo com instrução a ser editada pelo Ministério do Planejamento, Orçamento e Gestão.
    II. A União, os Estados, o Distrito Federal e os Municípios poderão adotar, nas licitações de registro de preços destinadas à aquisição de bens e serviços comuns da área da saúde, a modalidade do pregão, exceto por meio eletrônico.
    III. Os órgãos, entes e entidades privadas sem fins lucrativos, convenentes ou consorciadas com a União, poderão utilizar sistemas de pregão eletrônico próprios ou de terceiros.
    IV. Aplicam-se subsidiariamente, para a modalidade de pregão, as normas da Lei nº 8.666/1993.

    Estão corretas:
    a) I, II e III;
    b) II, III e IV;
    c) I, III e IV;
    d) II e IV;
    e) todas.

90. Em relação à Lei de Licitações, assinale a opção correta.
    a) A alienação de bens imóveis da Administração depende de prévia licitação na modalidade tomada de preços.
    b) A alienação de bens imóveis de propriedade de empresas públicas depende de autorização legislativa.
    c) A alienação de bens imóveis públicos permite dispensa de licitação quando os imóveis forem destinados a programas habitacionais de interesse social.
    d) No âmbito da competência de editar normas específicas de licitação, os Estados podem editar leis com hipóteses fáticas de dispensa de licitação.
    e) A alienação de bens móveis depende de autorização legislativa.

91. Nos termos da Lei Federal nº 8.666/1993, Estatuto das Licitações e Contratos Administrativos, marque a opção que enumera, respectivamente, uma modalidade de licitação, um tipo de licitação e um regime de execução:
    a) técnica e preço; convite; empreitada por preço unitário;
    b) concorrência; menor preço; empreitada integral;
    c) tarefa; leilão; menor preço;
    d) empreitada por preço global; tomada de preços; melhor técnica;
    e) leilão; pregão e administração contratada.

92. Com relação à Lei nº 8.666/1993, que estabelece normas gerais sobre licitações e contratos administrativos, é correto afirmar:
    a) Subordinam-se ao regime da citada lei, além dos órgãos da Administração Direta, os fundos especiais, as autarquias e as fundações estando dela excetuadas as empresas públicas, as sociedades de economia mista e as agências executivas.
    b) Com exceção do conteúdo das propostas, a licitação será sigilosa, não sendo públicos e acessíveis ao público os atos de seu procedimento, até a respectiva abertura.
    c) É lícito incluir no objeto da licitação a obtenção de recursos financeiros para sua execução, qualquer que seja a sua origem, exceto aos casos de empreendimentos executados e explorados sob regime de concessão.
    d) Qualquer cidadão poderá requerer à Administração Pública os quantitativos das obras e preços unitários de determinada obra executada.
    e) Na doação com encargo, é possível a dispensa de licitação.

93. O Direito Administrativo brasileiro admite uma série de hipóteses que podem constar no edital de licitação. Analise as situações abaixo e assinale a alternativa que apresenta as admissíveis.
    I. Preferência para produtos em uma região geográfica brasileira, com o fim de garantir o desenvolvimento nacional.
    II. Necessidade de apresentação de certificado de qualidade do processo de fabricação de determinado produto.
    III. Preferência de marca no caso de padronização.
    IV. Apresentação de amostra do bem, ainda na fase de julgamento das propostas.
    Estão corretas:
    a) I, II e III;
    b) II, III e IV;
    c) I, III e IV;
    d) I e IV;
    e) II e III.

94. Analise a veracidade das frases.
    I. Configura-se a inexigibilidade de licitação quando a União é obrigada a intervir no domínio econômico para regular preço ou normalizar o abastecimento.
    II. Nas licitações do tipo menor preço, será assegurada, como critério de desempate, preferência de contratação para as microempresas e empresas de pequeno porte.

III. Os critérios de tratamento diferenciado e simplificado para as microempresas e empresas de pequeno porte deverão estar expressamente previstos no instrumento convocatório.

IV. A Administração Pública, no caso de dispensa, só pode contratar com empresa de pequeno porte.

Estão corretas:
a) I e II;
b) III e IV;
c) II e III;
d) I e III;
e) II e IV.

95. Uma determinada autarquia publicou edital para pregão eletrônico, sendo que, apenas, duas empresas apresentaram proposta. Aberta a segunda fase, as duas empresas repetiram as propostas originárias, não oferecendo mais lances. Como as propostas encontram-se muito próximas do valor máximo estabelecido no edital, a autarquia deseja revogar o certame. A respeito do tema, assinale a alternativa correta.
   a) Trata-se de impossibilidade jurídica, visto que a licitação não pode ser revogada.
   b) O correto deveria ser a anulação da licitação, em virtude da conduta dos licitantes.
   c) Para que ocorra a revogação, a autarquia deve indenizar todos os licitantes.
   d) Em virtude da conduta dos licitantes, a autarquia deveria punir os licitantes.
   e) Como a homologação não foi realizada, a autarquia poderá revogar a licitação, sem necessidade de garantir ampla defesa.

96. Um determinado Município da região sudeste do Rio de Janeiro abriu procedimento licitatório, na modalidade convite, para contração de serviços de informática. Apenas um licitante apresentou proposta, ocorrendo, por conseguinte, a adjudicação e a respectiva homologação. Ocorre que, na véspera da apresentação da proposta, o filho do prefeito do citado Município adquiriu 90% das contas da empresa vencedora, tendo o arquivamento na junta comercial da respectiva alteração contratual ocorrido duas semanas após a homologação da licitação. Após análise da situação hipotética narrada, assinale a alternativa correta.

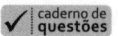

a) Após feita a homologação, a licitação é dita como perfeita e acabada, não podendo ser anulada.
b) A licitação narrada é ilícita por ofensa, entre outros, aos princípios da moralidade e impessoalidade.
c) Como o arquivamento na junta comercial ocorreu após a homologação, não houve violação a nenhum princípio constitucional ou legal.
d) Alteração do controle societário deu-se após o envio da carta-convite, por conseguinte, não houve violação a princípio administrativo.
e) O nepotismo não impede a contratação administrativa, por falta de proibição legal.

97. **Durante a execução de uma empreitada de grande vulto, consistente na reforma de um hospital estadual, a Administração Pública deseja alterar o contrato, gerando um acréscimo de 35% da obra, devido ao aumento do número de leitos previstos no projeto básico.**
A citada alteração é:
a) inválida, pois o limite legal é de até 10%;
b) inválida, pois o limite legal é de até 15%;
c) inválida, pois o limite legal é de até 25%;
d) inválida, pois o limite legal é de até 30%;
e) válida, em caso de reforma de edifício o limite legal é de 50%.

98. **Uma certa autarquia estadual realizou licitação por meio da modalidade de pregão para aquisição de software. O resultado da licitação foi o seguinte: empresa Alfa, em primeiro lugar, com o preço de 1 milhão de reais; empresa Beta, em segundo lugar, com o preço de 2 milhões e 300 mil reais; e empresa Gama, em terceiro lugar, com o preço de 4 milhões. Após o resultado, na fase de habilitação, a empresa Alfa foi inabilitada por irregularidade fiscal e, posteriormente, o mesmo ocorreu com a empresa Beta.**
Diante do caso narrado, assinale a alternativa correta.
a) A empresa Gama deverá ser contratada pelo preço de 1 milhão de reais.
b) A licitação deve ser anulada em virtude da inabilitação dos dois primeiros colocados, o que inviabilizou qualquer processo competitivo.
c) A empresa Gama poderá ser contratada pelo preço de sua proposta, ou seja, 4 milhões de reais.
d) A licitação deve ser revogada, por violação ao interesse público.
e) A licitação deve ser anulada, com as inabilitações o princípio da impessoalidade foi violado.

99. Analise a veracidade das frases.
   I. Será facultado, nos termos de regulamentos próprios da União, Estados, Distrito Federal e Municípios, a participação de bolsas de mercadorias no apoio técnico e operacional aos órgãos e entidades promotores da modalidade de pregão, utilizando-se de recursos de tecnologia da informação.
   II. O pregão eletrônico não poderá ser utilizado para compras superiores a 1 milhão e 200 mil reais.
   III. A habilitação no pregão far-se-á com a verificação de que o licitante está em situação regular perante a Fazenda Nacional, a Seguridade Social e o Fundo de Garantia do Tempo de Serviço – FGTS, e as Fazendas Estaduais e Municipais, quando for o caso, com a comprovação de que atende às exigências do edital quanto à habilitação jurídica e às qualificações técnica e econômico-financeira.
   IV. Se outro não for fixado no edital, o prazo de validade das propostas no pregão é de sessenta dias.
   Estão corretas:
   a) I, II e IV;
   b) I, II e III;
   c) I, III e IV;
   d) II, III e IV;
   e) todas.

100. De acordo com a Lei de Licitação, serão desclassificadas propostas com valor global superior ao limite estabelecido ou com preços manifestamente inexequíveis, assim considerados aqueles que não venham a ter demonstrada sua viabilidade através de documentação que comprove que os custos dos insumos são coerentes com os de mercado e que os coeficientes de produtividade são compatíveis com a execução do objeto do contrato, condições estas necessariamente especificadas no ato convocatório da licitação. Consideram-se manifestamente inexequíveis, no caso de licitações de menor preço para obras e serviços de engenharia, as propostas cujos valores sejam inferiores a:
   a) 45% (quarenta e cinco por cento) do menor do valor orçado pela Administração;
   b) 50% (cinquenta por cento) do menor do valor orçado pela Administração;
   c) 60% (sessenta por cento) do menor do valor orçado pela Administração;
   d) 70% (setenta por cento) do menor do valor orçado pela Administração;
   e) 80% (oitenta por cento) do menor do valor orçado pela Administração.

Capítulo 7

Do Serviço Público, da Concessão e Permissão, da Parceria Público-Privada e do Consórcio Público

I. **Complete a Lacuna.**

1. Em sentido .... (amplo/restrito), serviço público vem a ser toda atividade que o Estado exerce, direta ou indiretamente, para a satisfação das necessidades públicas mediante procedimento típico do Direito Público.
2. Em sentido .... (amplo/restrito), é toda atividade material que a lei atribui ao Estado para que a exerça diretamente ou por meio de seus delegados, com o objetivo de satisfazer concretamente às necessidades coletivas, sob regime jurídico total ou parcialmente público.
3. Os serviços públicos são definidos pelo Estado por meio de .... (lei/decreto).
4. O princípio da .... (continuidade do serviço/supremacia do interesse público) significa que o serviço público não pode parar.
5. De acordo com o princípio da .... (igualdade dos usuários/isonomia formal), deve a Administração Pública prestar o serviço público, sem qualquer distinção de caráter individual.
6. Os serviços públicos .... (impróprios/próprios) são aqueles que se relacionam intimamente com as atribuições típicas do Poder Público, como a segurança.
7. O serviço público .... (impróprio/próprio) pode ser delegado.
8. O serviço público .... (impróprio/próprio) não pode ser delegado.
9. Os serviços públicos .... (impróprios/próprios) são os que não afetam substancialmente as necessidades da comunidade, mas satisfazem a interesses comuns de seus membros.

10. Os serviços públicos .... (*uti universi/uti singuli*) são aqueles que têm por finalidade a satisfação individual e direta das necessidades dos indivíduos, como o caso da água e do telefone.

11. Os serviços públicos .... (*uti universi/uti singuli*) são aqueles prestados à coletividade, como o de coleta de lixo e iluminação pública.

12. Serviço público .... (centralizado/descentralizado/desconcentrado) é o que o Poder Público presta por seus próprios órgãos em seu nome e sob sua exclusiva responsabilidade.

13. Serviço público .... (centralizado/descentralizado/desconcentrado) é todo aquele em que o Poder Público transfere sua titularidade ou, simplesmente, sua execução, por outorga ou delegação a terceiros.

14. Serviço público .... (centralizado/descentralizado/desconcentrado) é o todo aquele que a Administração executa de modo centralizado, mas o distribui entre os vários órgãos da mesma entidade, para facilitar sua realização e obtenção pelos usuários.

15. Descentralização .... (por serviços/territorial) é a que se verifica quando uma entidade local, geograficamente delimitada, é dotada de personalidade jurídica própria, de Direito Público, com capacidade administrativa genérica.

16. Descentralização por .... (colaboração/serviços) é a que se verifica quando o Poder Público cria uma pessoa jurídica e a ela atribui a titularidade e a execução de determinado serviço público.

17. Descentralização por .... (colaboração/serviços) é a que se verifica quando, por meio de contrato ou ato administrativo unilateral, se transfere a execução de determinado serviço público a pessoa jurídica de Direito Privado.

18. Descentralização por .... (delegação/outorga) é aquela cujo processo de descentralização foi formalizado através de lei.

19. Descentralização por .... (delegação/outorga) é aquela que ocorre por meio de negócios jurídicos.

20. A .... (concessão/permissão) de serviço público é a delegação de sua prestação, feita pelo poder concedente, mediante licitação, na modalidade de concorrência, à pessoa jurídica ou consórcio de empresas que demonstre capacidade para seu desempenho, por sua conta e risco.

21. A concessão de serviço público é por prazo .... (determinado/indeterminado).

22. A .... (concessão/permissão) de serviço público é a delegação, a título precário, mediante licitação, da prestação de serviços públicos, feita pelo poder concedente à pessoa física ou jurídica que demonstre capacidade para seu desempenho, por sua conta e risco.

23. A concessão de serviço público será formalizada mediante .... (ato administrativo/contrato).

24. Serviço .... (adequado/eficaz) é o que satisfaz as condições de regularidade, continuidade, eficiência, segurança, atualidade, generalidade, cortesia na sua prestação e modicidade das tarifas.
25. .... (Caracteriza-se/Não se caracteriza) como descontinuidade do serviço a sua interrupção em situação de emergência.
26. As concessionárias de serviços públicos, de Direito Público e Privado, nos Estados e no Distrito Federal, são obrigadas a oferecer ao consumidor e ao usuário, dentro do mês de vencimento, o mínimo de .... (cinco/seis) datas opcionais para escolherem os dias de vencimento de seus débitos.
27. A concessão de serviço público, precedida ou não da execução de obra pública, ... (não será/será) objeto de prévia licitação.
28. A permissão de serviço público .... (não será/será) objeto de prévia licitação.
29. Em igualdade de condições, será dada preferência à proposta apresentada por empresa .... (brasileira/localizada no Brasil).
30. Em regra geral, a outorga de permissão .... (não terá/terá) caráter de exclusividade.
31. Em regra geral, a outorga de concessão .... (não terá/terá) caráter de exclusividade.
32. Considerar-se-á .... (desclassificada/inabilitada) a proposta que, para sua viabilização, necessite de vantagens ou subsídios que não estejam previamente autorizados em lei e à disposição de todos os concorrentes.
33. Considerar-se-á .... (desclassificada/inabilitada) a proposta de entidade estatal alheia à esfera político-administrativa do poder concedente que, para sua viabilização, necessite de vantagens ou subsídios do Poder Público controlador da referida entidade.
34. O contrato de concessão .... (não poderá/poderá) prever o emprego de mecanismos privados para resolução de disputas decorrentes ou relacionadas ao contrato.
35. .... (É/Não é) possível a encampação da concessionária de serviço público em razão do interesse público.
36. Na modalidade patrocinada, a parceria público-privada é o contrato administrativo de .... (concessão/permissão).
37. Os contratos .... (não poderão/poderão) prever adicionalmente a possibilidade de emissão de empenho em nome dos financiadores do projeto em relação às obrigações pecuniárias da Administração Pública.
38. Na modalidade administrativa, parceria público-privada é o contrato administrativo de .... (concessão/permissão).

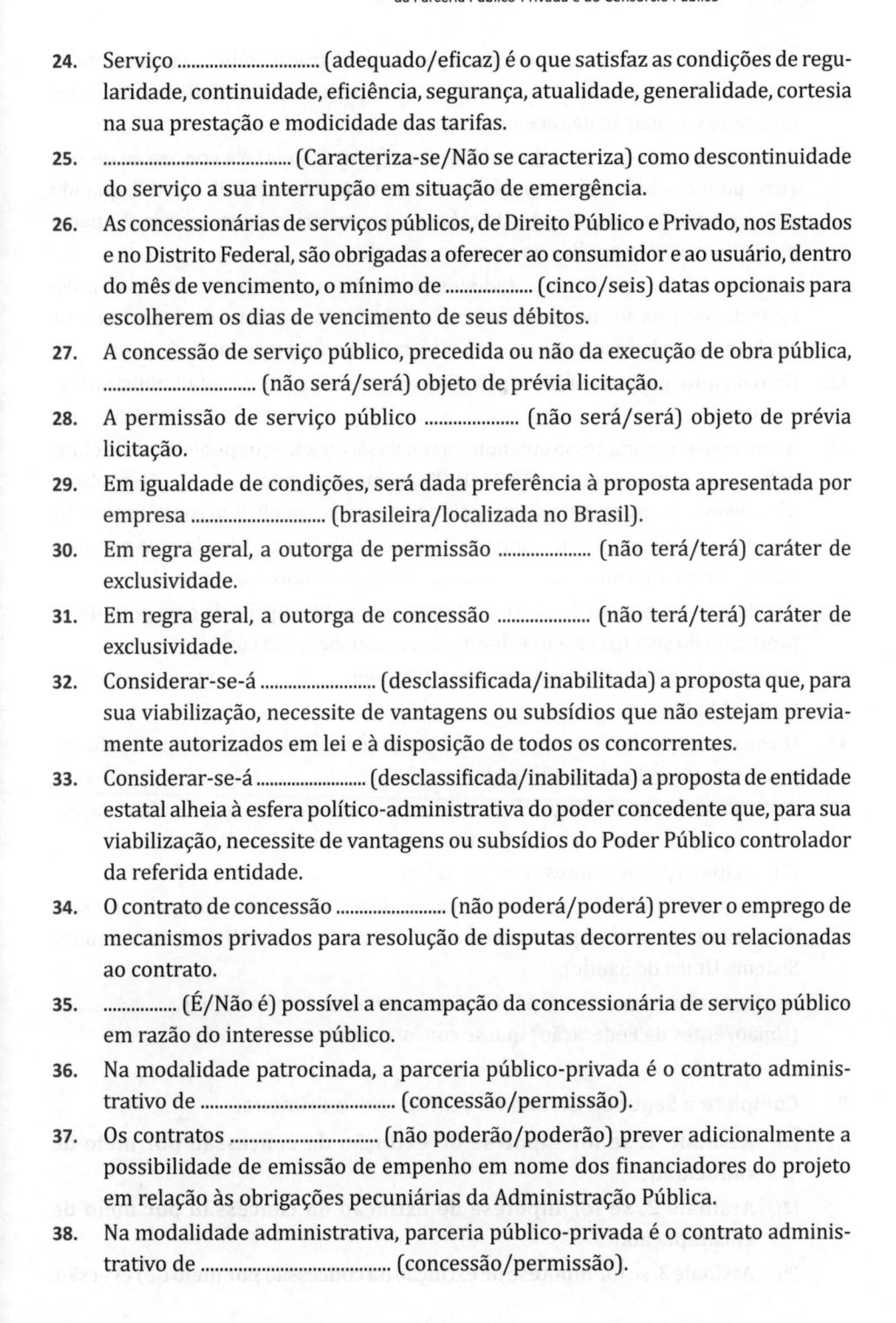

39. As obrigações pecuniárias contraídas pela Administração Pública em contrato de parceria público-privada .... (não poderão/poderão) ser garantidas mediante vinculação de receitas.

40. A concessão .... (administrativa/patrocinada) é a concessão de serviços públicos ou de obras públicas de que trata a Lei nº 8.987/1995, quando envolver, adicionalmente à tarifa cobrada dos usuários, contraprestação pecuniária do parceiro público ao parceiro privado.

41. A concessão .... (administrativa/patrocinada) é o contrato de prestação de serviços de que a Administração Pública seja a usuária direta ou indireta, ainda que envolva execução de obra ou fornecimento e instalação de bens.

42. Não constitui parceria público-privada a concessão .... (administrativa/comum).

43. A concessão comum, assim entendida a concessão de serviços públicos ou de obras públicas de que trata a Lei nº 8.987/1995, acontece quando .... (envolver/não envolver) contraprestação pecuniária do parceiro público ao parceiro privado.

44. É vedada a celebração de contrato de parceria público-privada cujo valor do contrato seja inferior a .... (10/20) milhões de reais.

45. É vedada a celebração de contrato de parceria público-privada cujo período de prestação do serviço seja inferior a .... (cinco/dez) anos.

46. O consórcio público poderá ser constituído em .... (associação/autarquia) pública.

47. O consórcio público .... (não poderá/poderá) ser constituído em pessoa jurídica de Direito Privado.

48. A União somente participará de consórcios públicos em que também façam parte todos os Estados em cujos territórios estejam situados os .... (Municípios/participantes) consorciados.

49. Os consórcios públicos, na área de saúde, deverão obedecer aos princípios, às diretrizes e às normas que regulam o .... (Ministério da Saúde/Sistema Único de Saúde).

50. Os objetivos dos consórcios públicos serão determinados pela(os) .... (União/entes da Federação) que se consorciarem.

II. **Complete a Segunda Coluna de acordo com a Primeira.**

(1) **Assinale 1, se for hipótese de extinção da concessão por meio de caducidade.**

(2) **Assinale 2, se for hipótese de extinção da concessão por meio de encampação.**

(3) **Assinale 3, se for hipótese de extinção da concessão por meio de reversão.**

1. ( ) Ocorre quando a concessionária é condenada em sentença transitada em julgado por sonegação de tributos, inclusive contribuições sociais.
2. ( ) É retomada do serviço pelo poder concedente durante o prazo da concessão, por motivo de interesse público.
3. ( ) Ocorre quando a concessionária não cumpre as penalidades impostas por infrações, nos devidos prazos.
4. ( ) Ocorre quando a concessionária descumpre cláusulas contratuais ou disposições legais ou regulamentares concernentes à concessão.
5. ( ) Ocorre no advento do termo contratual.
6. ( ) Ocorre quando concessionária paralisa o serviço ou concorre para tanto, ressalvadas as hipóteses decorrentes de caso fortuito ou força maior.
7. ( ) Ocorre quando o serviço for prestado de forma inadequada ou deficiente.

III. Marque V, se a assertiva for verdadeira, ou F, se a assertiva for falsa.

1. ( ) Os serviços públicos próprios devem ser prestados por órgãos ou entidades públicas, com delegação a particulares.
2. ( ) No consórcio, são cláusulas obrigatórias no Protoloco de Intenções, entre outras, descrição detalhada do objeto, indicando os programas por ele abrangidos e a duração do ajuste.
3. ( ) A sociedade de propósito específico, constituída após a celebração do contrato da parceria, poderá assumir a forma de companhia aberta, com valores mobiliários admitidos a negociação no mercado, assegurada à Administração Pública a titularidade da maioria do capital votante.
4. ( ) O consórcio público com personalidade jurídica de Direito Público é uma entidade paraestatal, sendo considerado membro do terceiro setor.
5. ( ) A intervenção na concessionária tem duração máxima de 180 (cento e oitenta) dias.
6. ( ) A permissionária de serviço público deverá ser necessariamente uma pessoa jurídica.
7. ( ) Serviços públicos divisíveis devem ser remunerados sempre mediante taxa e jamais mediante tarifa.
8. ( ) Os Estados, o Distrito Federal e os Municípios têm competência para legislar sobre consórcios públicos.
9. ( ) Sociedade de propósito específico não poderá assumir a forma de companhia aberta.
10. ( ) Diferentemente da concessão, a permissão de serviço público pode ser contratada não apenas com pessoa jurídica e consórcio de empresas, mas também com pessoa física.

11. (   ) O poder concedente poderá intervir na concessão, desde que haja autorização legislativa, com o fim de assegurar a adequação na prestação do serviço, bem como o fiel cumprimento das normas contratuais, regulamentares e legais pertinentes.

12. (   ) Nos contratos de financiamento, as concessionárias poderão oferecer em garantia os direitos emergentes da concessão, até o limite que não comprometa a operacionalização e a continuidade da prestação do serviço.

13. (   ) Considera-se concessão de serviço público simples o contrato administrativo pelo qual a Administração Pública transfere a execução de certa atividade de interesse coletivo a pessoa jurídica ou a consórcio de empresas, sendo a remuneração feita por meio do sistema de tarifas ou taxas.

14. (   ) A declaração de caducidade da concessão de serviços públicos depende de prévia indenização, apurada em processo administrativo.

15. (   ) A reversão pode ser definida como a entrega, pelo concessionário ao poder concedente, dos bens vinculados ou não à concessão.

16. (   ) Ao contrário do que ocorre na concessão de serviço público, a outorga de permissão de serviço público prescinde de prévia licitação.

17. (   ) A encampação e a caducidade são formas de extinção antecipada e unilateral da concessão de serviço público, gerando os mesmos efeitos jurídicos.

18. (   ) O princípio da universalidade veda a exploração por regime de concessão de serviços de natureza essencial.

19. (   ) No caso de se revestir de personalidade jurídica de Direito Privado, o consórcio público observará as normas de Direito Público no que concerne à realização de licitação, celebração de contratos, prestação de contas e admissão de pessoal, que será regido pela Consolidação das Leis do Trabalho – CLT.

20. (   ) Os fundos especiais não podem celebrar contratos de concessão de parcerias público-privadas.

21. (   ) O princípio da flexibilidade dos meios ao fim autoriza mudanças no regime de execução do serviço público para adaptá-lo ao interesse público.

22. (   ) Os consórcios públicos e os convênios de cooperação podem autorizar a transferência parcial de encargos, serviços, pessoal e bens essenciais à continuidade dos serviços transferidos.

23. (   ) As parcerias públicas-privadas sempre devem ser precedidas de licitação, na modalidade concorrência ou pregão.

24. (   ) Não há fixação de prazo legal para a conclusão do processo administrativo referente à intervenção na concessionária.

25. (   ) Pelo princípio da igualdade dos usuários perante o serviço público, desde que a pessoa satisfaça às condições legais, faz jus à prestação do serviço público, sem qualquer distinção de caráter pessoal.

26. (   ) A contraprestação da Administração Pública nos contratos de parceria público-privada poderá ser feita por outorga de direitos sobre bens públicos dominicais.

27. ( ) Os serviços públicos *uti singuli* devem ser mantidos por meio de imposto, por serem indivisíveis (não mensuráveis) na sua utilização.
28. ( ) A contratação de parceria público-privada será precedida de licitação na modalidade de pregão.
29. ( ) Os consórcios públicos não poderão realizar licitação.
30. ( ) A descentralização legal de serviço público tem como hipóteses a permissão e a concessão.
31. ( ) A declaração da encampação da concessão deverá ser precedida da verificação da inadimplência da concessionária em processo administrativo, assegurado o direito de ampla defesa.
32. ( ) As contratações, inclusive de mão de obra, feitas pela concessionária serão regidas pelas disposições de direito privado e pela legislação trabalhista, não se estabelecendo qualquer relação entre os terceiros contratados pela concessionária e o poder concedente.
33. ( ) Parceria público-privada é o contrato administrativo de consórcio.
34. ( ) Concessão patrocinada é o contrato de prestação de serviços de que a Administração Pública seja a usuária direta ou indireta, ainda que envolva execução de obra ou fornecimento e instalação de bens.
35. ( ) A concessão comum constitui parceria público-privada.
36. ( ) A sociedade de propósito específico deverá obedecer a padrões de governança corporativa e adotar contabilidade e demonstrações financeiras padronizadas, conforme regulamento.
37. ( ) O princípio da continuidade do serviço público impede o concessionário de rescindir unilateralmente o contrato no caso de descumprimento das normas contratuais pelo poder concedente, devendo intentar ação judicial para esse fim.
38. ( ) A abertura da licitação para a contratação de parceria público-privada está condicionada à estimativa do fluxo de recursos públicos suficientes para o cumprimento, durante a vigência do contrato e por exercício financeiro, das obrigações contraídas pela Administração Pública.
39. ( ) Reversão consiste na transferência, em virtude de extinção contratual, dos bens do concessionário para o patrimônio do concedente.
40. ( ) O Estado pode executar, segundo o texto constitucional vigente, qualquer atividade econômica em caráter de monopólio.
41. ( ) As concessões patrocinadas em que qualquer parte da remuneração do parceiro privado for paga pela Administração Pública dependerão de autorização legislativa específica.
42. ( ) O consórcio público constituirá associação pública ou pessoa jurídica de Direito Privado.

43. ( ) Só a União está autorizada por lei a realizar parcerias público-privadas.
44. ( ) Os consórcios públicos não poderão exercer atividades de arrecadação de tarifas e outros preços públicos pela prestação de serviços.
45. ( ) Os objetivos dos consórcios públicos serão determinados pelos entes da Federação que se consorciarem, observados os limites constitucionais.
46. ( ) À concessionária cabe a execução do serviço concedido, incumbindo-lhe a responsabilidade por todos os prejuízos causados ao poder concedente, aos usuários ou a terceiros, não admitindo a lei que a fiscalização exercida pelo órgão competente exclua ou atenue tal responsabilidade.
47. ( ) O serviço de iluminação pública pode ser remunerado mediante taxa ou contribuição, a critério do poder concedente.
48. ( ) Considera-se concessão de serviço público a delegação de sua prestação, feita pelo poder concedente, mediante licitação, na modalidade de concorrência, à pessoa jurídica ou ao consórcio de empresas que demonstre capacidade para seu desempenho, por sua conta e risco e por prazo determinado.
49. ( ) Para o cumprimento de seus objetivos, o consórcio público poderá ser contratado pela Administração Direta ou Indireta dos entes da Federação consorciados, dispensada a licitação.
50. ( ) As cláusulas dos contratos de parceria público-privada deverão prever a repartição de riscos entre as partes, inclusive os referentes a caso fortuito, força maior, fato do príncipe e álea econômica extraordinária.

IV. Questões objetivas

1. **Sobre os serviços notarial e de registro, assinale a afirmativa falsa.**
    a) Notários e registradores não estão sujeitos a aposentadoria compulsória por implemento de idade.
    b) Lei Federal fixará os respectivos emolumentos.
    c) O ingresso na atividade depende da prestação de concurso público de provas e títulos.
    d) Serão exercidos em caráter privado, por delegação do Poder Público.
    e) Exercem atividades públicas delegáveis.

2. **Marque a alternativa abaixo que corresponde a um serviço público que não pode ser objeto de concessão, permissão ou autorização estatal.**
    a) Radiodifusão sonora e de sons e imagens.
    b) Transporte rodoviário interestadual e internacional de passageiros.
    c) Navegação aérea.
    d) Correio Aéreo Nacional.
    e) Telecomunicações.

3. **Assinale a alternativa correta.**
   a) A concessão termina, entre outras formas, pelo advento do termo, ocasião em que se dá a reversão, ou pela encampação, na vigência da concessão, independentemente de lei específica, por motivo de interesse público, com pagamento da indenização devida.
   b) A autorização, prevista na lei que dispõe sobre o regime de concessão e permissão da prestação de serviços públicos e que não exige licitação prévia, é realizada mediante contrato de adesão com prazo determinado pelo qual o poder concedente transfere ao particular a execução de serviço público.
   c) A Administração, pelo regime de concessão, após licitação, transfere, contratualmente, a execução de serviço público a pessoa jurídica ou a consórcio de empresas que se comprometem a prestá-lo de modo adequado, em condições de modicidade tarifária.
   d) A transferência da concessão ou do controle societário da concessionária, sem prévia anuência do poder concedente, implicará o resgate da concessão mediante decreto, precedido de processo administrativo.
   e) A caducidade exige o pagamento de indenização por parte do poder concedente.

4. **A Lei nº 8.987/1995 dispõe sobre o regime de concessão e permissão da prestação de serviços públicos previsto no art. 175 da Constituição Federal. A respeito do tema, marque a alternativa falsa.**
   a) É admitida a subconcessão, nos termos previstos no contrato de concessão, desde que expressamente autorizada pelo poder concedente, sendo que na outorga da subconcessão será dispensada a concorrência.
   b) No exercício da fiscalização, o poder concedente terá acesso aos dados relativos à administração, contabilidade, recursos técnicos, econômicos e financeiros da concessionária.
   c) O poder concedente poderá intervir na concessão, com o fim de assegurar a adequação na prestação do serviço, bem como o fiel cumprimento das normas contratuais, regulamentares e legais pertinentes.
   d) A reversão no advento do termo contratual far-se-á com a indenização das parcelas dos investimentos vinculados a bens reversíveis, ainda não amortizados ou depreciados, que tenham sido realizados com o objetivo de garantir a continuidade e atualidade do serviço concedido.
   e) A declaração da caducidade da concessão deverá ser precedida da verificação da inadimplência da concessionária em processo administrativo, assegurado o direito de ampla defesa.

5. **Ocorre desconcentração quando:**
   a) há duas pessoas jurídicas distintas;
   b) o controle é realizado entre um órgão da Administração Direta e uma entidade da Administração Indireta;
   c) cria-se uma autarquia;
   d) o ente age por outorga, mediante supervisão ministerial;
   e) se repartem as funções entre os vários órgãos despersonalizados de uma mesma Administração, sem quebra de hierarquia.

6. **Assinale a alternativa correta.**
   a) Segundo a lei das concessões, o concessionário deve submeter à aprovação do Poder Legislativo qualquer alteração do estatuto social e as transferências de ações que impliquem em mudança do controle acionário.
   b) Os contratos de concessão de serviços públicos possuem cláusulas regulamentares e cláusulas financeiras. Estas são as que outorgam prerrogativas públicas ao concessionário e, as outras, as que denotam o caráter contratual da obrigação e o direito do concessionário à manutenção do equilíbrio econômico-financeiro.
   c) O poder concedente publicará, previamente ao edital de licitação, ato justificando a conveniência da outorga de concessão ou permissão, caracterizando seu objeto, área e prazo.
   d) De acordo com a jurisprudência do Supremo Tribunal Federal, concessão e permissão foram equiparadas pela Constituição Federal de 1988.
   e) A remuneração das concessionárias pelo serviço prestado se dá por meio de tarifa, possuindo a mesma natureza jurídica da taxa.

7. **Sobre o tema Serviço Público, marque a alternativa correta.**
   a) A competência do Estado-membro para a prestação de serviços públicos está exaustivamente prevista na Constituição Federal.
   b) A transferência do controle societário da concessionária sem prévia anuência do poder concedente implicará o resgate da concessão.
   c) A concessão de serviço público, nos termos da legislação pertinente, só pode ser anulada por meio do controle administrativo, se observado o devido processo legal, em que se assegure ampla defesa ao contratante prejudicado.
   d) É ilícito ao poder concedente alterar, unilateralmente, as cláusulas objetivas do serviço.
   e) São cláusulas facultativas do contrato de concessão as cláusulas relativas aos bens reversíveis.

8. **As concessionárias de serviço público possuem responsabilidade pelos atos de seus agentes baseada na teoria:**
   a) da culpa presumida;
   b) do risco;
   c) da culpa provada;
   d) do risco integral;
   e) da subjetiva.

9. **Assinale a alternativa falsa.**
   a) A Constituição da República atribui à União o exercício do serviço de correio aéreo.
   b) A prestação do serviço público de rádio e televisão, normalmente, é objeto de concessão.
   c) A encampação da concessionária de serviço público prescinde de autorização legislativa.
   d) O transporte coletivo local é um exemplo de serviço público municipal previsto no texto constitucional.
   e) Na concessão, as tarifas poderão ser diferenciadas em função das características técnicas e dos custos específicos provenientes do atendimento aos distintos segmentos de usuários.

10. **No julgamento da licitação para fins de concessão de serviço público será considerado um dos seguintes critérios, exceto:**
    a) a maior oferta, nos casos de pagamento ao poder concedente pela outorga da concessão;
    b) melhor oferta de pagamento pela outorga após qualificação de propostas técnicas;
    c) melhor proposta técnica;
    d) melhor proposta técnica, com preço fixado no edital;
    e) melhor proposta em razão da combinação dos critérios de maior oferta pela outorga da concessão com o de melhor técnica.

11. **O retorno do serviço concedido ao poder concedente, esgotado o prazo contratual, inclusive com a devolução dos bens de qualquer natureza importa em:**
    a) reversão;
    b) resgate;
    c) resilição;
    d) caducidade;
    e) encampação.

12. **Sobre serviço público, assinale a alternativa correta.**
    a) As concessionárias de serviço público possuem responsabilidade civil objetiva pelo ato praticado por seus agentes.
    b) Nas relações jurídicas entre a entidade prestadora do serviço público e a pessoa jurídica política, o regime jurídico será privado.
    c) Os contratados pela Administração Pública para a execução do serviço público possuem direito adquirido à manutenção do regime jurídico em vigor à época da celebração do contrato.
    d) A Constituição da República Federativa do Brasil, após a promulgação da Emenda nº 19, de 4 de junho de 1998, vedou a execução de atividades econômicas por parte do Estado.
    e) A concessão de serviço público pode ser outorgada à pessoa natural.

13. **Assinale a alternativa falsa.**
    a) No atendimento às peculiaridades de cada serviço público, poderá o poder concedente prever, em favor da concessionária, no edital de licitação, a possibilidade de outras fontes provenientes de receitas alternativas, complementares, acessórias ou de projetos associados, com ou sem exclusividade, com vistas a favorecer a modicidade das tarifas.
    b) O mecanismo de alteração da tarifa depende necessariamente de lei específica.
    c) O poder concedente publicará, previamente ao edital de licitação, ato justificando a conveniência da outorga de concessão ou permissão, caracterizando seu objeto, área e prazo.
    d) A fiscalização do serviço concedido será feita por intermédio de órgão técnico do poder concedente ou por entidade com ele conveniada.
    e) As contratações, inclusive de mão de obra, feitas pela concessionária serão regidas pelas disposições de Direito Privado e pela legislação trabalhista, não se estabelecendo qualquer relação entre os terceiros contratados pela concessionária e o poder concedente.

14. **Em um contrato de concessão comum de serviço público, a Administração Pública:**
    a) terá de recorrer ao Poder Judiciário para proceder à caducidade;
    b) poderá adotar o critério de julgamento da licitação da melhor proposta técnica, com preço fixado no edital;
    c) adotará o critério de julgamento da licitação da melhor proposta técnica, com preço fixado no edital;
    d) é obrigada a determinar que o licitante vencedor, no caso de consórcio, se constitua em empresa antes da celebração do contrato;
    e) poderá admitir a subconcessão, desde que haja previsão no edital, independentemente de concorrência.

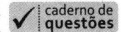

15. O serviço de assistência à educação tem assento constitucional, como direito de todos e dever do Estado, sendo livre à iniciativa privada. Em face disso, diz-se que:

a) só perderá o atributo de serviço público se o Estado transferir a sua titularidade à iniciativa privada;
b) será sempre considerado serviço público, ainda que prestado pela iniciativa privada;
c) trata-se de serviço público impróprio quando prestado diretamente pelo Estado;
d) é serviço privado, ainda que prestado diretamente pelo Estado;
e) é sempre considerado de caráter público, sendo regido pelas normas administrativas e privadas, mesmo quando prestado pelo setor público.

16. A possibilidade de encampação na concessão do serviço público é uma das decorrências do princípio da:

a) legalidade;
b) eficiência;
c) continuidade do serviço público;
d) moralidade;
e) finalidade.

17. Quanto aos serviços públicos, não é correto afirmar que:

a) em caráter excepcional, por motivo de segurança nacional ou relevante interesse coletivo, o Estado pode executar atividades econômicas destinadas, originalmente, à iniciativa privada;
b) o princípio da mutabilidade do regime de execução do serviço público autoriza a sua alteração sem que disto decorra violação ao direito adquirido dos respectivos usuários;
c) o princípio da continuidade do serviço público justifica a imposição de limites ao direito de greve de servidores públicos;
d) a atividade econômica que o Estado exerce em caráter de monopólio é considerada serviço público;
e) a atividade econômica assumida pelo Estado como serviço público somente pode ser prestada pelo Poder Público, por meio da Administração Direta ou Indireta.

18. A respeito da extinção da concessão comum, assinale a alternativa falsa.
    a) A assunção do serviço autoriza a ocupação das instalações e a utilização, pelo poder concedente, de todos os bens reversíveis.
    b) É dispensável a autorização legislativa para a decretação de caducidade.
    c) A declaração da encampação deverá ser precedida da verificação da inadimplência da concessionária em processo administrativo, assegurado o direito de ampla defesa.
    d) Declarada a caducidade, não resultará para o poder concedente qualquer espécie de responsabilidade em relação aos encargos, ônus, obrigações ou compromissos com terceiros ou com empregados da concessionária.
    e) O contrato de concessão poderá ser rescindido por iniciativa da concessionária, no caso de descumprimento das normas contratuais pelo poder concedente, mediante ação judicial especialmente intentada para esse fim.

19. No julgamento da licitação que tenha por objeto a concessão de serviço público será considerado um dos seguintes critérios, exceto:
    a) melhor proposta técnica;
    b) melhor proposta em razão da combinação dos critérios de menor valor da tarifa do serviço público a ser prestado com o de melhor técnica;
    c) a maior oferta;
    d) melhor oferta de pagamento pela outorga após qualificação de propostas técnicas;
    e) menor valor da tarifa.

20. Assinale a alternativa abaixo que apresenta um exemplo de uma atividade decorrente do serviço público impróprio em sentido estrito.
    a) Julgamento de processo administrativo disciplinar.
    b) Julgamento por crime de responsabilidade.
    c) Poder disciplinar.
    d) Transporte coletivo.
    e) Poder regulamentar.

21. A retomada do serviço público concedido a particular pelo decurso do prazo da concessão, com a integração, ao patrimônio público, dos bens vinculados ao serviço, denomina-se:
    a) resgate;
    b) encampação;
    c) caducidade;
    d) resilição;
    e) reversão.

22. O serviço público concedido deve ser remunerado mediante:
a) imposto;
b) contribuição parafiscal;
c) tarifa;
d) contribuição social;
e) subsídio.

23. Constitui objeto específico do contrato de concessão de serviço público:
a) rádio e televisão;
b) revista e jornal;
c) correio aéreo;
d) segurança;
e) energia nuclear.

24. Caracteriza a permissão de serviço público a:
a) irrevogabilidade;
b) precariedade;
c) perpetuidade;
d) irrenunciabilidade;
e) prescindibilidade de licitação.

25. A licitação para a escolha de um concessionário terá por base critérios especiais. Assinale a alternativa abaixo que apresenta um destes critérios.
a) Menor preço ofertado.
b) Melhor condição ao usuário.
c) Eficiência na prestação do serviço.
d) Probidade administrativa.
e) Melhor proposta técnica, com preço fixado no edital.

26. Analise a veracidade das frases.
I. O poder concedente recusará propostas manifestamente inexequíveis ou financeiramente incompatíveis com os objetivos da licitação.
II. Considerar-se-á desclassificada a proposta que, para sua viabilização, necessite de vantagens ou subsídios que não estejam previamente autorizados em lei e à disposição de todos os concorrentes.
III. Em igualdade de condições, será dada preferência à proposta apresentada por empresa já vencedora em outros procedimentos.

Está(ão) correta(s):
a) I e II;
b) II e III;
c) I e III;
d) I;
e) III.

27. **Assinale a alternativa falsa.**
    a) A outorga de concessão ou permissão terá caráter de exclusividade.
    b) Considerar-se-á inabilitada a proposta que, para sua viabilização, necessite de vantagens ou subsídios que não estejam previamente autorizados em lei e à disposição de todos os concorrentes.
    c) As tarifas poderão ser diferenciadas em função das características técnicas e dos custos específicos provenientes do atendimento aos distintos segmentos de usuários.
    d) Sempre que forem atendidas as condições do contrato, considera-se mantido seu equilíbrio econômico-financeiro.
    e) Ao Poder Público incumbe, de forma direta ou indireta sob regime de concessão ou permissão, sempre através de licitação, a prestação de serviços públicos.

28. **Assinale a alternativa falsa.**
    a) O contrato de concessão poderá ser rescindido por iniciativa da concessionária, no caso de descumprimento das normas contratuais pelo poder concedente, para tanto deverá haver notificação no prazo de 30 dias.
    b) A declaração da caducidade da concessão deverá ser precedida da verificação da inadimplência da concessionária em processo administrativo, assegurado o direito de ampla defesa.
    c) Extinta a concessão, haverá a imediata assunção do serviço pelo poder concedente, procedendo-se aos levantamentos, avaliações e liquidações necessários.
    d) Declarada a intervenção, o poder concedente deverá, no prazo de 30 dias, instaurar procedimento administrativo para comprovar as causas determinantes da medida e apurar responsabilidades, assegurado o direito de ampla defesa.
    e) No exercício da fiscalização, o poder concedente terá acesso aos dados relativos à administração, contabilidade, recursos técnicos, econômicos e financeiros da concessionária.

29. Incumbe ao poder concedente, exceto:
    a) cumprir e fazer cumprir as disposições regulamentares do serviço e as cláusulas contratuais da concessão;
    b) incentivar a competitividade;
    c) regulamentar o serviço concedido e fiscalizar permanentemente a sua prestação;
    d) estimular a formação de associações de usuários para defesa de interesses relativos ao serviço;
    e) alterar o equilíbrio econômico-financeiro da concessão.

30. Assinale a alternativa abaixo que não apresenta uma hipótese de caducidade.
    a) Descumprimento por parte da concessionária de cláusulas contratuais ou disposições legais ou regulamentares concernentes à concessão.
    b) Condenação da concessionária em sentença transitada em julgado por sonegação de tributos, inclusive contribuições sociais.
    c) Paralisação do serviço em caso de força maior.
    d) Prestação do serviço de forma inadequada.
    e) Descumprimento das penalidades impostas pelo poder concedente.

31. Incumbe à concessionária, exceto:
    a) cumprir e fazer cumprir as normas do serviço e as cláusulas contratuais da concessão;
    b) captar, aplicar e gerir os recursos financeiros necessários à prestação do serviço;
    c) prestar serviço adequado, na forma prevista nesta Lei, nas normas técnicas aplicáveis e no contrato;
    d) prestar contas da gestão do serviço ao poder concedente e aos usuários, nos termos definidos no contrato;
    e) fiscalizar a execução do serviço.

32. Analise a veracidade das frases.
    I. A Lei nº 8.987/1995, que dispõe sobre o regime de concessão e permissão da prestação de serviços públicos previsto no art. 175 da Constituição Federal, prevê duas hipóteses em que é legítima sua interrupção, em situação de emergência ou após prévio aviso: (a) por razões de ordem técnica ou de segurança das instalações; (b) por inadimplemento do usuário, considerado o interesse da coletividade.

II. As águas em Estado natural são bens públicos e só podem ser exploradas por particulares, mediante concessão, permissão ou autorização.
III. As concessionárias de serviço público possuem imunidade tributária.
IV. A permissão de serviço público, por ter natureza precária, é um ato administrativo discrionário.

Estão corretas:
a) I e II;
b) I e III;
c) I e IV;
d) II e IV;
e) II e III.

33. Analise a veracidade das frases.
    I. O princípio da continuidade de serviço público é aplicável de forma absoluta, inibindo a aplicação da exceção do contrato não cumprido.
    II. Para garantir contratos de mútuo de longo prazo, destinados a investimentos relacionados a contratos de concessão, em qualquer de suas modalidades, as concessionárias poderão ceder ao mutuante, em caráter fiduciário, parcela de seus créditos operacionais futuros.
    III. O concessionário de serviço público pode ser uma pessoa física ou jurídica.

Está(ão) correta(s):
a) I e II;
b) I;
c) II;
d) III;
e) I e III.

34. Assinale a alternativa correta.
    a) Os serviços públicos são gerais quando não há possibilidade de identificação dos destinatários.
    b) É proibido ao poder concedente determinar que o licitante vencedor, no caso de consórcio, se constitua em empresa antes da celebração do contrato.
    c) A remuneração do concessionário será realizada por meio de imposto.
    d) O Código de Defesa do Consumidor não se aplica nas relações jurídicas entre o concessionário e o usuário.
    e) A delegação por meio de permissão realiza-se apenas às pessoas jurídicas.

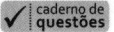

35. **A Lei nº 11.079/2004, que institui normas gerais para licitação e contratação de parceria público-privada no âmbito da Administração Pública, aplica-se:**
    a) à União, somente;
    b) aos Estados, somente;
    c) aos Municípios, somente;
    d) à Administração Direta, somente;
    e) a todos os entes da Federação brasileira.

36. **Parceria público-privada é o contrato administrativo de:**
    a) concessão;
    b) gestão;
    c) permissão;
    d) consórcio;
    e) execução de serviço público.

37. **Concessão administrativa é a(o):**
    a) contrato de prestação de serviços de que a Administração Pública seja a usuária direta ou indireta, ainda que envolva execução de obra ou fornecimento e instalação de bens;
    b) concessão de serviços públicos de que trata a Lei nº 8.987/1995, quando não envolver contraprestação pecuniária do parceiro público ao parceiro privado;
    c) concessão de serviços públicos ou de obras públicas de que trata a Lei nº 8.987/1995 quando envolver, adicionalmente à tarifa cobrada dos usuários, contraprestação pecuniária do parceiro público ao parceiro privado;
    d) concessão de obras públicas de que trata a Lei nº 8.987/1995, quando não envolver contraprestação pecuniária do parceiro público ao parceiro privado;
    e) concessão de serviços públicos ou de obras públicas remunerada por meio de tributos.

38. **É vedada a celebração de contrato de parceria público-privada cujo valor do contrato seja inferior a:**
    a) 5 milhões de reais;
    b) 10 milhões de reais;
    c) 15 milhões de reais;
    d) 20 milhões de reais;
    e) 25 milhões de reais.

39. Assinale a alternativa abaixo que apresenta as duas modalidades de concessão na parceria público-privada.
    a) Comum e patrocinada.
    b) Executiva e administrativa.
    c) Comum e administrativa.
    d) Patrocinada e administrativa.
    e) Executiva e patrocinada.

40. As obrigações pecuniárias contraídas pela Administração Pública em contrato de parceria público-privada poderão ser garantidas mediante:
    a) garantia prestada por organismos internacionais ou instituições financeiras que não sejam controladas pelo Poder Público;
    b) renúncia de receitas;
    c) contratação de seguro-garantia com as companhias seguradoras que sejam controladas pelo Poder Público;
    d) emissão de títulos da dívida pública;
    e) transferência do controle acionário de sociedade de economia mista.

41. Com o objetivo de implantar e gerir o objeto da parceria, antes da celebração do contrato de parceria público-privada, deverá ser constituída:
    a) empresa pública;
    b) associação pública;
    c) subsidiária;
    d) sociedade de propósito específico;
    e) sociedade anônima.

42. A contraprestação da Administração Pública nos contratos de parceria público-privada poderá ser feita por cessão de créditos:
    a) fiscais;
    b) previdenciários;
    c) não tributários;
    d) oriundos de impostos;
    e) oriundos de taxas.

43. A contratação de parceria público-privada será precedida de licitação na modalidade de:
    a) consulta;
    b) leilão;
    c) concurso;
    d) pregão;
    e) concorrência.

44. A contraprestação da Administração Pública nos contratos de parceria público-privada poderá ser feita por outorga de direitos sobre bens públicos:
    a) de uso comum;
    b) indisponíveis;
    c) de uso especial;
    d) de utilização compulsória;
    e) dominicais.

45. analise a veracidade das frases.
    I. Compete aos ministérios e às agências reguladoras, nas suas respectivas áreas de competência, submeter o edital de licitação ao órgão gestor, proceder à licitação, acompanhar e fiscalizar os contratos de parceria público-privada.
    II. O patrimônio do fundo garantidor de parcerias público-privadas (FGP) será formado pelo aporte de bens e direitos realizado pelos cotistas, por meio da integralização de cotas e pelos rendimentos obtidos com sua administração.
    III. Os bens e direitos transferidos ao fundo serão avaliados por empresa especializada, que deverá apresentar laudo fundamentado, com indicação dos critérios de avaliação adotados e instruído com os documentos relativos aos bens avaliados.
    Está(ão) correta(s):
    a) I e II;
    b) I;
    c) II e III;
    d) III;
    e) todas.

46. a integralização das cotas do fundo garantidor de parcerias público-privadas poderá ser realizada em:
    a) dinheiro;
    b) bens públicos de uso comum;
    c) debêntures emitidas por sociedade de economia mista;
    d) controle acionário de sociedade de economia mista;
    e) bens públicos de uso especial.

47. Em relação ao fundo garantidor de parcerias público-privadas, os cotistas:
a) possuem responsabilidade direta;
b) possuem responsabilidade solidária;
c) não possuem responsabilidade, salvo pela integralização das cotas que subscreverem.
d) possuem responsabilidade indireta;
e) possuem responsabilidade subsidiária.

48. As diretrizes para a concessão de crédito destinado ao financiamento de contratos de parcerias público-privadas, bem como para participação de entidades fechadas de previdência complementar serão estabelecidas pela(o):
a) Comissão de Valores Mobiliários;
b) Conselho Monetário Nacional;
c) Casa Civil da Presidência da República;
d) Banco Central do Brasil;
e) Ministério da Fazenda.

49. As normas gerais relativas à consolidação das contas públicas aplicáveis aos contratos de parceria público-privada serão editadas pela(o):
a) Banco Central do Brasil;
b) Congresso Nacional;
c) Senado Federal;
d) Secretaria do Tesouro Nacional;
e) Secretaria da Receita Federal.

50. As operações de crédito efetuadas por empresas públicas ou sociedades de economia mista controladas pela União não poderão exceder a:
a) 50% do total das fontes de recursos financeiros da sociedade de propósito específico;
b) 60% do total das fontes de recursos financeiros da sociedade de propósito específico;
c) 65% do total das fontes de recursos financeiros da sociedade de propósito específico;
d) 70% do total das fontes de recursos financeiros da sociedade de propósito específico;
e) 75% do total das fontes de recursos financeiros da sociedade de propósito específico.

51. As participações previstas na questão anterior nas áreas das regiões Norte, Nordeste e Centro-Oeste, quando o Índice de Desenvolvimento Humano – IDH seja inferior à média nacional, não poderão exceder a:
    a) 70%;
    b) 75%;
    c) 80%;
    d) 85%;
    e) 90%.

52. Analise a veracidade das frases.
    I. A finalidade da parceria público-privada é a busca de investimentos privados para atividades e projetos públicos.
    II. Na concessão patrocinada, não há complemento estatal aos valores percebidos pelo parceiro privado.
    III. Concessão administrativa é o contrato de prestação de serviços de que a Administração Pública seja a usuária direta ou indireta, ainda que envolva execução de obra ou fornecimento e instalação de bens.
    Está(ão) correta(s):
    a) I e II;
    b) II e III;
    c) todas;
    d) nenhuma;
    e) I e III.

53. Analise a veracidade das frases.
    I. É vedada a celebração de contrato de parceria público-privada cujo valor seja inferior a vinte milhões.
    II. As concessões administrativas regem-se exclusivamente pelos dispositivos contidos na Lei nº 11.079/2004.
    III. Na contratação de parceria público-privada, será observado respeito aos interesses e direitos dos destinatários dos serviços e dos entes privados incumbidos da sua execução.
    IV. A licitação na parceria público-privada será no tipo menor preço.
    Estão corretas:
    a) I e II;
    b) II e III;
    c) I e III;
    d) I e IV;
    e) II e IV.

54. **Os contratos de parceira público-privada terão prazo:**
    a) não inferior a 1 (um), nem superior a 30 (trinta) anos, incluindo eventual prorrogação;
    b) não inferior a 1 (um), nem superior a 35 (trinta e cinco) anos, incluindo eventual prorrogação;
    c) não inferior a 5 (cinco), nem superior a 30 (trinta) anos, incluindo eventual prorrogação;
    d) não inferior a 5 (cinco), nem superior a 35 (trinta e cinco) anos, incluindo eventual prorrogação;
    e) não inferior a 10 (dez), nem superior a 30 (trinta) anos, incluindo eventual prorrogação.

55. **Parceria público-privada é o contrato administrativo de concessão, na modalidade:**
    a) patrocinada ou administrativa;
    b) financeira ou administrativa;
    c) financeira ou econômica;
    d) de prestação de serviço ou de direito real de uso;
    e) administrativa ou normativa.

56. **A respeito da Lei nº 11.079, de 30 de dezembro de 2004, que disciplina normas gerais para licitação e contratação de parceria público-privada no âmbito da Administração Pública, assinale a alternativa correta.**
    a) A concessão comum, que é disciplina pela Lei nº 8.987/1995, possui, com o advento da norma supracitada, a natureza de uma parceria público-privada, aplicando-se ambas as normas citadas concorrentemente.
    b) A contraprestação da Administração Pública será obrigatoriamente precedida da disponibilização do serviço objeto do contrato de parceria público-privada.
    c) Antes da celebração do contrato, deverá ser constituída sociedade de propósito específico, incumbida de implantar e gerir o objeto da parceria, que possuíra natureza de sociedade de economia mista.
    d) A contratação de parceria público-privada será precedida de licitação na modalidade de concorrência ou tomada de preços.
    e) As concessões patrocinadas em que mais de 50% (cinquenta por cento) da remuneração do parceiro privado forem pagos pela Administração Pública dependerão de autorização legislativa específica.

57. A contraprestação da Administração Pública nos contratos de parceria público-privada poderá ser feita por:
   a) emissão de títulos da dívida pública;
   b) outorga de direitos em face da Administração Pública;
   c) outorga de direitos sobre bens públicos de uso comum;
   d) cessão de créditos tributários;
   e) dação em pagamento.

58. Não é cláusula essencial do contrato de parceria público-privada relativa:
   a) aos bens reversíveis;
   b) ao objeto, à área e ao prazo da concessão;
   c) às condições para prorrogação do contrato;
   d) aos direitos e deveres dos usuários para obtenção e utilização do serviço;
   e) ao prazo indeterminado.

59. É regido exclusivamente pela Lei nº 8.666/1993 (Lei das Licitações) a:
   a) empreitada integral;
   b) concessão comum;
   c) concessão patrocinada;
   d) concessão administrativa;
   e) parceria público-privada.

60. Caso ocorra a inadimplência do parceiro privado na concessão administrativa, haverá a extinção do contrato por meio da(o):
   a) encampação;
   b) resgate;
   c) reversão;
   d) resilição;
   e) caducidade.

61. Analise a veracidade das frases.
   I. A contraprestação da Administração Pública nos contratos de parceria público-privada poderá ser feita por outorga de direitos em face da Administração Pública.
   II. A sociedade de propósito específico poderá assumir a forma de companhia aberta, com valores mobiliários admitidos a negociação no mercado.

III. A contratação de parceria público-privada será precedida de licitação na modalidade de concorrência.

IV. É vedada a celebração de contrato de parceria público-privada que tenha como objeto único o fornecimento de mão de obra, o fornecimento e instalação de equipamentos ou a execução de obra pública.

O número de assertivas corretas é:
a) zero;
b) um;
c) dois;
d) três;
e) quatro.

62. A Lei nº 11.1107/2005, que dispõe sobre normas gerais de contratação de consórcios públicos, é classificada como uma norma:
a) federal;
b) estadual;
c) municipal;
d) nacional;
e) distrital.

63. O consórcio público constituirá:
a) associação pública e pessoa jurídica de Direito Privado;
b) órgão público e pessoa jurídica de Direito Privado;
c) pessoa jurídica de Direito Privado, sempre;
d) pessoa jurídica de Direito Público, sempre;
e) entidade pública ou privada.

64. Os objetivos dos consórcios públicos serão determinados:
a) pelos entes da Federação que se consorciarem;
b) pela União;
c) em lei complementar;
d) em lei específica;
e) em lei ordinária.

65. Para o cumprimento de seus objetivos, o consórcio público poderá:
a) nomear servidor público efetivo;
b) editar norma geral;
c) exercer o poder regulamentar;
d) celebrar contratos;
e) garantir estabilidade a seus agentes.

66. Para o cumprimento de seus objetivos, o consórcio público poderá ser contratado, exceto, por:
    a) ministério;
    b) empresa pública;
    c) autarquia;
    d) partido político;
    e) fundação pública.

67. Na contratação prevista na questão anterior, a licitação é:
    a) obrigatória;
    b) inexigível;
    c) vedada;
    d) dispensada;
    e) imperativa.

68. A cláusula do contrato de consórcio que preveja determinadas contribuições financeiras ou econômicas de ente da Federação ao consórcio público é:
    a) válida;
    b) nula;
    c) ineficaz;
    d) anulável;
    e) inexistente.

69. Analise a veracidade das frases.
    I. A União somente participará de consórcios públicos em que também façam parte todos os Estados em cujos territórios estejam situados os Municípios consorciados.
    II. É vedada a instituição de consórcio na área da saúde.
    III. É vedada a instituição de consórcio na área de educação.
    Está(ão) correta(s):
    a) I e II;
    b) II e III;
    c) I e III;
    d) I;
    e) nenhuma.

70. Os consórcios públicos poderão exercer a função de arrecadação de:
    a) taxas;
    b) tarifas;
    c) tributos;
    d) impostos;
    e) contribuições sociais.

71. O contrato de consórcio público será celebrado com a:
    a) ratificação do protocolo de intenções;
    b) termo contratual sendo publicado no diário oficial;
    c) especificação dos contratados;
    d) ratificação, mediante lei complementar, do protocolo de intenções;
    e) assinatura do termo contratual em três vias.

72. Analise a veracidade das frases.
    I. São cláusulas necessárias do protocolo de intenções o número, as formas de provimento e a remuneração dos empregados públicos, bem como os casos de contratação por tempo determinado para atender à necessidade temporária de excepcional interesse público.
    II. O contrato de consórcio público, caso assim preveja cláusula, pode ser celebrado por apenas uma parcela dos entes da Federação que subscreveram o protocolo de intenções.
    III. São cláusulas necessárias do protocolo de intenções as que estabeleçam os critérios para, em assuntos de interesse comum, autorizar o consórcio público a representar os entes da Federação consorciados perante outras esferas de governo.

    Está(ão) correta(s):
    a) todas;
    b) I e II;
    c) II e III;
    d) I e III;
    e) I.

73. Analise a veracidade das frases.
    I. Os bens destinados ao consórcio público pelo consorciado que se retira somente serão revertidos ou retrocedidos no caso de expressa previsão no contrato de consórcio público ou no instrumento de transferência ou de alienação.
    II. A retirada ou a extinção do consórcio público não prejudicará as obrigações já constituídas, inclusive os contratos de programa, cuja extinção dependerá do prévio pagamento das indenizações eventualmente devidas.
    III. Poderá ser excluído do consórcio público, após prévia suspensão, o ente consorciado que não consignar, em sua lei orçamentária ou em créditos adicionais, as dotações suficientes para suportar as despesas assumidas por meio de contrato de rateio.
    IV. A execução das receitas e despesas do consórcio público deverá obedecer às normas de Direito Financeiro aplicáveis às entidades públicas.

O número de assertivas corretas é:
a) zero;
b) um;
c) dois;
d) três;
e) quatro.

74. A alteração ou a extinção de contrato de consórcio público dependerá de instrumento aprovado pela(o):
    a) Congresso Nacional;
    b) Assembleia-Geral;
    c) Tribunal de Contas;
    d) Conselho de Administração;
    e) Presidência da República.

75. Os bens, direitos, encargos e obrigações decorrentes da gestão associada de serviços públicos são custeados, normalmente, por:
    a) taxa;
    b) contribuição de melhoria;
    c) tarifa;
    d) contribuição parafiscal;
    e) imposto.

76. As obrigações que um ente da Federação constituir para com outro ente da Federação ou para com consórcio público no âmbito de gestão associada em que haja a prestação de serviços públicos deverão ser constituídas e reguladas por:
    a) lei específica;
    b) termo contratual;
    c) termo de parceria;
    d) contrato de programa;
    e) convenção.

77. Analise a veracidade das frases.
    I. O contrato de programa continuará vigente mesmo quando extinto o consórcio público ou o convênio de cooperação que autorizou a gestão associada de serviços públicos.
    II. Mediante previsão do contrato de consórcio público, ou de convênio de cooperação, o contrato de programa poderá ser celebrado por entidades de Direito Público ou privado que integrem a Administração Indireta de qualquer dos entes da Federação consorciados ou conveniados.
    III. O consórcio não terá personalidade jurídica.

Está(ão) correta(s):
a) nenhuma;
b) I;
c) II;
d) I e II;
e) I e III.

78. No caso de a gestão associada originar a transferência total ou parcial de encargos, serviços, pessoal e bens essenciais à continuidade dos serviços transferidos, o contrato de programa, sob pena de nulidade, deverá conter cláusulas que estabeleçam:
    a) as penalidades no caso de inadimplência em relação aos encargos transferidos;
    b) a autotutela e a imposição de penalidades;
    c) os prazos para ingresso de novos consorciados;
    d) as responsabilidades civis de cada consorciado;
    e) a caducidade, a encampação e a reversão.

79. A União poderá celebrar convênios com os consórcios públicos, com o objetivo de viabilizar a:
    a) delegação de competência;
    b) descentralização;
    c) desconcentração;
    d) especificação;
    e) universalização.

80. No caso de a gestão associada originar a transferência total ou parcial de encargos, serviços, pessoal e bens essenciais à continuidade dos serviços transferidos, o contrato de programa, sob pena de nulidade, deverá conter cláusulas que estabeleçam:
    a) as normas de convocação e funcionamento da Assembleia-Geral, inclusive para a elaboração, aprovação e modificação dos estatutos do consórcio público;
    b) a identificação dos bens que terão apenas a sua gestão e administração transferidas e o preço dos que sejam efetivamente alienados ao contratado;
    c) a autorização para licitar ou outorgar concessão, permissão ou autorização da prestação dos serviços;

d) o direito de qualquer dos contratantes, quando adimplente com suas obrigações, de exigir o pleno cumprimento das cláusulas do contrato de consórcio público;

e) os critérios para, em assuntos de interesse comum, autorizar o consórcio público a representar os entes da federação consorciados perante outras esferas de governo.

81. **A organização e o funcionamento dos consórcios públicos serão disciplinados pela legislação que rege as:**
    a) sociedades empresariais;
    b) autarquias;
    c) fundações privadas;
    d) fundações públicas;
    e) associações civis.

82. **É pessoa jurídica de Direito Público.**
    a) Consórcio público.
    b) Empresa pública.
    c) Sociedade simples.
    d) Associação pública.
    e) Sociedade de economia mista.

83. **Se em um consórcio houver três integrantes, os valores da concorrência de obra pública serão:**
    a) iguais aos aplicados às empresas públicas;
    b) dobrados;
    c) triplicados;
    d) quadruplicados;
    e) quintuplicados.

84. **Os percentuais aplicáveis à dispensa de licitação, conforme previsto na Lei nº 8.666/1993, serão para compras, obras e serviços contratados por consórcios públicos de:**
    a) 10%;
    b) 15%;
    c) 20%;
    d) 25%;
    e) 30%.

85. Assinale um serviço público em que a concessão é inadmissível.
    a) Energia elétrica.
    b) Gás canalizado.
    c) Rádio e televisão.
    d) Energia nuclear.
    e) Telecomunicações.

86. Analise a veracidade das frases.
    I. Os consórcios públicos poderão realizar licitação da qual, nos termos do edital, decorram contratos administrativos celebrados por órgãos ou entidades dos entes da Federação consorciados.
    II. É facultado à entidade interessada o acompanhamento da licitação e da execução do contrato.
    III. A Lei nº 11.107/2005 só se aplica aos consórcios federais.
    Está(ão) correta(s):
    a) I e II;
    b) II e III;
    c) I e III;
    d) todas;
    e) I.

87. É entidade da Administração Indireta:
    a) Subsidiária.
    b) Organização Social.
    c) Organização da Sociedade Civil sem fins lucrativos.
    d) Serviço Social Autônomo.
    e) Associação Pública.

88. Analise a veracidade das frases.
    I. Os consórcios públicos poderão emitir documentos de cobrança e exercer atividades de arrecadação de tarifas e outros preços públicos pela prestação de serviços ou pelo uso ou outorga de uso de bens públicos por eles administrados ou, mediante autorização específica, pelo ente da Federação consorciado.
    II. Os consórcios públicos, na área de saúde, deverão obedecer aos princípios, diretrizes e normas que regulam o Sistema Único de Saúde – SUS.
    III. Os consórcios só podem ser realizados entre entidades federais.

Está(ão) correta(s):
a) I;
b) II;
c) III;
d) I e II;
e) I e III.

89. Analise a veracidade das frases.
    I. São cláusulas necessárias do protocolo de intenções as que estabeleçam a forma de eleição e a duração do mandato do representante legal do consórcio público que, obrigatoriamente, deverá ser um representante do Chefe do Poder Executivo de ente da Federação consorciado.
    II. Os direitos dos consorciados são necessariamente distintos.
    III. O contrato de consórcio público será celebrado com a ratificação, mediante lei, do protocolo de intenções.
    IV. O contrato de rateio será formalizado em cada exercício financeiro e seu prazo de vigência não será superior ao das dotações que o suportam, com exceção dos contratos que tenham por objeto exclusivamente projetos consistentes em programas e ações contemplados em plano plurianual ou a gestão associada de serviços públicos custeados por tarifas ou outros preços públicos.

    Estão corretas:
    a) I e II;
    b) I e III;
    c) II e III;
    d) I e IV;
    e) III e IV.

90. Analise a veracidade das frases.
    I. Os bens destinados ao consórcio público pelo consorciado que se retira somente serão revertidos ou retrocedidos no caso de expressa previsão no contrato de consórcio público ou no instrumento de transferência ou de alienação.
    II. Os bens, direitos, encargos e obrigações decorrentes da gestão associada de serviços públicos custeados por tarifas ou outra espécie de preço público serão atribuídos aos titulares dos respectivos serviços.
    III. O contrato de programa deverá prever procedimentos que garantam a transparência da gestão econômica e financeira de cada serviço em relação a cada um de seus titulares.

Está(ão) correta(s):
a) I e II;
b) II e III;
c) nenhuma;
d) I e III;
e) todas.

91. Suponha que a Agência Nacional de Telecomunicações (Anatel) imponha a uma operadora de telefonia de banda larga proibição de celebração de novos contratos, para que possa prestar serviço aos atuais usuários. Esta proibição decorre do princípio da:
    a) moralidade;
    b) publicidade;
    c) continuidade do serviço público;
    d) autotutela;
    e) probidade.

92. Por força do texto constitucional vigente, é considerado serviço público indelegável:
    a) energia elétrica;
    b) telecomunicações;
    c) água;
    d) transporte coletivo;
    e) emissão de moeda.

93. Na celebração de contrato de programa com ente da Federação ou com entidade de sua Administração Indireta, para a prestação de serviços públicos de forma associada nos termos do autorizado em contrato de consórcio público ou em convênio de cooperação, a licitação é:
    a) vedada;
    b) obrigatória;
    c) inexigível;
    d) ilícita;
    e) dispensável.

94. Analise a veracidade das frases.
    I. Em decorrência do princípio da especialidade do serviço público, são criados pelas normas administrativas institutos como a suplência, a delegação e a substituição com o objetivo de preencher as funções públicas temporariamente vagas.

II. A impossibilidade, para quem contrata com a Administração, de invocar a *exceptio nom adimpleti contractus* nos contratos que tenham por objeto a execução de serviço público, decorre do princípio da tutela do serviço público.

III. A tarifa deve ser módica e acessível ao usuário.

Está(ão) correta(s):
a) III;
b) I e II;
c) II e III;
d) II;
e) I.

95. A faculdade que se reconhece à Administração de utilizar os equipamentos e instalações da empresa que com ela contrata, tem por objetivo assegurar:
a) a continuidade do serviço;
b) o controle sobre o concessionário ou permissionário;
c) o respeito às regras licitatórias;
d) o desenvolvimento nacional;
e) a proteção ao interesse público.

96. A possibilidade de encampação na concessão do serviço público é uma das decorrências do:
a) princípio da publicidade;
b) princípio da moralidade administrativa;
c) princípio da autotutela;
d) princípio da legalidade;
e) princípio da continuidade do serviço.

97. É a que se verifica quando uma entidade local, geograficamente delimitada, é dotada de personalidade jurídica própria, de Direito Público, com capacidade administrativa genérica.
a) Descentralização geográfica.
b) Descentralização por serviço (ou funcional).
c) Descentralização por colaboração.
d) Desconcentração geográfica.
e) Desconcentração por serviço.

98. É a que se verifica quando o Poder Público cria uma pessoa jurídica de Direito Público e a ela atribui a titularidade e a execução de determinado serviço público.
   a) Descentralização geográfica.
   b) Descentralização por serviço.
   c) Descentralização por colaboração.
   d) Desconcentração geográfica.
   e) Desconcentração por serviço.

99. Assinale a alternativa correta.
   a) Bens reversíveis são aqueles que foram objeto de desapropriação pela União, Estados, Distrito Federal ou Municípios e que anteriormente integravam o patrimônio de outro órgão ou entidade estatal ou paraestatal da Administração Direta, Indireta ou fundacional.
   b) A tarifa do serviço público concedido será fixada pela proposta de menor preço apresentada no processo de licitação, sendo vedada sua diferenciação em função das características técnicas e dos custos específicos provenientes do atendimento aos distintos segmentos de usuários.
   c) No caso de concessão de serviço público, a titularidade dos serviços públicos é conferida expressamente ao Poder Público.
   d) É prevista, na CF, para o serviço postal e o correio aéreo nacional, complementaridade entre os sistemas privado, público e estatal, razão pela qual o Estado, embora obrigado a prestar tais serviços, pode oferecê-los em concessão, permissão ou autorização.
   e) Extinta a concessão, retornam ao poder concedente, de forma gratuita, todos os bens reversíveis utilizados pelo concessionário para a execução do serviço.

100. É a construção, total ou parcial, conservação, reforma, ampliação ou melhoramento de quaisquer obras de interesse público, delegada pelo poder concedente, mediante licitação, na modalidade de concorrência, à pessoa jurídica ou ao consórcio de empresas que demonstre capacidade para a sua realização, por sua conta e risco, de forma que o investimento da concessionária seja remunerado e amortizado mediante a exploração do serviço ou da obra por prazo determinado.
   a) Permissão de serviço público.
   b) Licença de serviço público.
   c) Concessão de serviço público.
   d) Autorização de serviço público.
   e) Concessão de serviço público precedida da execução de obra pública.

Gabarito

Capítulo 1 – *Direito Administrativo: Conceito, Origem e Fontes. Da Teoria Geral do Órgão Público. Regime Jurídico-Administrativo*

I. Complete a Lacuna.

1. Público.
2. Subjetivo.
3. Independentes.
4. Locais.
5. Subjetiva.
6. Autônomos.
7. Local.
8. Singulares.
9. Composto.
10. Não Possuem.
11. Coletivos.
12. Ativos.
13. Não Possuem.
14. Administrativo.
15. Independente.
16. Administrativo.
17. Objetivo.
18. Imputação.
19. Autônomos.
20. Administrativa.
21. Coletivos.
22. Objetiva.
23. Amplo.
24. Administrativo.
25. Composto.
26. Prerrogativas.
27. A Lei.
28. Órgão Público.
29. Independente.
30. Objetivo Formal.
31. Independentes.
32. Independentes.
33. Podem.
34. Órgão.
35. É.
36. Autoridade Pública.
37. Coletivo.
38. Singulares.
39. Centrais.
40. Eclética.
41. Representação.
42. Ente.
43. Da Administração.
44. Local.
45. Simples.
46. Compostos.
47. Não é.
48. Independente.
49. Compostos.
50. Não são.

II. Complete a Segunda Coluna de acordo com a Primeira.

1. (1)
2. (6)
3. (7)
4. (3)
5. (8)
6. (12)
7. (5)
8. (4)
9. (2)
10. (13)

III. Marque V, se a assertiva for verdadeira, ou F, se a assertiva for falsa.

1.	(V)	11.	(F)	21.	(F)	31.	(V)	41.	(F)
2.	(F)	12.	(F)	22.	(F)	32.	(V)	42.	(V)
3.	(V)	13.	(F)	23.	(V)	33.	(V)	43.	(F)
4.	(V)	14.	(V)	24.	(V)	34.	(F)	44.	(F)
5.	(F)	15.	(F)	25.	(F)	35.	(V)	45.	(F)
6.	(F)	16.	(F)	26.	(F)	36.	(F)	46.	(V)
7.	(V)	17.	(V)	27.	(V)	37.	(F)	47.	(V)
8.	(F)	18.	(F)	28.	(F)	38.	(V)	48.	(F)
9.	(V)	19.	(F)	29.	(V)	39.	(F)	49.	(F)
10.	(V)	20.	(F)	30.	(F)	40.	(F)	50.	(F)

IV. Questões Objetivas.

1.	A	21.	D	41.	B	61.	B	81.	E
2.	B	22.	A	42.	B	62.	D	82.	D
3.	C	23.	E	43.	A	63.	E	83.	C
4.	E	24.	B	44.	E	64.	B	84.	C
5.	A	25.	B	45.	B	65.	A	85.	A
6.	D	26.	A	46.	A	66.	A	86.	C
7.	C	27.	A	47.	D	67.	B	87.	A
8.	A	28.	E	48.	D	68.	A	88.	E
9.	C	29.	A	49.	B	69.	B	89.	D
10.	C	30.	A	50.	E	70.	A	90.	C
11.	B	31.	A	51.	D	71.	B	91.	A
12.	E	32.	E	52.	A	72.	D	92.	D
13.	A	33.	B	53.	E	73.	E	93.	D
14.	D	34.	B	54.	D	74.	A	94.	E
15.	B	35.	B	55.	C	75.	E	95.	A
16.	D	36.	A	56.	B	76.	E	96.	A
17.	D	37.	E	57.	B	77.	B	97.	B
18.	D	38.	C	58.	D	78.	C	98.	C
19.	B	39.	D	59.	D	79.	D	99.	C
20.	C	40.	E	60.	A	80.	B	100.	A

Capítulo 2 – *Da Administração Pública: Direta e Indireta. Dos Entes de Cooperação e Das Organizações Sociais*

I. **Complete a Lacuna.**
1. Direito Público.
2. Pela forma de sociedade anônima.
3. Reguladoras.
4. Governo.
5. São obrigadas.
6. Indireta.

7. Possuem.
8. Podem.
9. Privado.
10. Não Possuem.
11. Possuem.
12. São obrigadas.
13. Não possuem.
14. Atividades econômicas ou serviços públicos.
15. Administração Indireta.
16. Empresa Pública/Fundação Pública.
17. Lei Ordinária Específica.
18. Autoriza a criação.
19. Vinculadas.
20. Autarquia.
21. Subjetivo.
22. Direito Privado.
23. Derrogação.
24. A totalidade.
25. Fundação Pública.
26. Impenhoráveis.
27. Não estão.
28. Consolidação das Leis do Trabalho.
29. Autarquias.
30. Serviços Sociais Autônomos.
31. Penhoráveis.
32. Autorização Legislativa.
33. Derrogação.
34. Objetivo.
35. Público.
36. Atividades econômicas ou serviços públicos.
37. Administração Pública.
38. Governo.
39. Capacidade Genérica.
40. Direta.
41. Autarquias.
42. Unipessoal.
43. São obrigadas.
44. São obrigadas.
45. Estadual.
46. Executiva.
47. Não estão.
48. Organizações Sociais.
49. Consolidação das Leis do Trabalho.
50. Sofrem.

II. Complete a Segunda Coluna de acordo com a Primeira.

1. (3)	5. (1)	9. (1)	13. (1)	17. (2)
2. (2)	6. (3)	10. (2)	14. (3)	
3. (2)	7. (3)	11. (3)	15. (2)	
4. (2)	8. (3)	12. (2)	16. (2)	

III. Marque V, se a assertiva for verdadeira, ou F, se a assertiva for falsa.

1. (F)	11. (F)	21. (V)	31. (V)	41. (F)
2. (V)	12. (V)	22. (F)	32. (F)	42. (F)
3. (V)	13. (F)	23. (F)	33. (F)	43. (V)
4. (F)	14. (V)	24. (V)	34. (F)	44. (F)
5. (V)	15. (V)	25. (V)	35. (F)	45. (V)
6. (F)	16. (F)	26. (V)	36. (F)	46. (F)
7. (F)	17. (V)	27. (F)	37. (F)	47. (F)
8. (V)	18. (F)	28. (F)	38. (V)	48. (V)
9. (F)	19. (V)	29. (F)	39. (F)	49. (V)
10. (F)	20. (V)	30. (F)	40. (V)	50. (F)

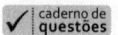

IV. Questões Objetivas.

1. C	21. B	41. B	61. D	81. A
2. A	22. A	42. C	62. C	82. D
3. C	23. E	43. C	63. D	83. A
4. A	24. E	44. D	64. A	84. B
5. A	25. C	45. D	65. E	85. E
6. C	26. A	46. B	66. A	86. D
7. B	27. A	47. A	67. B	87. D
8. B	28. A	48. A	68. C	88. C
9. C	29. B	49. D	69. E	89. D
10. E	30. D	50. A	70. C	90. A
11. B	31. C	51. A	71. D	91. A
12. D	32. A	52. A	72. E	92. C
13. E	33. A	53. D	73. B	93. E
14. C	34. D	54. D	74. C	94. E
15. C	35. D	55. E	75. B	95. B
16. A	36. A	56. B	76. A	96. A
17. D	37. C	57. E	77. E	97. A
18. D	38. D	58. E	78. E	98. C
19. B	39. E	59. D	79. C	99. B
20. D	40. C	60. C	80. C	100. E

Capítulo 3 – *Dos Princípios Fundamentais*

I. Complete a Lacuna.

1. Legalidade.
2. Autotutela.
3. Facultativo.
4. Não se confunde.
5. Motivação.
6. Administração Direta e Indireta.
7. Implícito.
8. Continuidade do serviço público.
9. Especialidade.
10. Hierarquia.
11. Relativa.
12. Impessoalidade.
13. Razoabilidade.
14. Tutela.
15. Explícito.
16. Controle.
17. Pelos três poderes.
18. Moralidade.
19. Tutela.
20. Ampla defesa.
21. Publicidade.
22. Planejamento.
23. Transitório.
24. Publicidade.
25. Explícitos e implícitos.
26. Contraditório.
27. Planejamento.
28. Deve.
29. Finalidade.
30. Explícito.
31. Moralidade.
32. Razoabilidade.
33. Impessoalidade.
34. Eficiência.

35. Autotulela.
36. Delegação de competência.
37. Implícito.
38. Proporcionalidade.
39. Controle.
40. Autoriza.
41. Interesse público.
42. Coordenação.
43. Devido Processo Legal.
44. Moralidade.
45. Continuidade do serviço público.
46. Administração Pública e administrador.
47. Descentralização.
48. Publicidade.
49. Implícito.
50. Segurança Jurídica.

II. Complete a Segunda Coluna de acordo com a Primeira.
1. (8)
2. (6)
3. (3)
4. (2)
5. (5)
6. (4)
7. (7)
8. (1)

III. Marque V, se a assertiva for verdadeira, ou F, se a assertiva for falsa.

1. (V)	11. (V)	21. (F)	31. (F)	41. (F)
2. (F)	12. (F)	22. (F)	32. (V)	42. (F)
3. (F)	13. (V)	23. (V)	33. (F)	43. (F)
4. (V)	14. (V)	24. (V)	34. (F)	44. (V)
5. (V)	15. (V)	25. (V)	35. (V)	45. (F)
6. (F)	16. (F)	26. (F)	36. (F)	46. (F)
7. (V)	17. (F)	27. (V)	37. (V)	47. (V)
8. (V)	18. (F)	28. (V)	38. (F)	48. (V)
9. (F)	19. (F)	29. (V)	39. (F)	49. (V)
10. (V)	20. (F)	30. (V)	40. (F)	50. (F)

IV. Questões Objetivas.

1. B	15. B	29. E	43. E	57. E
2. D	16. B	30. B	44. E	58. C
3. B	17. D	31. C	45. A	59. B
4. C	18. A	32. A	46. A	60. E
5. C	19. A	33. B	47. A	61. E
6. D	20. C	34. D	48. C	62. D
7. C	21. B	35. B	49. B	63. D
8. D	22. A	36. E	50. A	64. E
9. D	23. C	37. E	51. A	65. A
10. C	24. D	38. C	52. D	66. E
11. A	25. C	39. C	53. D	67. D
12. E	26. E	40. A	54. C	68. A
13. C	27. A	41. E	55. A	69. B
14. C	28. C	42. C	56. C	70. C

71. A		77. C		83. A		89. E		95. E
72. E		78. D		84. D		90. A		96. A
73. B		79. D		85. C		91. E		97. B
74. B		80. A		86. D		92. B		98. E
75. D		81. C		87. D		93. C		99. B
76. C		82. A		88. C		94. A		100. E

Capítulo 4 – *Dos Poderes Administrativos*

I. **Complete a Lacuna.**
1. Regrado.
2. Externos ou internos.
3. Hierárquico.
4. De polícia.
5. Vinculado.
6. De execução.
7. Discricionário.
8. Não são.
9. Indelegável.
10. Não há.
11. Vinculado.
12. Hierárquico.
13. Pode.
14. Coercibilidade.
15. Discricionário.
16. De ofício ou mediante provocação do interessado.
17. Vinculado.
18. Hierárquico.
19. Punitivo.
20. Os direitos e garantias individuais.
21. Não é.
22. De polícia.
23. Discricionário.
24. Não há.
25. Imprescindível.
26. Regulamento.
27. Judiciária.
28. Hierárquico.
29. Interna.
30. Geral.
31. Preventivo ou repressivo.
32. Fiscalização.
33. Avocar.
34. Discricionário.
35. Disciplinar.
36. Hierárquico.
37. Público.
38. Discricionário.
39. Imprescindível.
40. Externa e interna.
41. Disciplinar.
42. Derivado.
43. Discricionário ou vinculado.
44. Abstrato.
45. Vinculado.
46. Administrativa e judiciária.
47. Delegar.
48. Tem.
49. Hierárquico.
50. Não pode.

II. **Complete a Segunda Coluna de acordo com a Primeira.**
1. (3)
2. (6)
3. (1)
4. (5)
5. (4)
6. (2)

III. Marque V, se a assertiva for verdadeira, ou F, se a assertiva for falsa.

1. (V)	11. (F)	21. (V)	31. (V)	41. (V)
2. (F)	12. (V)	22. (F)	32. (V)	42. (V)
3. (V)	13. (F)	23. (V)	33. (F)	43. (F)
4. (V)	14. (F)	24. (F)	34. (F)	44. (F)
5. (F)	15. (V)	25. (F)	35. (F)	45. (F)
6. (V)	16. (F)	26. (F)	36. (F)	46. (F)
7. (V)	17. (F)	27. (V)	37. (F)	47. (F)
8. (F)	18. (V)	28. (F)	38. (F)	48. (F)
9. (V)	19. (F)	29. (F)	39. (F)	49. (V)
10. (V)	20. (V)	30. (F)	40. (F)	50. (V)

IV. Questões Objetivas.

1. B	21. A	41. C	61. C	81. E
2. C	22. A	42. C	62. A	82. A
3. D	23. C	43. E	63. B	83. C
4. D	24. A	44. C	64. E	84. B
5. E	25. C	45. B	65. A	85. A
6. D	26. A	46. C	66. B	86. E
7. D	27. C	47. D	67. D	87. A
8. C	28. A	48. E	68. B	88. E
9. B	29. A	49. A	69. B	89. C
10. B	30. D	50. A	70. A	90. E
11. D	31. D	51. A	71. E	91. B
12. D	32. D	52. E	72. E	92. E
13. C	33. B	53. C	73. A	93. B
14. D	34. C	54. B	74. B	94. D
15. A	35. B	55. C	75. A	95. D
16. E	36. A	56. E	76. D	96. C
17. E	37. E	57. D	77. C	97. B
18. C	38. C	58. B	78. C	98. B
19. B	39. B	59. E	79. D	99. A
20. A	40. C	60. B	80. E	100. C

Capítulo 5 – *Ato Administrativo: Definição, Elementos, Atributos, Classificações, Espécies e Extinção*

I. Complete a Lacuna.

1. Fato Administrativo.
2. Ato Administrativo.
3. Objeto/finalidade.
4. Presunção de legitimidade.
5. Discricionário ou vinculado.
6. Vinculado.
7. Discricionário ou vinculado.
8. Autoexecutoriedade.
9. Tipicidade.
10. Império.

11. Vinculado/discricionário.
12. Regulamento.
13. Externos ou internos.
14. Complexo.
15. Está.
16. Está.
17. Ordinatório.
18. Atos da Administração.
19. Punitivo.
20. Negocial.
21. Atos da Administração.
22. Negocial.
23. Punitivo.
24. Normativo.
25. Enunciativo.
26. Enunciativo.
27. Administrativo.
28. Mérito.
29. É.
30. Necessita.
31. Anulação.
32. Ex nunc.
33. Não podem.
34. Finalidade.
35. Competência.
36. Relativa.
37. Independe.
38. Exigibilidade.
39. Finalidade.
40. Cinco.
41. Ex tunc.
42. Finalidade.
43. Revogação.
44. Somente pela Administração Pública.
45. Relativa.
46. Não podem.
47. Função de fato.
48. Administração Pública.
49. Excesso.
50. Pela Administração Pública e Poder Judiciário.

II. Complete a Segunda Coluna de acordo com a Primeira.

1. (4)
2. (3)
3. (3)
4. (5)
5. (3)
6. (3)
7. (4)
8. (3)
9. (1)
10. (5)
11. (3)
12. (2)
13. (2)
14. (3)
15. (1)
16. (4)
17. (5)
18. (3)
19. (5)
20. (1)
21. (2)
22. (2)
23. (3)
24. (3)
25. (4)
26. (3)
27. (2)
28. (6)

III. Marque V, se a assertiva for verdadeira, ou F, se a assertiva for falsa.

1. (F)
2. (V)
3. (V)
4. (F)
5. (F)
6. (V)
7. (F)
8. (V)
9. (F)
10. (V)
11. (F)
12. (V)
13. (F)
14. (F)
15. (F)
16. (V)
17. (V)
18. (V)
19. (F)
20. (F)
21. (V)
22. (V)
23. (V)
24. (F)
25. (V)
26. (F)
27. (F)
28. (F)
29. (V)
30. (V)
31. (F)
32. (F)
33. (V)
34. (F)
35. (F)
36. (F)
37. (V)
38. (V)
39. (F)
40. (F)
41. (V)
42. (V)
43. (F)
44. (V)
45. (V)
46. (V)
47. (F)
48. (F)
49. (F)
50. (F)

IV. Questões Objetivas.

1. C	21. A	41. E	61. D	81. C
2. A	22. B	42. D	62. B	82. A
3. B	23. A	43. A	63. E	83. E
4. A	24. C	44. C	64. E	84. D
5. D	25. D	45. C	65. D	85. C
6. E	26. C	46. E	66. C	86. C
7. B	27. A	47. B	67. B	87. A
8. E	28. C	48. D	68. D	88. B
9. B	29. D	49. C	69. D	89. D
10. D	30. C	50. A	70. C	90. B
11. A	31. E	51. A	71. A	91. D
12. D	32. C	52. A	72. E	92. D
13. B	33. E	53. E	73. D	93. A
14. C	34. A	54. A	74. C	94. B
15. D	35. C	55. A	75. A	95. B
16. B	36. D	56. B	76. C	96. D
17. D	37. B	57. A	77. A	97. C
18. C	38. D	58. E	78. C	98. B
19. E	39. D	59. D	79. C	99. D
20. C	40. D	60. B	80. A	100. D

Capítulo 6 – *Da Licitação, do Contrato Administrativo e do Pregão*

I. Complete a Lacuna.

1. Procedimento administrativo.
2. Probidade administrativa.
3. Vinculação ao instrumento convocatório.
4. Julgamento objetivo.
5. Da adjudicação compulsória.
6. Desafetação.
7. Concorrência.
8. Universalidade.
9. Convite.
10. Concurso.
11. Dação em pagamento.
12. Natural.
13. Concorrência.
14. Repartição interessada.
15. Quarenta e cinco.
16. Quarenta e cinco.
17. Cento e cinquenta mil.
18. Oitenta mil.
19. Tomada de preços.
20. Jurídica.
21. Administração.
22. Administração.
23. Contratado.
24. Vedado.
25. Não exonera.
26. Obrigatório.
27. Facultativo.
28. Permitido.
29. Fato da Administração.
30. Sessenta.
31. Solidariamente.
32. Total.
33. Possui.

34. Adesão.
35. Deve.
36. Interferência imprevista.
37. Pode.
38. Não transfere.
39. Pregão.
40. Vedada.
41. Externa e interna.
42. Dez.
43. Menor.
44. Haverá.
45. Poderão.
46. Poderá.
47. Aplica-se.
48. Serão.
49. Necessita.
50. Vedada.

II. Complete a Segunda Coluna de acordo com a Primeira.
1. (1)
2. (2)
3. (1)
4. (1)
5. (2)
6. (1)
7. (1)
8. (2)
9. (1)
10. (1)
11. (1)

III. Marque V, se a assertiva for verdadeira, ou F, se a assertiva for falsa.
1. (F)
2. (F)
3. (V)
4. (F)
5. (V)
6. (F)
7. (F)
8. (F)
9. (V)
10. (V)
11. (V)
12. (V)
13. (F)
14. (V)
15. (V)
16. (F)
17. (F)
18. (F)
19. (V)
20. (V)
21. (F)
22. (F)
23. (F)
24. (F)
25. (V)
26. (F)
27. (V)
28. (V)
29. (F)
30. (F)
31. (F)
32. (F)
33. (F)
34. (F)
35. (V)
36. (F)
37. (F)
38. (F)
39. (V)
40. (F)
41. (V)
42. (V)
43. (F)
44. (F)
45. (F)
46. (V)
47. (V)
48. (F)
49. (F)
50. (V)

IV. Questões Objetivas.
1. E
2. C
3. A
4. E
5. A
6. E
7. B
8. A
9. B
10. A
11. E
12. A
13. B
14. D
15. A
16. A
17. C
18. D
19. D
20. A
21. C
22. A
23. B
24. B
25. E
26. C
27. C
28. E
29. A
30. B
31. B
32. A
33. A
34. A
35. B
36. A
37. A
38. B
39. C
40. E
41. A
42. C
43. B
44. C
45. C
46. E
47. D
48. E
49. A
50. B
51. E
52. A
53. D
54. E
55. A
56. D
57. E
58. B
59. E
60. C
61. A
62. D
63. C
64. A
65. A

66. E	73. D	80. A	87. A	94. C
67. D	74. A	81. B	88. E	95. E
68. A	75. A	82. A	89. C	96. B
69. B	76. A	83. A	90. C	97. E
70. A	77. A	84. E	91. B	98. C
71. B	78. B	85. A	92. D	99. C
72. A	79. A	86. A	93. B	100. D

Capítulo 7. *Do Serviço Público, da Concessão e Permissão, da Parceria Público-Privada e do Consórcio Público*

I. **Complete a Lacuna.**
1. Amplo.
2. Restrito.
3. Lei.
4. Continuidade do serviço.
5. Igualdade dos usuários.
6. Próprios.
7. Impróprio.
8. Próprio.
9. Impróprios.
10. Uti singuli.
11. Uti universi.
12. Centralizado.
13. Descentralizado.
14. Desconcentrado.
15. Territorial.
16. Serviços.
17. Colaboração.
18. Outorga.
19. Delegação.
20. Concessão.
21. Determinado.
22. Permissão.
23. Contrato.
24. Adequado.
25. Não se caracteriza.
26. Seis.
27. Será.
28. Será.
29. Brasileira.
30. Não terá.
31. Não terá.
32. Desclassificada.
33. Desclassificada.
34. Poderá.
35. É.
36. Concessão.
37. Poderão.
38. Concessão.
39. Poderão.
40. Patrocinada.
41. Administrativa.
42. Comum.
43. Não envolver.
44. 20.
45. Cinco.
46. Associação.
47. Poderá.
48. Municípios.
49. Sistema Único de Saúde.
50. Entes da Federação.

II. **Complete a Segunda Coluna de acordo com a Primeira.**
1. (1)
2. (2)
3. (1)
4. (1)
5. (3)
6. (1)
7. (1)

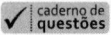

III. Marque V, se a assertiva for verdadeira, ou F, se a assertiva for falsa.

1. (F)	11. (V)	21. (V)	31. (F)	41. (F)
2. (V)	12. (F)	22. (F)	32. (F)	42. (F)
3. (F)	13. (V)	23. (F)	33. (F)	43. (F)
4. (F)	14. (F)	24. (F)	34. (F)	44. (F)
5. (F)	15. (F)	25. (V)	35. (F)	45. (V)
6. (F)	16. (F)	26. (V)	36. (V)	46. (V)
7. (F)	17. (F)	27. (F)	37. (V)	47. (F)
8. (F)	18. (F)	28. (F)	38. (V)	48. (V)
9. (F)	19. (F)	29. (F)	39. (V)	49. (V)
10. (F)	20. (F)	30. (F)	40. (F)	50. (V)

IV. Questões Objetivas.

1. B	21. E	41. D	61. E	81. E
2. D	22. C	42. C	62. D	82. D
3. C	23. A	43. E	63. A	83. B
4. A	24. B	44. E	64. A	84. C
5. E	25. E	45. E	65. D	85. D
6. C	26. A	46. A	66. D	86. A
7. C	27. A	47. C	67. D	87. E
8. B	28. A	48. B	68. B	88. D
9. C	29. E	49. D	69. D	89. E
10. C	30. C	50. D	70. B	90. E
11. A	31. E	51. C	71. A	91. C
12. A	32. A	52. E	72. A	92. E
13. B	33. C	53. C	73. E	93. E
14. C	34. A	54. D	74. B	94. A
15. E	35. E	55. A	75. C	95. A
16. C	36. A	56. B	76. D	96. E
17. E	37. A	57. B	77. D	97. A
18. C	38. D	58. E	78. A	98. B
19. A	39. D	59. A	79. B	99. C
20. D	40. A	60. E	80. B	100. E

Prezado candidato,

Espero que o livro tenha colaborado na sua preparação. Se houve alguma falha no texto, como um erro de ortografia, peço desculpas. Coloco-me desde já à sua disposição para qualquer esclarecimento (guerra@cegm.com.br). Utilize o endereço eletrônico, para críticas. Não fique reticente, pois a sua opinião é muito importante para mim.

No mais, desejo-lhe sucesso. E, lembre: a sua dedicação é o elemento fundamental para obtê-lo, nunca desista. Como acredito no seu esforço, acalento-me com os versos de Gonzaguinha:

"Eu acredito é na rapaziada
Que segue em frente e segura o rojão
Eu ponho fé é na fé da moçada
Que não foge da fera e enfrenta o leão
Eu vou à luta com essa juventude
Que não corre da raia a troco de nada
Eu vou no bloco dessa mocidade
Que não tá na saudade e constrói a manhã desejada"

Carlos Eduardo Guerra
(Guerrinha)

Referência Bibliográfica

Bibliografia Sugerida

ALEXANDRINO, Marcelo; PAULO, Vicente. *Direito Administrativo*, 11ª ed. Niterói: Impetus, 2006, 765p.

CARVALHO FILHO, José dos Santos. *Manual de Direito Administrativo*, 15ª ed. Rio de Janeiro: Lúmen Juris, 2006, 1.008p.

Di PIETRO, Maria Sylvia Zanella. *Direito Administrativo*, 19ª ed. São Paulo: Atlas, 2006, 823p.

Bibliografia

ALMEIDA, Mário Aroso de. *O Novo Regime do Processo nos Tribunais Administrativos*. Coimbra: Almedina, 2005, 424p.

_____. *Sobre a Autoridade do Caso Julgado das Sentenças de Anulação de Actos Administrativos*. Coimbra: Almedina, 1994, 190p.

ARAGÃO, Alexandre Santos de. *Agências Reguladoras e a Evolução do Direito Administrativo Econômico*, 2ª ed. Rio de Janeiro: Forense, 2003, 510p.

BARROSO, Luís Roberto. *A Constituição da República Federativa do Brasil Anotada*, 4ª ed. São Paulo: Saraiva, 2003, 1.156p.

CARVALHO FILHO, José dos Santos. *Manual de Direito Administrativo*, 15ª ed. Rio de Janeiro: Lúmen Juris, 2006, 1.008p.

CRETELLA JÚNIOR, José. *Curso de Direito Administrativo*, 18ª ed. Rio de Janeiro: Forense, 2002, 512p.

_____. *Dicionário de Direito Administrativo*, 5ª ed. Rio de Janeiro: Forense, 1999, 494p.

_____. *Direito Administrativo da Ordem Pública*, 3ª ed. Rio de Janeiro: Forense, 1998, 140p.

_____. *Tratado de Direito Administrativo*, 2ª ed., Tomo I a I(V). Rio de Janeiro: Forense, 2002, 1.472p.

CYRINO, André Rodrigues. *O Poder Regulamentar Autônomo do Presidente da República, a Espécie Regulamentar Criada pela EC nº 32/2001*. Belo Horizonte: Fórum, 2005, 215p.

DI PIETRO, Maria Sylvia Zanella. *Direito Administrativo*, 19ª ed. São Paulo: Atlas, 2006, 823p.

_____. *Discricionariedade Administrativa na Constituição de 1988*, 2ª ed. São Paulo: Atlas, 2001, 242p.

FIGUEIREDO, Lucia Valle. *Curso de Direito Administrativo*. São Paulo: Malheiros, 2001, 634p.

GASPARINI, Diógenes. *Direito Administrativo*, 9ª ed. São Paulo: Saraiva, 2004, 968p.

MEDAUAR, Odete. *O Direito Administrativo em Evolução*, 2ª ed. São Paulo: Revista dos Tribunais, 2003, 298p.

MEIRELLES, Hely Lopes. *Direito Administrativo Brasileiro*, 32ª ed. São Paulo: Malheiros, 2006, 826p.

_____. *Direito Municipal Brasileiro*, 11ª ed. São Paulo: Malheiros, 2000, 807p.

MELLO, Celso Antônio Bandeira de. *Conteúdo Jurídico do Princípio da Igualdade*, 3ª ed. São Paulo: Malheiros, 2003, 48p.

_____. *Discricionariedade e Controle Jurisdicional*, 2ª ed. São Paulo: Malheiros, 2001, 110p.

_____. *Curso de Direito Administrativo*, 19ª ed. São Paulo: Malheiros, 2005, 1.016p.

_____. *Prestação de Serviços Públicos e Administração Indireta: Concessão de Serviço Público, Autarquias, Sociedades de Economia Mista, Empresas Públicas, Fundações Governamentais*, 2ª ed. São Paulo: Revista dos Tribunais, 1987, 182p.

MOREIRA NETO, Diogo de Figueiredo. *Legitimidade e Discricionariedade. Novas Reflexões sobre os Limites e Controle da Discricionariedade*, 4ª ed. Rio de Janeiro: Forense, 2001, 104p.

_____. *Curso de Direito Administrativo*, 14ª ed. Rio de Janeiro: Forense, 2005, 684p.

_____. *Mutações do Direito Administrativo*, 2ª ed. Rio de Janeiro: Renovar, 2001, 352p.

_____. *Uma Avaliação das Tendências Contemporâneas do Direito Administrativo, Obra em Homenagem a Eduardo García de Enterría*. Rio de Janeiro: Renovar, 2003, 692p.

MUKAI, Toshio. *Direito Administrativo e Empresas do Estado*. Rio de Janeiro: Forense, 1984, 311p.

_____. *Direito Administrativo Sistematizado*, 2ª ed. São Paulo: Saraiva, 2000, 558p.

_____. *Estudos e Pareceres de Direito Administrativo*. São Paulo: Atlas, 1997, 166p.

OLIVEIRA, Cláudio Brandão de. *Manual de Direito Administrativo*, 2ª ed. Niterói: Impetus, 2004, 372p.

PEREIRA JÚNIOR, Jessé Torres. *Da Reforma Administrativa Constitucional*. Rio de Janeiro: Renovar, 1999, 492p.

RIVERO, Jean. *Curso de Direito Administrativo Comparado*, 2ª ed. São Paulo: Revista dos Tribunais, 2004, 240p.

SILVA, José Afonso da. *Comentário Contextual à Constituição*. São Paulo: Malheiros, 2005, 1.024p.

_____. *Curso de Direito Constitucional Positivo*, 26ª ed. São Paulo: Malheiros, 2006, 924p.

SOUTO, Marcos Juruena Villela. *Direito Administrativo Contratual*. Rio de Janeiro: Lúmen Juris, 2004, 494p.

SUNDFELD, Carlos Ari. *Direito Administrativo Econômico*. São Paulo: Malheiros, 2002, 406p.

_____. *Direito Administrativo Ordenador*. São Paulo: Malheiros, 2000, 236p.

TELLES, Antônio Augusto Queiroz. *Introdução ao Direito Administrativo*, 2ª ed. São Paulo: Revista dos Tribunais, 2000, 580p.

TEPEDINO, Gustavo (coord.). *A Parte Geral do Novo Código Civil: Estudos na Perspectiva Civil-Constitucional*, 2ª ed. Rio de Janeiro: Renovar, 2003, 504p.

nosso trabalho para atendê-lo(la) melhor e aos outros leitores.
Por favor, preencha o formulário abaixo e envie pelos correios ou acesse www.elsevier.com.br/cartaoresposta. Agradecemos sua colaboração.

Seu nome: _____

Sexo: ☐ Feminino ☐ Masculino   CPF: _____

Endereço: _____

E-mail: _____

Curso ou Profissão: _____

Ano/Período em que estuda: _____

Livro adquirido e autor: _____

Como conheceu o livro?

☐ Mala direta   ☐ E-mail da Campus/Elsevier
☐ Recomendação de amigo   ☐ Anúncio (onde?) _____
☐ Recomendação de professor
☐ Site (qual?) _____   ☐ Resenha em jornal, revista ou blog
☐ Evento (qual?) _____   ☐ Outros (quais?) _____

Onde costuma comprar livros?

☐ Internet. Quais sites? _____
☐ Livrarias ☐ Feiras e eventos ☐ Mala direta

☐ Quero receber informações e ofertas especiais sobre livros da Campus/Elsevier e Parceiros.

Siga-nos no twitter @CampusElsevier

Cartão Resposta
050120048-7/2003-DR/RJ
Elsevier Editora Ltda
·····CORREIOS·····

ELSEVIER

SAC | 0800 026 53 40
ELSEVIER | sac@elsevier.com.br

CARTÃO RESPOSTA
Não é necessário selar

O SELO SERÁ PAGO POR
Elsevier Editora Ltda

20299-999 - Rio de Janeiro - RJ

Qual(is) o(s) conteúdo(s) de seu interesse?

Concursos
- [ ] Administração Pública e Orçamento
- [ ] Arquivologia
- [ ] Atualidades
- [ ] Ciências Exatas
- [ ] Contabilidade
- [ ] Direito e Legislação
- [ ] Economia
- [ ] Educação Física
- [ ] Engenharia
- [ ] Física
- [ ] Gestão de Pessoas
- [ ] Informática
- [ ] Língua Portuguesa
- [ ] Línguas Estrangeiras
- [ ] Saúde
- [ ] Sistema Financeiro e Bancário
- [ ] Técnicas de Estudo e Motivação
- [ ] Todas as Áreas
- [ ] Outros (quais?): _____

Educação & Referência
- [ ] Comportamento
- [ ] Desenvolvimento Sustentável
- [ ] Dicionários e Enciclopédias
- [ ] Divulgação Científica
- [ ] Educação Familiar
- [ ] Finanças Pessoais
- [ ] Idiomas
- [ ] Interesse Geral
- [ ] Motivação
- [ ] Qualidade de Vida
- [ ] Sociedade e Política

Jurídicos
- [ ] Direito e Processo do Trabalho/Previdenciário
- [ ] Direito Processual Civil
- [ ] Direito e Processo Penal
- [ ] Direito Administrativo
- [ ] Direito Constitucional
- [ ] Direito Civil
- [ ] Direito Empresarial
- [ ] Direito Econômico e Concorrencial
- [ ] Direito do Consumidor
- [ ] Linguagem Jurídica/Argumentação/Monografia
- [ ] Direito Ambiental
- [ ] Filosofia e Teoria do Direito/Ética
- [ ] Direito Internacional
- [ ] História e Introdução ao Direito
- [ ] Sociologia Jurídica
- [ ] Todas as Áreas

Media Technology
- [ ] Animação e Computação Gráfica
- [ ] Áudio
- [ ] Filme e Vídeo
- [ ] Fotografia
- [ ] Jogos
- [ ] Multimídia e Web

Negócios
- [ ] Administração/Gestão Empresarial
- [ ] Biografias
- [ ] Carreira e Liderança Empresariais
- [ ] E-business
- [ ] Estratégia
- [ ] Light Business
- [ ] Marketing/Vendas
- [ ] RH/Gestão de Pessoas
- [ ] Tecnologia

Universitários
- [ ] Administração
- [ ] Ciências Políticas
- [ ] Computação
- [ ] Comunicação
- [ ] Economia
- [ ] Engenharia
- [ ] Estatística
- [ ] Finanças
- [ ] Física
- [ ] História
- [ ] Psicologia
- [ ] Relações Internacionais
- [ ] Turismo

Áreas da Saúde
- [ ]

Outras áreas (quais?): _____

Tem algum comentário sobre este livro que deseja compartilhar conosco?

Impressão e Acabamento